21世纪高等学校旅游管理专业本科教材

饭店管理沟通实务与技巧

（第二版）

PRACTICE AND SKILL OF
HOTEL MANAGEMENT COMMUNICATION

孙燕燕　　王春林◎主编

中国旅游出版社

前　言

　　美国著名未来学家约翰·奈斯比特指出，企业未来的竞争是管理的竞争，竞争的焦点在于每个社会组织内部成员之间及其与外部组织的有效沟通上。沟通是管理的一项基本职能，良好的企业必然存在良好的沟通。一家经营成功的饭店离不开有效的沟通和协调。沟通是饭店管理中的基础性工作和最基本的手段，是各层次管理人员做好管理工作的重要技能。

　　管理沟通能力在每个饭店从业者的职业生涯中都扮演着极其重要的角色。在当今信息爆炸、瞬息万变的环境下，服务行业从业者更需要学习沟通技巧，以便在复杂的社会环境中取得成功。在饭店行业，无论是从事服务工作，还是管理工作，都会频繁地接触各种各样的人，这就不可避免地会遇到大量的人际关系和管理工作方面的沟通协调问题。同时，饭店组织需要不间断地与内部员工和外部公众进行信息的交流。及时、准确、有效地将本组织的信息传递给内部员工和外部公众，并迅速、准确、及时地收集来自内部员工和外部公众的反馈信息，以确保饭店组织和内部员工和外部公众相互认识和理解，从而拥护和支持饭店组织。

　　本书主要介绍了管理沟通中的种种理论知识和技巧，全书分为上、下编。上编为"饭店管理沟通实务"，下编为"饭店管理者的沟通技巧"，共十一章。通过各章节内容的阐述，试图使饭店各层次管理者认识到沟通与管理的密切关系、管理沟通的基本观念及其在饭店管理活动中的重要性；了解饭店人际沟通的特点和如何提高人际沟通的能力；掌握饭店组织内部、外部沟通的基本方式及其饭店内外沟通效率提高的对策；运用沟通的技巧较熟练地进行饭店产品的销售、饭店员工的招聘与激励、饭店会议的组织、饭店服务信息的收集、饭店突发事件的处理等管理实务活动；学会在饭店管理活动中运用听、说、写、讲演、电话、网络等基本沟通技巧。

　　本人与王春林老师长期在高等旅游教育岗位从事饭店管理专业相关课程的教学工作，在教学过程中发现大家普遍认为沟通能力非常重要，但是现有的关于沟通的教材大都是关于技巧类的，缺乏系统的理论知识，鉴于此，我们决定对该书进行改版，希望饭店管理专业的学生及从业者在掌握沟通技巧之前能够先对沟通的理论知识有一个初步的了解，这样才能够有意识地改变传统思维模式，提高沟通能力和素养，进而增强自身的竞争优势。

本书条理清晰、内容充实，结合了饭店很多管理实务活动的沟通环节，相关理论可以作为实际操作的依据，有很强的实用性。每章都补充有相关的管理沟通案例和学习思考题，可加强对教学内容的理解和接受。是相关专业学生学习该课程较理想的教材，同时对饭店管理人员的管理实践活动有直接指导和帮助。因此，本书非常适合作为大学本科和专科的酒店管理专业、旅游管理专业学生的教学用书，也可作为饭店各层次管理人员的岗位培训用书。

《饭店管理沟通实务与技巧》一书在修订过程中，参考了国内外作者的研究成果，在这里要由衷感谢这些参考书目的作者所提供的资料和案例。由于编者自身水平有限，书中出现错误与不妥之处在所难免，恳请读者批评指正。

本书得以顺利完成和出版，中国旅游出版社给予了大力支持，段向民编辑对于促成本书的再版做了许多具体细致的工作和指导，在此表示最诚挚的谢意。

孙燕燕

2018 年 3 月

目　录

上编　饭店管理沟通实务

下编　饭店管理者的沟通技巧

上　编

饭店管理沟通实务

　　松下幸之助曾说，沟通是企业管理永恒不变的主体。在现代饭店企业里，所有工作的完成都依赖于沟通。研究表明，一线管理者将 80% 的时间用于在与员工、上级、其他管理者、宾客、其他饭店组织、媒体和社区等公众的交往与沟通中。因此，现代饭店管理者的主要素质之一就是具有善于交流沟通的能力。饭店各级管理者既要协调组织目标和个人目标，又要扮演"沟通枢纽"的角色，这都需要掌握各种实务沟通技能。这些重要的沟通实务包括：如何提高管理者人际沟通的能力；如何有效地与饭店内部员工进行沟通；与外部公众沟通的各种方法；在推销饭店产品中的沟通技能；员工冲突和劳动争议的沟通；员工招聘面试的沟通；如何通过沟通了解员工的需要并进行有效的激励；会议的主持和组织的技巧；饭店突发事件的处理等沟通技能。

第一章

饭店管理沟通概述

【案例导入】

软技能之首——管理沟通

任何管理思想都有其生存的土壤和产生的时代背景，在信息产业及其相关企业中，信息的传播、交换、共享速度对企业经营的成败更是具有直接决定性意义。越来越多的实践与研究表明一个观点：管理就是沟通，即沟通管理已不再是次要的或无关企业全局的一个局部性、部门性的技巧，而越来越多和越来越真实地表现为就是企业本身。沟通的任务就是管理的任务，沟通的功能就是管理的功能。因此，沟通管理理论与技能的研究越来越受到管理实践者与学者的关注。

针对沟通管理的相关研究始于20世纪70年代。欧美的管理学者从组织行为学和社会心理学研究中引申出组织沟通研究，进而创造和发展出基本的沟通管理概念，并逐步细化成了沟通的一些初步理论。20世纪90年代，现在信息学的出现和发展，极大地改变了沟通学的理论框架，使得沟通管理作为一门完全独立的管理学科出现在现代管理理论丛林中。

"企业管理者软技能丛书"对10家集团公司22位人力资源经理或主管的调查表明，沟通管理技能是公认的成功管理必备软技能，这从另一个侧面也表明了沟通管理技能在企业管理中的重要地位。表1-1是依据被访人员所给出的管理软技能排序频次分布表。

作为饭店企业，其业务活动从本质并不生产和销售有形的物质产品，而是凭借物质设施向客人提供一种无形的服务，客人最终得到的只是一种服务的效用和服务过程的一种体验。因此，这就更需要企业员工及管理者具备基本的沟通能力及跨文化沟通的技能。

表1-1 管理软技能排序频次分布表

软技能内容	第一	第二	第三	第四	第五	第六	第七	第八	总次数	按频次排序
危机公关技能	1	0	0	0	1	1	2	1	6	13
冲突管理技能	0	1	0	2	1	1	3	3	11	7

续表

软技能内容	第一	第二	第三	第四	第五	第六	第七	第八	总次数	按频次排序
变革管理技能	3	1	2	1	1	1	1	3	13	4
沟通管理技能	5	4	0	5	2	2	1	0	19	1
团队管理技能	5	3	4	1	2	1	0	2	18	2
时间管理技能	0	0	0	1	3	2	3	2	11	7
压力管理技能	0	1	2	0	1	2	1	1	8	10
项目管理技能	0	0	1	2	1	0	0	0	4	16
教练技能	0	1	3	2	0	1	1	0	8	10
授权技能	0	1	0	1	2	0	4	3	11	7
合作技能	1	2	3	3	1	2	1	0	13	4
决策技能	4	4	1	3	1	2	1	1	17	3
执行技能	0	1	5	2	3	0	1	0	12	6
谈判技能	0	1	0	0	0	2	3	0	6	13
演讲技能	0	0	0	0	4	1	0	3	8	10
跨文化沟通技能	1	0	0	1	1	0	0	2	5	15

管理学家卡兹和卡恩认为："信息沟通，即交流信息情况和传达意图，是一个社会系统或组织的重要组成部分。"饭店管理人员如果对沟通缺乏清楚的认识，或者在沟通技巧和方式上存在缺陷，就会给管理工作增添许多麻烦。本章是管理沟通的入门，重点介绍沟通的内涵和过程、沟通与管理工作的密切关系、管理沟通的基本类型、有效管理沟通的特征以及沟通在饭店管理中的重要作用。

第一节 沟通的含义

什么是沟通？是信息的传递，还是信息的交流交换？看似简单的问题，答案却有多种。如何正确理解沟通的内涵呢？沟通是一个过程，这个过程涉及哪些要素呢？

一、沟通的定义

沟通，有人称之为交流或交往，是一种有悠久历史的社会现象。沟通虽是一个经常使用的字眼，但究竟什么是沟通，却众说纷纭。据统计，一般人认为的沟通的定义有100多种。

《大英百科全书》认为，沟通就是"用任何方法，彼此交换信息。即指一个人与另一个人之间用视觉、符号、电话、电报、收音机、电视或其他工具为媒介，所从事之交换消息的方法"。《韦氏大辞典》认为，沟通就是"什么人说什么，由什么路线传至什么人，达到什么结果"。现代决策理论学派创始人西蒙（H. A. Simon）认为，沟通"可视为任何一种程序，借此程序，组织中的每一成员，将其所决定的意见或信息，传送给其他有关成员"。美国主管人员训练协会认为，沟通是人们进行的思想和情况交流，以此取得彼此的了解、信任及良好的人际关系。我国学者芮明杰等认为，人际沟通是把信息按可以理解的方式从一方传递给另一方，把一个组织中的成员联系在一起，以实现共同目标的方式。《辞海》认为，沟通泛指彼此相通。

在英文中，"沟通"（Communication）这个词既可以译作"沟通"，也可以译作"交流"、"交际"、"交往"、"通信"、"交通"、"传达"、"传播"等。这些词在中文中的使用尽管会有些微小差异，但其本质都涉及了信息交流或交换，其基本含义是"与他人分享共同的信息"。

综合各种有关沟通的定义及其解释，可以看出，沟通是指主体与客体之间凭借一定的符号载体（语言、文字或其他的表达形式），进行信息传递和交换的过程。

沟通的重要的职能就是交流信息，是主体与客体交流信息，所以沟通是双方的行为。沟通是人为的，没有人为行动也就无所谓沟通，即使是通信工具之间表现的沟通，没有人的操作也是不能实现的。

二、沟通的内涵

沟通的信息包罗万象，可以是事实、情感、价值观、意见、观点等。沟通看起来很容易，其实沟通双方要做到有效的沟通需要很多因素，除了双方配合、理解对方、分析信息等因素外，还应了解沟通的内涵。

1. 沟通是意义上的传递

如果信息和想法没有被传递到，则意味着沟通没有发生，正如西蒙所认为的组织成员"将其所决定意见或前提，传送给其他有关成员"。也就是说，沟通双方缺一不可。比如，客房部经理在传达上级指令时，客房部的 120 名员工中有 8 位员工未参加会议，上级指令传递到了到会的 112 名员工，沟通发生了；但未参加会议的 8 名员工没有听到指令，沟通就没有发生。

2. 沟通是意义的被理解

要使沟通成功，意义不仅需要被传递，还需要被理解。完美的沟通，应是经过传递后被接受者感知到的信息与发送者发出的信息完全一致。在上面的例子中，当部门经理在传递上级指令时，112位参加会议的员工虽然都听到了，但对经理所传送的信息内容，理解程度是不一样的，完全理解的，沟通是成功的；不完全理解的，沟通就不能算是完全成功。因此在饭店管理实践中不能简单地认为信息被传递了，沟通就成功了。事实上所传递的信息往往只有部分被理解和接受。理解的程度取决于信息传递者和接受者各自的参照系。这些参照系包括：他们各自的经验、兴趣、观点、情感、态度、知识等因素，这些参照系会影响每一次沟通的效果，不管是有意识的还是无意识的。

3. 沟通中传递的是符号，不是信息本身

沟通是把思想、观点、情感等信息变成符号，在沟通者之间所传递的只是一些符号，而不是信息本身。语言、身体动作、表情等都是一种符号。传送者首先把要传送的信息"翻译"（编码）成符号，而接受者则进行相反的"翻译过程"（解码）以接受信息。由于每个人"信息—符号储存系统"各不相同，即"翻译"能力、理解水平各不相同，对同一符号（例如身体语言）常存在着不同的理解，因此导致了不少沟通问题的产生。

4. 沟通是准确理解信息的意义，不是达成协议

良好的沟通常被错误地理解为沟通双方达成协议，是使别人接受自己的观点。但是，沟通一方明白另一方意思却不同意对方的看法，沟通是有效的。

事实上，沟通双方能否达成一致协议，别人是否接受自己的观点，往往并不是沟通愿望良好与否这一个因素决定的，它还涉及双方根本利益是否一致，价值观念是否类同等其他关键因素。例如，在谈判过程中如果双方存在着根本利益的冲突，即使沟通过程中不存在任何噪声干扰，谈判双方沟通技巧十分娴熟，往往也不能达成一致协议，但沟通双方每个人都已充分理解了对方的观点和意见。在沟通中，我们不仅传递消息，而且还伴随着个人情感，或提出自己的意见观点。在许多发生误解的问题中，其核心都在于接受人对信息到底是发送者的意见观点还是事实的叙述混淆不清。

三、沟通的过程和要素

沟通过程就是发送者将信息通过选定的渠道传递给接受者的过程。图1-1描绘了一个简单的双向沟通过程模式，该模式包括以下八个部分：发信者（发送者）、信息、编码、通道、解码、收信者（接收者）、噪音、反馈。其中最重要的是三个要素：发信者、收信者和信息。

1. 信息发送者与信息接受者

个人之间的信息交流显然需要有两个或两个以上的人参加。以上这个沟通过程模式表示的是只有两个人参加的信息交流过程。信息沟通至少需要两个主体，

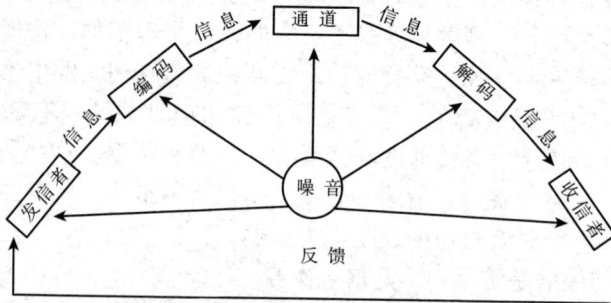

图 1-1 双向沟通过程模式

即发信者与收信者。信息的接受者像信息沟通者一样，可以是单个人，也可以是一个团体。例如：当饭店宣布对缺勤人员的处罚政策时，接受者可能是全体员工；如果需要对某个员工的缺勤事件进行处理，那么只要与他个人进行沟通就可以了。

在沟通过程中，发信者和收信者都应该是积极主动的。在沟通中，从发信者一方来看，有两方面的问题要考虑：

一是传递信息的目的。传递信息总是有一定目的的。例如：警察告诫行人走人行道是让他们遵守交通规则；电视屏幕上的广告是为了宣传某一商品；演员的表演是为了给观众带来美的享受。在饭店服务工作中，从业人员常常扮演信息接收者的角色，如接收宾客投诉，目的应是帮助客人解决问题，使客人满意，最终树立饭店企业的良好形象。抱着这一目的去处理投诉，往往能平息客人的怨气，使客人满意。

二是传递信息的技术保证。这里有三方面的含义：其一，通不通，即信息传过去，能否与接受者沟通；其二，对不对，传递过去的信息内容上对不对接受人的"路子"；其三，好不好，即传递出去的信息效果好不好。如果发信者充分考虑了是否通、是否对、是否好的问题，那么沟通就有实现的可能。

沟通过程中两个主体的个性特征对信息沟通的过程有重大影响。研究表明，双方信息沟通的目的、态度及价值观的分歧愈少，信息沟通的准确性就愈高。饭店管理者向员工发表演讲，无非是向其下属宣传一种理念，灌输一种思想或阐明一种观点。如果接受者对这些目的持对抗态度，那么发生曲解与误会的可能性就会很大；持认同态度，就能准确理解并接受信息。

2. 编码与解码

编码是发信者将自己的思想、观点、情感等信息翻译成可以传送的语言、图表或其他的符号。而解码则是收信者将这些传输符号翻译成可以理解的信息，使收信者在接受信息后，将符号化的信息还原为思想，并理解其意义。

编码与解码的效果好坏、正确与否，都依赖于沟通主体的沟通技能与态度。如果一位管理者缺乏编码的技巧水平，他在向下属交代任务时，信息将无法让下属完全理解，甚至有时会闹出误会。

编码和解码在沟通过程中有着关键的作用，但在实际沟通中，我们却常常意识不到其重要性。因为成年人的沟通主体基本都能很娴熟地驾驭编码和解码的过程，因此这两个过程发生时速度很快，很多情况下，人们意识不到这两个过程的发生。

3. 信息

信息是发信者传递给收信者的刺激物（思想、观点、感情、意见、建议等）。发信者所传送的信息经过编码的处理，收信者所接受到的信息会受到解码的影响，因而，发送的信息和收到的信息可能不是一致的。研究信息沟通的重要目的就是要尽可能地克服各种障碍，使这两者接近一致。

一个成功的沟通者往往非常重视信息策略的构筑，即传递的信息内容和方式要根据不同收信者的特点采用合适的策略。信息策略主要解决两个关键问题：一是怎样强调信息以引发客体的注意和兴趣；二是如何组织策略性信息以保证客体兴趣的保持，最终实现沟通目标。

4. 通道

通道或称渠道，是指信息从发信者传递到收信者的途径和手段，即传递信息的途径、手段。

在各种方式的沟通中，影响力最大的，仍然是面对面的原始沟通方式。面对面沟通时，除了言辞本身的信息外，还有沟通者整体心理状态的信息。这些信息使得发送者和接受者可以产生情绪上的相互感染。因此，即使是在通信技术高度发达的美国，在举行总统大选时，候选人也总是不辞辛劳地四处奔波去各地演讲。

不同的信息内容要求使用不同的传递通道。比如《政府工作报告》就不宜通过口头形式而应采用正式文件作为通道；邀请朋友吃饭如果采用备忘录形式则会显得不伦不类。

5. 噪声

噪声是妨碍信息沟通的所有干扰因素，它存在于沟通过程的各个环节，并有可能造成信息失真。比如：模棱两可的语言（普通话不准确）、难以辨认的字迹（医生的药方）等都是噪声。典型的噪声包括信息发送、信息传递、信息接收和理解等方面的因素。信息发送容易出现的噪声主要有：表达能力（编码水平）

不佳、知识经验的局限或个人形象和素质因素等。信息传递过程中出现的噪声主要有：信息遗失、外界干扰以及物质条件限制造成的媒介的不合理选择。信息接收和理解可能出现的噪声主要有：信息"过滤"、接受者的解码和理解偏差、信息过量、社会地位的差距。接受者地位高于发送者，带有偏见或接受者歧视发信者也会影响信息接收。

6. 反馈

反馈是指接受者把信息返回给发送者，并对信息是否被理解进行核实。反馈是沟通体系中的一个重要方面。在没有得到反馈之前，我们无法确认信息是否已经得到有效的编码、传递和解码。提供反馈有利于增强沟通的有效性。

反馈可以检验信息传递的程度、速度和质量。反馈的形式多种多样：直接向接收者提问；对某一问题的回答；对发出信息的解释；或者通过观察接收者的面部表情以获得其对传递信息的反馈。但光凭借观察来获得反馈，还不能确保沟通的效果。观察接收者的反馈方法必须结合直接提问法，才能获得可靠的反馈信息。

第二节 饭店管理与沟通

饭店管理者通过沟通要达到的管理目的是：第一，收集或接收信息，分摊责任，鼓舞士气，控制管理，实施计划。第二，与组织内外各级人员会谈。第三，运用正式沟通方式（会议、报告、提案、通报）或非正式沟通方式（咨询、建议、闲聊）与员工谈话。第四，对沟通进行评价：信息是否符合事实，是建议还是闲聊。第五，建立信息传递网络，以获得那些暴露或隐藏的真实信息。第六，尽力去影响那些你无权支配的人物。

一、饭店管理沟通的认识

管理者从事管理沟通时应树立这样的基本观念：无论是否同意你的观点，我都将尊重你，给予你说出它的权利，并且以你的观点去理解它，同时将我的观点更有效地与你交换。

1. 管理沟通的定义

管理沟通，就是从事管理活动过程中的沟通，是围绕经营活动而进行的信息、知识与情报的传递和交换过程。管理沟通大量进行的是与各种管理职能密切相关的沟通活动，其重点是领导者/管理者与员工之间的沟通。在一个组织内部为达成管理的最终目的必须进行各种形式的沟通活动，而这些沟通活动的成功与否决定了管理成效的好坏。

沟通是饭店管理中的基础工作，它具有相当重大的作用和意义。在下列情况下，沟通的功效更为显著：如企业实施重大举措时；员工士气低落时；饭店企业内部发生重大冲突时；遇到重大危机挑战时（客人食物中毒、客人投诉、得重病或死亡等）；员工之间的隔阂加深时；在部属对主管有重大误解时。

2. 管理者在沟通时应具备的品质

做好工作管理、员工管理和饭店管理者需要具备多方面的才能，如良好的人际关系处理能力、正直和热情的个人品性、饭店各岗位管理的突出技能等，但其中最重要的是沟通能力。因此在沟通协调时需要具备以下的品质：

（1）避免以自己的职务、地位、身份为基础去进行沟通。"沟通"（communication）一词，与"共同"（common）、"共有"（community）、"共享"（communion）等字很相近，你与他人有多少的"共同"、"共有"及"共享"，将决定你与他人沟通的程度。

共同、共有、共享意味着目标、价值、态度和兴趣的共识。一位经理若只站在自己立场上，而不去考虑员工的利益、兴趣，势必加大与员工间的隔阂，从而给沟通制造了无法逾越的障碍。

在饭店中，管理者要和员工之间建立一种信任的氛围，以平等的身份去和员工进行沟通，而不是"上下"的沟通。对管理而言，发布信息的管理人员应当实事求是、言行一致，才能获得员工的信任。因为言语上说明意图，只不过是沟通的开始，只有化为行动，才能真正提高沟通的效果，达到沟通的目的。

（2）向他人表示倾听的诚意。沟通首先是倾听的艺术。作为一名管理者，要善于倾听别人的意见，尤其是下属的意见，即使不同意对方的观点也应该充分表示倾听的诚意，不可抱着冷漠的优越感或批评的态度听人说话。有诚意地倾听与口头敷衍有很大区别。松下幸之助把自己的全部经营秘诀归结为一句话："首先细心倾听他人的意见。"

（3）以己度人，适应别人的思维构架。在沟通过程中，应试着去适应别人的思维构架，并体会他人的看法。就是说理解别人的处境，培养站在别人的角度理解问题的方法并付诸使用，也有人称之为"心理换位"。换句话说，不只是"替他人着想"，更要能够想象他人的思路，体会他人的世界，感受他人的感觉。一旦你体会了他人如何去看事实、如何去看他自己，才能对他有更多的理解。没有什么能比站在别人的角度理解问题更能增进沟通了。

（4）要沟通，不要抬杠。身为一名管理者，你的目标是要沟通，而不是要抬杠。收信者握有"要不要听"和"要不要谈"的决定权。有效的沟通不是斗智斗勇，也不是辩论比赛。你或许可以强制对方的沟通行为，但是却没有办法指挥对方的反应和态度。如果一位领导者居高临下，自恃高明，官僚主义、命令主义作风严重，下属会不买你的账，或敬而远之，或产生逆反心理，结果自然是阻塞了上下信息的畅通。

案例：万豪（Marriott）酒店集团的巡视管理

万豪国际集团的发展起源于 1927 年，由已故的威拉德·马里奥特先生在美国华盛顿创办了公司初期的一个小规模的啤酒店，起名为"热卖店"，以后很快发展成为服务迅速、周到、价格公平、产品质量持之以恒的知名连锁餐厅。如今，万豪国际集团拥有 21 个著名酒店品牌，在全球经营的酒店超过 4000 家，年营业额近 200 亿美元，多次被世界著名商界杂志和媒体评为首选的酒店业内最杰出的公司。这种猛增是从 1962 年 J. W. 马里奥特从他父亲那里接受总裁一职开始的。当他开始担任总裁时，年销售额仅为 8500 万美元。

小马里奥特与公司保持联系的方式就是花时间到访万豪在世界各地的酒店，他每年的飞行里程数有 9 万~10 万公里。这样做最重要的一个好处就是能够很好地对抗"大公司都是人情淡漠的机器"的想法，能够让员工知道有个叫马里奥特的人在关心他们。马里奥特认为这一点真的很重要，虽然很多员工只能偶尔才会遇到他。

马里奥特不仅会去公共区域，还会时不时地查看核心区。他会查看洗衣房、会计室、厨房、装卸区和任何他认为值得一看的角落，当然还包括员工休息室。因为他相信，如果坐在办公室，他不可能获得做出正确决策所必需的知识、信息。他相信，在不同管理层次上的人都能决策，他们不应当害怕尝试新东西和犯错误。

资料来源：笔者根据小比尔·马里奥特：《毫无保留：一句承诺成就万豪传奇》，杭州：浙江人民出版社，2016 年 1 月，改写。

---

3. 有效管理沟通的特征

为了使沟通达到较高效率，提升饭店管理效能与员工工作效率，有效管理沟通应具备以下几个特征：

（1）准确。信息发布者的思想、观点、情感与接收者的思想、观点、情感完全一致，那只是信息交流的"理想"状态。为了提高交流和沟通的准确度，要尽可能使编码和解码的含义接近。不准确有以下典型形式：数据不足、资料解释错误、对关键因素的无知、没有意识到的偏见以及夸张。对它们保持警戒将提高你的可信度。

为了保证信息传递后的准确性，大部分信息是需要被重复强调的。当信息要吸引别人特别注意时，重复是极其重要的。我们可以采用许多办法来强化一种信息。如强调饭店要做到"无事故工作"这一安全工作要求的信息，饭店既可以通过发表在《饭店通讯》上的文章，又可以通过员工食堂中的公告栏，还可以通过主管召开的班前和班后会议等，来宣传"无事故工作"的重要性与需要注意的事项等。

（2）清晰。有一些管理者坚持"KISS"（Keep It Simple，Stupid）——让它简单易懂。但是很多沟通内容并非简单就能理解的，这种清晰来自于精心的准备。为达到清晰，必须要总结、理解和组织。达到清晰的要求如下：

逻辑清晰。如果你不能有逻辑地思考你的建议以及实现该计划的行动和可能的结果，那么你就不能期望你的员工会遵循你的思路。

表达清晰。对大多数沟通来讲，正确并不足以满足要求。日常指令、政策和报告、演讲这些需要用你的语言清晰地传递含义时，可能不得不删除某些"正确"的句子，以达到表达清晰。

（3）简洁。良好的管理沟通追求简洁，追求以极少的语言、文字传递大量的信息。无论是同总经理还是同一般员工进行沟通，简洁都是一个基本点。当然简洁并不意味着绝对地采用短句子或省略重要的信息，它是指字字有力。

（4）活力。活力意味着生动和易记。在有效的管理沟通中，沟通者互相讨论、启发，共同思考、探索，往往能迸发出创意的火花。讨论会和座谈会等形式是充满活力的沟通方式。惠普公司要求工程师将手中的工作显示在台式机上，供别人品评，以便大家一起出谋划策，共同解决困难。活力还部分表现在沟通信息的准确、清晰、简洁，部分表现在词语的选择、构思和句式。生动的语言有助于理解并且使你的信息更容易被记住。

（5）及时。信息沟通的及时性是十分重要的。例如，告诉一位前台员工三天前他对一个宾客的问题处理是不适当的，显然没有比事情发生时及时给他反馈指导的作用大。信息的传递一定要注意及时性。营业报告和统计资料，特别是财务报告，随着时间的推移其价值会下降。饭店的政策和有关规定延期传达会影响其效力，如果延迟时间太长，它们甚至不可能成为指导和控制的工具。

二、饭店管理沟通的类型

沟通是一个双向、互动的反馈和理解过程，为了有效准确地理解信息的含义，可以根据不同的沟通内容要求，通过不同方法和途径进行各种类型的沟通。

依据不同的划分标准，可以把沟通分为不同的类型。

1. 根据沟通时信息涉及人的情感、态度、价值观领域的程度深浅，可以把沟通分为浅层沟通和深层沟通

（1）浅层沟通。是指在饭店管理工作中必要的行为信息的传递和交换，如管理者将工作安排传达给部属，部属将工作建议告诉主管等。饭店企业的上情下达和下情上传都属于浅层沟通。

（2）深层沟通。是指管理者和下属为了有更深的相互了解，在个人情感、态度、价值观等方面较深入地相互交流。有价值的随便聊天或者交心谈心都属于深层沟通。其作用主要是使管理者对下属有更多的认知和了解，便于管理者了解下属的思想、要求，然后满足他们的需要，激发其工作积极性。

2. 根据沟通有没有信息反馈，可以把沟通分为双向沟通和单向沟通

（1）双向沟通。是指有反馈的信息沟通，如讨论、面谈等。在双向沟通中，沟通者可以了解接受者是如何理解信息的，也可以使接受者明白其所理解的信息是否正确并可要求沟通者进一步传递信息。

（2）单向沟通。是指没有反馈的信息沟通，例如电话通知、书面指示等。

严格来说，当面沟通信息总是双向沟通。因为，虽然沟通者有时没有听到接受者的语言反馈，但从接受者的面部表情、聆听态度等方面就可以获得部分反馈信息。

美国心理学家莱维特曾就上述两种沟通方式的利弊做过实验，结果表明：单向沟通比双向沟通速度快，双向沟通比单向沟通准确；从程序上看，单向沟通安静、规矩，双向沟通混乱无秩序。

单向、双向沟通各有优缺点，因此应根据不同的情况选定沟通方式。但双向沟通较之于单向沟通，对促进人际关系和加强双方紧密合作有更重要的作用，它更能激发员工参与管理的热情，有利于饭店企业的发展，因而现代饭店企业的管理沟通，也越来越多地从单向沟通转变为双向沟通。

3. 饭店组织成员间所进行的沟通，可根据沟通途径的差异分为正式沟通与非正式沟通两类

（1）正式沟通。指在饭店中通过组织管理系统，按照规章制度的规定进行的信息传递和交流。它具有明显的准确性和权威性。正式沟通的主要形式有：饭店组织间的公函来往、组织内部的文件传达、召开会议、上下级之间的定期情报交换（包括下属对上级所做的报告、建议、请示等）。正式沟通按照信息流向的不同，又可细分为向下沟通、向上沟通、横向沟通、斜向沟通、外向沟通等几种形式。

（2）非正式沟通。是在正式沟通渠道之外进行的信息传递和交流。和正式沟通不同，非正式沟通的沟通对象、时间及内容等各方面都是未经计划的。其沟通是通过组织成员的关系展开的，这种关系超越了部门、班组以及层次。如闲谈，不拘形式，也无明确的目的，具有明显的动态性和随机性。非正式沟通的主要形式有：员工之间的非正式接触、社交来往、非正式的宴会、聚餐、聚会、聊天、小道消息的传播等。非正式沟通的优点是对于增进感情，加强了解，协调关系至关重要。它往往可以表露出员工真实的思想和动机，可以了解到在正式沟通时了解不到的情况；其缺点是准确性、真实性差，容易使人心涣散，造成员工之间的隔阂。

4. 根据运载信息形态的异同，沟通可分为语言沟通和非语言沟通

（1）语言沟通。建立在语言文字的基础上，又可细分为口头沟通和书面沟通两种形式。

饭店常见的口头沟通包括会议、发布指令、面谈、员工之间的交流、小组讨论以及传闻等。口头沟通应做到：一要简洁明快。口头指令不要啰唆，因为要想使下级抓到重点、理解正确，讲得太多就很难使人明白你究竟想干什么。二要清楚准确。命令一旦有两种以上的解释或歧义就会出现问题，甚至会出现大的差错。三要注意地方口音。中国地广人多，地方话、土语也多。比如广东话与普通话之间就有许多音同字不同的地方。

书面沟通包括备忘录、信件、通告、组织内发行的期刊、公告栏、员工手册及其他任何传递书面文字或符号的手段。

书面沟通和口头沟通各有其优点。书面沟通的优点表现在：比较正规，具有权威性；传达中不易被歪曲；可长期保存，反复阅读。口头沟通的优点是：比较灵活、迅速；双方可自由交换意见；不仅可以传递信息，同时可传递情感、态度等。所以，在饭店企业管理中对口头沟通的方式更为重视。另外，对于有争议的问题，更易于用语言来沟通，而不是用书面文字来沟通。

（2）非语言沟通。是指通过某些媒介而不是讲话或文字来传递信息。非语言沟通内涵十分丰富，熟为人知的领域有身体语言沟通、副语言沟通、物体的操纵等。

身体语言沟通是通过动态无声性如目光、表情、手势等身体动作或者是静态无声性如身体姿势、空间（界域）及衣着打扮等形式来实现沟通的。比如在商务谈判过程中，目光注视对方，是在说："我对你感兴趣，我在关注你。"目光接触是对对方的尊重。饭店管理者可以通过观察员工听取指令的表情来判断与他们的沟通是否有效。当员工在听管理者讲话时东张西望，这表明他们没有注意听。

副语言沟通是通过非语词的声音，如重音、声调的变化、哭、笑、停顿等来实现的。语句中重音的不同，其含义也大不一样。同时声音可以反映人的个性。人们几乎普遍认为：一个人说话声音高、速度快，往往反映出此人精力充沛、性格外向、意识开放、活动能力强；相反，一个人说话慢声细语，往往反映这个人的性格内向、行为迟缓、胆小谨慎。

物体的操纵是人们通过物体的运用和环境布置等手段进行的非语言沟通。例如，在安排一次正式的宴请时，座位的安排、周围的色调、摆设的物品都应有严格的讲究。如在安置宾客的座位时，应该尽量避免让他背朝门口，给人一种安全感和轻松的气氛。面试时桌子座位的安排，传递出正式还是随和等信息。

三、饭店管理与沟通的关系

管理与沟通密不可分。成功的管理要通过有效的沟通促成。首先沟通是管理人员更好地履行计划、组织、领导和控制等职能的润滑剂；其次沟通与管理人员扮演的多种角色密切相关。因此，合格的管理者所必备的管理技能之一就是管理沟通。

1. 管理职能与管理沟通

早在 1916 年，法约尔（Henri Fayol）就把管理的功能界定为：计划、组织、指挥、协调、控制。时至今日，一般已将管理的职能精简为四个：计划、组织、领导、控制。为了更好地了解管理与沟通的关系，首先需要了解管理职能中管理沟通的性质和作用。

（1）计划。计划就是设置目标。有效的计划，不仅指计划本身，还包括如何使组织成员充分了解计划、明白组织目标、理解行动方案，否则实施计划、实现目标就无从谈起。为了使员工了解计划、明白组织目标，必须依靠有效的管理沟通活动，尤其是与下属的沟通来实现。因此，就计划职能而言，其中所发生的管理沟通基本上包括制订计划之前向下属收集信息、意见和想法，以及计划制订之后向员工传达，帮助他们认识任务。这里收集信息、意见和想法，向员工传达都必须从提高沟通效果的角度来增大达成目标的机会。

（2）组织。组织是指管理者为实现目标而进行资源配置，精心策划组织内部的角色结构（工作岗位），并将每一个角色（工作）分配给每一位能够胜任的成员。具体说来，在进行组织工作时，管理者设定职位框架，并从权利、责任和要求等方面描述其中每个角色，同时根据人员特点，进行人员与工作匹配，使人员结成一定的工作关系。因此，组织的过程就是全面调动和充分利用人力资源的过程。好的组织工作可以确保人们在完成工作过程中相互配合并协调一致，能够更有效、更顺利地完成工作。显然，管理沟通为人员与工作的协调一致提供了润滑剂。

（3）领导。领导的职能是指管理者通过自身的行为活动对员工施加影响，使其努力实现组织目标并做出贡献。越来越多的研究和实践表明，建立在职位基础上的权威对追随者行为所施加的影响是有限的。现代人更愿意追随那些能够满足大家需要，实现共同愿望的领导者。因此，管理者必须借助管理沟通来展示自身的人格魅力、知识才华和远见卓识，淡化地位与权威的作用，这样才能赢得追随与支持。许多事实表明，有效的领导者同时必然是掌握娴熟沟通技巧的人。

（4）控制。控制职能是指衡量与纠正员工行为并促成计划完成的各种活动。控制与计划的成败密切相关。为了使员工的行为符合计划与规范的要求，管理控制就是不断地进行防错、查错与纠错等活动。从实质上讲，控制就是不断获得反馈，并根据反馈制定对策，确保计划得以实现的过程。这个过程也有赖于管理沟通的正常开展，没有有效沟通提供的准确信息，就无法准确进行监控和采取相应的纠错行动，最终导致无法达成目标。

以上四项管理职能的执行都与沟通休戚相关。同时计划、组织、领导和控制作为是不可割裂的有机的整体，四项职能的相互衔接和相互协调也离不开沟通，只有这样才能保证最终达成组织的目标。

2. 管理角色与沟通

管理的职能比较粗线条地概述了管理工作的职责，但还不足以全面反映管理工作的具体内容和工作特点。20世纪60年代，管理学界著名的大师亨利·明兹伯格（Henry Mintzberg）在对管理工作观察的基础上，提出了管理角色理论。他认为管理者扮演了10种类型的管理角色。管理者在承担不同管理角色的时候应该意识到，每种角色对如何进行管理沟通都提出了不同的命题。

（1）挂名领袖。管理者（总经理）必须出席许多法律性和社会性活动的仪式。这对挂名领袖的口头沟通能力和非语言沟通能力提出了很高的要求。一般情况下，挂名领袖要通过微笑、致意等形体语言，以及铿锵有力的声音、言简意赅的表达来显示饭店企业的自信和能力。因为挂名领袖的一言一行都代表着饭店企业的形象。

（2）领导者。作为领导者，管理者主要负责招聘、培训、激励、奖惩和人员配备等统筹所有下属参与的活动。这个角色同样要求管理者要擅长会谈沟通等口头和非语言沟通形式。好的领导者必然要依靠口头和形体语言来激励和鼓舞员工。因为，面对面的口头沟通加上相应的肢体语言能够更快、更有效地传达管理者的意图。

（3）联络者。管理者必须要与提供信息的内部或外部来源者接触，这些来源包括饭店内部或外部的个人或团体。如销售经理从人力资源部经理那里获得信息，这种关系属于内部联络关系；当销售经理通过市场营销协会或与其他饭店企业的销售经理接触时，他就有了外部联络关系。这就要求管理者必须具备优良的会议、会谈等口头和非语言沟通能力。

（4）监听者。作为监听者，管理者寻求和获取各种特定的、即时的信息，以便比较透彻地了解外部环境和组织内部的经营管理现状。如经常阅读各种期刊、政府报告、财务报表等，并与有关人员如政府官员、客户、员工等保持私人接触。换句话说，管理者充当了组织的内部、外部信息的神经中枢。因此要求管理者除具备基本书面沟通和口头沟通的技巧外，还要有好的理解和倾听能力。

（5）传播者。管理者起着向组织成员传递信息的通道作用。管理者几乎可以采用所有的信息沟通形式传播信息，如面对面会谈、电话会谈、报告会、书面报告、备忘录、书面通知等形式将相关的信息传播给有关人员。因此，管理者必须懂得如何针对信息内容选择恰当的沟通形式。

（6）发言人。作为发言人，管理者通过董事会、新闻发布会等形式向外界发布有关组织的计划、政策、行动、结果等信息。这要求管理者掌握和运用正式沟通的形式：包括报告等书面沟通和演讲等口头沟通形式。

（7）企业家。作为企业家，管理者必须积极探寻组织和竞争环境中的机会，制定战略与持续改善的方案，督导决策的执行进程，不断开发新的项目。换句话说，管理者要充当饭店企业变革的发起者和设计者。这在一定程度上要求管理者具有良好的人际沟通能力，善于通过与他人沟通来获取信息，帮助决策。

（8）混乱驾驭者。作为混乱驾驭者，当组织面临或陷入重大或意外危机时，管理者负责开展危机公关，采取补救措施，并相应建立"预警系统"，防患于未然，消除混乱出现的可能性。这包括召开处理故障和危机的战略会议，以及定期的检查会议等。因此，管理者要具备娴熟的会议沟通技巧。

（9）资源分配者。负责分配组织的各种资源，如时间、财力、人力、信息和物质资源等。其实就是批准所有的组织决策，包括预算编制、安排员工的工作等。在执行资源分配时，管理者在很大程度上需要使用书面沟通形式，如批示、指令、授权书、委任状等。

（10）谈判者。在主要的谈判中作为组织的代表，为了组织的利益与其他团体讨论和商定成交条件，如为了采购设备、购买物品等与供应商洽谈。这就要求管理者掌握谈判的沟通技巧。

沟通活动贯穿于管理者角色的每一项活动之中。

管理者无论履行什么管理职能，或在扮演什么管理者角色，都离不开管理沟通。

3. 沟通在饭店管理中的作用

沟通在饭店组织、团体的管理中，占有相当重要的地位。它在管理者有效地进行计划、组织、激励、协调、指挥、控制的过程中起着不可替代的作用。沟通状况顺畅与否，直接影响饭店群体的工作效率。沟通在饭店组织管理中的具体作用表现在：

（1）沟通信息的功能。通过沟通，为饭店团体成员提供内部、外部两个方面的信息。内部沟通包括饭店组织成员之间交流信息、经验、知识、思想和情感，了解团体和内部各部门之间的关系、团体成员的需要、团体成员的士气高低与凝聚力大小、管理效能高低、组织发展的前途和困难等。外部沟通包括同各协作饭店的联络以及获得有关的国家法律、方针、政策和市场动态等情报资料，对于一家饭店来说，捕捉产品的销路、旅游市场动态、政策变化等信息，是搞好饭店组织管理，使决策科学化的前提保证。在激烈竞争的市场环境条件下，外部环境信息的灵通与准确是饭店的生命线。这种内部信息沟通同外部信息沟通相配合，是搞好饭店管理，使饭店在竞争中立于不败之地的一个关键性条件。上海波特曼丽嘉饭店采取的年度 ESS 调查（即年度员工满意度调查）可以从一个侧面了解员工的需求和不满，以及部门与部门之间的矛盾。通过这项调查，不仅可以了解到日常运作中所出现的细节问题，而且可以适时地针对这些问题采取有效的措施。这在很大程度上满足了员工的需求，调动了员工的积极性和团队合作精神，同时也有助于改善和提高部门之间的沟通能力和工作效率。

（2）调节人际关系的功能。人与人之间的沟通既是信息沟通，也是心理情感交流。群体成员沟通过程中，彼此传达意见、看法，表达喜怒哀乐情感，互相满足交往需要和友谊需要，由此能产生亲密感，有利于加强团结，改善和调节人际关系。而且，员工与员工之间、部门与部门之间、上下级之间的信息沟通，不仅是互通信息、协调工作，还是建立情感联系，工作互相支持与密切配合的重要途径。饭店员工之间的沟通能满足社交的需要，同时能使饭店组织成员之间的思想、情感得以交流，增进相互之间的了解，有助于消除隔阂、误会、分歧与矛盾，增进团结，改善人际关系，进而有助于促进士气，形成强大的团体凝聚力。

（3）心理保健功能。饭店员工在工作过程中会有各种各样的心理压力，表现在新的岗位压力、紧急任务或重大任务压力、新技术工种压力、工作环境中的人际关系压力等，如果压力过大对员工个人和饭店组织都有较大的消极影响。饭店员工之间、上下级之间，通过沟通，彼此诉说各自的意见和喜怒哀乐的情感，从中获得相互的同情、帮助和支持，有利于解除内心的烦恼，减轻压抑和紧张，从而使人保持愉快、舒畅的心境，有益于增进身心健康。管理者要花时间去听那些遭受压力的同事或下属的任何抱怨，让员工能够畅所欲言。员工遇到挫折或产生心理压力后会产生一些不满情绪，很希望向他人倾诉，这时，如果管理者能倾听员工的想法就可能有效地降低员工的挫折感并消除员工的压力。

（4）协调功能。沟通是部门之间、员工之间增进互相了解与理解的基本方法与途径。饭店组织是由许多不同的部门、成员所构成的一个整体。为了要达成组织的目标，各部门、成员之间必须要进行密切的配合与协调。只有各部门、各成员之间存在着良好的沟通意识、机制和行为，才能彼此了解、互相协作，进而促进团体意识的形成，增强组织目标的导向性和凝聚力，使整个组织体系合作无间、同心同德，完成组织的使命及目的。

附录

管理沟通能力测试

对于一个管理者来说，与别人沟通的能力是非常重要的。一个善于与别人交流的管理者，可以得到下属的充分信任，让部门充满团结协作的气氛，使部门走向成功。下面有9个题目，请根据你的实际情况和题目要求进行选择。

1. 你是否经常（选择你认为经常做的事，有几项选几项）：

A. 召集部门会议，既讨论工作问题，又讨论一些大家共同感兴趣的问题。

B. 鼓励员工积极关心本单位事务，踊跃提问题、出主意、想办法。

C. 提倡同事之间的密切合作与交流。

D. 召集"群英会"，请员工为本单位的经营管理出谋划策。

2. 你是否（选择几项你认为有的情况）：

A. 将工作计划分发到每位部下手中。

B. 定期与每位部下谈话，讨论其工作进展情况。

C. 每年至少召开一次总结会，表扬先进，鞭策后进，同时广泛征求群众意见，让大家畅所欲言。

D. 为了营造一种轻松愉快的气氛，使大家畅所欲言，而把会议地点安排在酒店等地方。

E. 尽量少下达书面指标，多与部下直接交流。

F. 平易近人，与部下打成一片。

G. 当单位内出现人事、政策和工作流程的重大调整时，及时召集部下开会，解释调整的原因及这些调整对他们今后工作的影响。

H. 在你听说某位部下因毫无根据的谣言而苦恼后，你会立即召开会议辟谣。

I. 喜欢在单位总经理办公会上将本部门工作进展公布于众，以求得其他部门的合作和支持。

J. 常在部门内组织协作小组，提倡团结奋斗精神。

3. 如果某位与你竞争最激烈的同事向你借一本经营管理畅销书，你会：

A. 立即借给他。

B. 同意借给他，但声明此书无用。

C. 告诉他书遗忘在其他地方了。

4. 如果某位同事为方便自己出去旅游而要求与你调换休假时间，在你还未决定如何度假的情况下，你会：

A. 马上答应。

B. 告诉他要回家请示家人。

C. 拒绝调换，说自己已经参加旅游团了。

5. 如果某位同事在你准备下班时，请求你留下来倾听他"倾吐苦水"，而家人正在家中等你吃饭，你是否：

A. 立即同意。

B. 劝他第二天再说。

C. 以家人生病为理由拒绝他的请求。

6. 在一个单位首脑级会议上你正在宣读一项提案，当你讲到关键部分时，一位秘书走进来向一位与会者请示工作，你是否：

A. 对大家说："某位先生有点急事处理，咱们等他一下再继续讲。"

B. 只当作什么都没发生，继续往下讲。

C. 停止讲话，面现怒色。

7. 在会议中请大家提问时，一位提问者的问题显然表明他漏掉了你讲话中重要的部分。你会：

A. 为自己未将这个问题讲清楚而表示歉意。

B. 等他把话讲完，再把那部分内容重复一遍，解除他的疑虑。

C. 打断他的话，指出这个问题你已经解释过了，不过你乐意重复一遍。

8. 开会时，听众中某位地位高于你的人士强烈抨击你的提案，你如何应付：

A. 针锋相对，反戈一击。

B. 立即打退堂鼓，承认自己的提案中确实有不妥之处。

C. 保持冷静，尽可能在某些方面与他取得一致。

9. 在参加社交活动时（在每一选项后回答"是"或"否"）：

A. 你喜欢广结各行业的朋友吗？

B. 你喜欢做大众公共活动的组织者吗？

C. 你介意在单位组织的集体活动中扮演逗人笑的丑角吗？

D. 你与人谈话时喜欢掌握话题的主动权吗？

E. 你希望员工对你毕恭毕敬吗？

测试结果分析：第1、2题，每选一项得1分，选多少项得多少分；第3~8题，各选项得分情况如下表；第9题选项与下列一致的，每项得1分：A是、B是、C是、D否、E是。

题号	3	4	5	6	7	8
A	10	10	10	10	0	0
B	5	5	5	5	10	0
C	0	0	0	0	5	10

65~85分：无论你是上级、同事还是下级，你都表现得非常好，在各种社交场合都表现得大方得体，你待人真诚友善，不狂妄虚伪。在原则问题上，你既能善于坚持并推销自己的主张，同时还能争取和团结各种力量。你自信心强，部下也信任你，整个部门中充满着团结协作的气氛。

45~60分：你的交流能力较强，在大多数社交活动中表现出色，只是有时尚缺乏自信心，所以还需加强学习和锻炼。

25~30分：由于你对交流能力的重视不够，而且也没有足够的自信心，导致你距离优秀管理者尚有一段不小的差距。要知道，作为一个管理者，有责任主动将信息传达给部下，不应让部下千方百计地去寻找信息；而且你应该以轻松、热情的面貌来进行交流，你应把自己看作一个生活幸福、工作有成就的人，同时，对别人也不可存在任何偏见。

资料来源：余昌国：《旅游人力资源开发》，北京：中国旅游出版社，2003 年 1 月。

思考与练习题

1. 什么是沟通？
2. 如何理解沟通的内涵？
3. 一个双向沟通过程应包含哪些要素？
4. 管理者在沟通时应具备哪些品质？
5. 有效的管理沟通应具备哪些特征？
6. 简述饭店管理沟通的基本类型。
7. 简述饭店管理与沟通的关系。

第二章

饭店人际沟通

【案例导入】

扁鹊见蔡桓公

春秋战国时期，有一位著名的医生叫扁鹊。有一天，名医扁鹊去拜见蔡桓公。扁鹊在蔡桓公身边站了一会儿，说："大王，据我看来，您皮肤上有点小病。要是不治，恐怕会向体内发展。"蔡桓公说："我的身体很好，什么病也没有。"扁鹊走后，蔡桓公对左右的人说："这些做医生的，总喜欢给没有病的人治病。医治没有病的人，才容易显示自己的高明！"

过了十几天，扁鹊又来拜见蔡桓公，他仔细看看蔡桓公的脸色说道："您的病已经发展到皮肉之间了，要是不治还会加重的。"蔡桓公听了很不高兴，没有理睬他。扁鹊又退了出去。

又过了十几天后，扁鹊再一次来拜见，对蔡桓公说："您的病已经发展到肠胃里，再不治会更加严重。"蔡桓公听了非常不高兴。扁鹊连忙退了出来。

又过了十几天，蔡桓公出宫巡视，扁鹊远远地望见桓公，只看了几眼，就掉头跑了。蔡桓公觉得奇怪，派人去问他："扁鹊，你这次见了大王，为什么一声不响，就悄悄地跑掉了？"扁鹊解释道："皮肤病用热水敷烫就能够治好；发展到皮肉之间，用扎针的方法可以治好；即使发展到肠胃里，服几剂汤药也还能治好；一旦深入骨髓，只能等死，医生再也无能为力了。现在大王的病已经深入骨髓，所以我不再请求给他医治！"蔡桓公听后仍然不相信。

五六天之后，蔡桓公浑身疼痛，连忙派人去请扁鹊给他治病。扁鹊早知道蔡桓公要来请他，几天前就跑到秦国去了。不久，蔡桓公病死了。

资料来源：译自《韩非子·喻老》。

任何组织目标的实现都必须依赖于组织成员的相互协作，而相互协作又必定以良好的人际关系为前提。管理学所关注的重点是人与人之间的信息沟通，亦即人际沟通。一般来说，人际沟通既包括一般信息的交流，也包括人们彼此之间的感情、思想、态度、信念、愿望的交流。信息沟通和人际关系是相互作用的。一方面，信息沟通是良好的人际关系的前提；另一方面，人际关系和谐与否又关系到组织沟通的成效。

第一节　人际沟通概述

人际沟通是指人和人之间相互了解、共享信息的交流过程。人际沟通是群体沟通、组织沟通乃至管理沟通的基础。从某种程度上来说，组织沟通是人际沟通的一种表现和应用形式，有效的管理沟通都是以人际沟通为保障的。

一、人际沟通的特点和本质

人际沟通是一种特殊的信息沟通，是人与人之间的情感情绪、态度兴趣、思想人格特点的相互交流、相互感应的过程。通过人际沟通，可以收集到他人心理的、个性的信息，同时也对他人发出了关于自己个性心理特征的某些信息。因此，人际沟通不同于一般的信息沟通，它有自身的特点和本质。

1. 人际沟通的特点

（1）沟通双方要有共同的沟通动机。动机是指推动人去从事某种活动，指引活动去满足一定需要的意图、愿望和信念等。沟通动机是人们进行沟通行为的直接原因。

（2）沟通双方都是积极的参与者，就是说，人际沟通过程的每一个参加者，都要求自己的伙伴具有积极性，不是把对方看成某种客体。在向对方传送信息时，必须要分析对方的可能动机、目的、需求等，并且要预料到对方可能会做出的回答，以此获取对方的新信息。比如两个朋友谈话，双方都要顾及彼此的情绪、情感、态度、兴趣，并根据对方的反应，对谈话的内容和方式做出相应的改变。可见人际沟通不是简单的"传递信息"，至少是一种信息的积极交流。

（3）沟通过程会使沟通双方产生相互影响。这是说人际沟通是以改变对方的思想、行为为目的的一种沟通行为。其结果，使沟通者之间原来的关系发生变化。比如，在与别人见面和谈话时，自己的行为和心理状态就会有所变化，对方也是如此。这是"纯粹"的信息交流过程所没有的。

（4）沟通双方要有相通的沟通能力。沟通能力主要指人们进行沟通所需要的知识和经验。人们只有在相通的知识和经验范围内才能沟通。成语中"心领神会"，就是指信息接受者能理解信息传送者所传递的全部信息含义，这说明他们之间知识、经验较接近，因而能进行有效的沟通。相反，如果双方没有共同的能力区，双方就无法进行沟通。一个社会学家不懂原子科学知识，他就无法同自然科学家进行"裂变反应和聚合反应"的信息沟通。可见，只有具有共同的或相通的沟通能力，才会有"共同的语言"，才能成为沟通主体。

（5）在人际沟通过程中，有可能产生完全特殊的沟通障碍。"完全特殊"意指这种障碍与沟通渠道无关，也与使用的符号无关，而是社会、心理或文化因素所造成的。它包括由社会因素引起的沟通障碍——主要来自交流双方对交往情境缺乏统一的理解，由心理因素所造成的沟通障碍——主要是由个体心理特征差异决定的，由文化因素所引起的交流障碍——往往是因为交流双方的文化特征（风俗习惯、宗教信仰、民族观念等）不统一引起的。

2. 人际沟通的本质

人际沟通本质上是人与人的心理沟通，是一种受多种心理的作用和影响的复杂的心理活动，涉及沟通动机、意见沟通和情感沟通。

（1）沟通动机。人际沟通是一种受特定动机驱使的社会行为，它分为三类：

归属动机。指人不甘寂寞，想加入他人行列，渴望得到别人的尊重与赞许。在这种心理动机驱使下，人们就要加入到适合自己的群体中去找朋友聊天、与同事结伴郊游、同家人相聚等来满足合群、被人尊重和自尊自爱的心理需求。

实用动机。指人们追求满足功利需要的意愿。一般的人际沟通，往往与功利动机有关。有时人与人的交往，不是出于不甘寂寞，也不是为了建立友谊，而是为了完成某项任务、达到特定功利的目的。在这种情况下，沟通成为完成具体任务、达到特定目的的工具和手段，因而，也称之为工具式沟通。工具式沟通在管理工作中特别重要，比如上级出于完成整体目标的动机，与下级交流信息，沟通感情；下级为了本职工作和切身利益，向上级反映情况、提出意见等。

探索动机。探索动机表现为人们对新奇事物的好奇、感兴趣、渴望认识和理解。其所欲求的是一种不断更新和丰富的状态，是以在满足的基础上又重新出现不满足为基础的。满足与不满足的交替出现，促使人们不断寻找人际沟通来实现自己的探索动机。

（2）意见沟通。意见是人们对某些事情的看法，是主观认识。如果把信息沟通界定为消息和情况的沟通，那么意见沟通可界定为主观看法方面的沟通。

意见沟通有四个基本的环节：从意见不通到意见互通；从意见互通到意见分歧；从意见分歧到意见冲突；从意见冲突到意见调停。其中，从意见互通到意见分歧和从意见冲突到意见调停是一个矛盾转化过程。认识到意见沟通过程的四个环节，就要做好这四个环节中从意见不通到意见调停的转化工作。

意见分歧是意见冲突的萌芽。不能及时地消除分歧往往导致剧烈的冲突，造成关系紧张。消除意见分歧只能采取意见沟通的方法。有的人听不进不同意见，有的人阻止别人提意见，这些都不能从根本上消除分歧。

意见冲突是关系破裂的前兆。必须采取紧急措施及时修补裂痕，防止事态进一步扩大和恶化。解决意见冲突仍然要"解铃还须系铃人"，即使依靠第三者调停或依靠权威调停，也还要保持双方的联系，特别是"胜利"的一方要有较高的姿态，不能得意忘形。

（3）情感沟通。人都有感情上的需要。管理者应该尊重人的正常的、正当的感情，并在可能的条件下予以满足；对消极的、不正常的感情应该予以引导和矫正。而这些都是建立在感情沟通的基础之上，并包含在感情沟通之间。重视与员工的感情沟通，才能使各种工作活动顺利开展，并建立起良好的合作关系。

小贴士	情感沟通的方法

方法一：体察心境，及时沟通。

"心境"俗称"心情"，是一种比较平和、相对持久、容易发散的情绪，如愉快、满意、忧郁、悲哀等。体察心情、及时进行沟通要注意如下问题：

第一，在自身心境良好，对方似乎也心境良好时的情况下不失时机地进行直接的沟通。因为心境是可以互相感染的，在良好的心境下人与人之间比较能达成沟通。

第二，在自身心境不良的情况下，要及时调整。人都有心境不好的时候，意志较弱的人不善于克制。但是克制并不能从根本上解决问题，它只能约束某种冲动，不能改变心境本身。不良的心境影响人们的知觉能力和思维能力，使人变得麻木、迟钝，所以必然会对体察沟通对象的情绪带来消极影响。

第三，在沟通对象心境不良的时候进行直接沟通，要有引火烧身的心理准备。但沟通对象的心境不良实际上正是他们最需要关心、理解的时候，有人能听一听他们的苦闷、牢骚、怨气，他们的心境也就好了一半，更不用说牢骚和怨气中往往有理也有情、有宝贵的意见和合理的建议、有群众的要求和呼声。在沟通对象心境不良的时候不回避直接的沟通，能更全面、更深入地体察沟通对象的情绪，实现更稳固的感情沟通。

方法二：满足情感，利于沟通。

管理者要多尊重和满足人的正当的情感需要。人的情感需要多种多样，最基本的情感需要可以归纳为自尊需要、友爱需要、理解需要和表现需要等四种。

> 意志坚强的人善于克制，人的情感需要是互相贯通的。当人自我表现的情感需要得到满足的时候，他同时也会感受到别人对他的尊重，他渴望自尊、自爱和理解的情感也得到了满足，并享受到情感满足后的愉悦。所以，满足人的情感需要可以从不同的侧面入手，以点带面、举一反三，消除某方面情感受到挫伤后的不愉快，从整体上加强和加深人际间的情感沟通。

二、个性差异与人际沟通

个性，是在先天生理素质的基础上，在一定社会环境因素和教育背景影响下，通过社会实践活动形成和发展起来的、比较稳定的、区别于他人的个体倾向和个体心理特征的综合。它使一个人带上了不同于他人的特定的精神风貌。个性具有独特、复杂、完整、持久等特性。个性差异表现在方方面面，但在沟通中发挥作用的主要是气质和性格。

1. 气质与沟通

气质是人的沟通能力得以发展的自然前提，并影响性格的表现，使性格表现出"独特"。但绝不能以好坏来评价它。人际关系好、沟通顺畅的饭店，企业效益往往优于其他饭店。所以，在安排员工工作岗位时，必须注意各种气质类型人员的适当搭配，以使其在气质上获得互补，形成一个有机的整体。

通过沟通，寻求与其气质相适应的工作，即在此人气质特征的基础之上，通过培训促成其有效的工作行为。

任何气质本身都有积极的一面，也有消极的一面。气质控制，就是在沟通活动中，要努力发扬气质类型中好的特性而抑制那些不利、不良的特性。这里，我们将气质类型归纳为：内向型、中向型和外向型，并以此总结出 3 种控制原则。内向型：内向，善思考为其特长；但一旦遭受打击便可能长久不振。这种类型的人难以成为主动沟通者，也不是行为型人，只适于坐在办公桌前完成上级指定的工作。中向型：做事规矩，有条不紊，行动速度比外向型慢，但孜孜不倦，不达目的誓不休；一旦被激怒，即有爆发的可能。外向型：行动性与协调能力强，与内向型完全相反，是沟通活动中的活跃力量，明快而敢于行动；善交朋友，合群，往往适于公关、销售工作。

2. 性格与沟通

性格常常表现为某种情景下的牢固的、习惯化的行为方式。这种行为方式也是他对现实态度的表现方式。性格有着复杂的心理结构，其内容包括对现实和对自己的态度体系、意志体系、情绪体系、理智体系。性格上的差异，正是促成人们在同样条件下表现各不相同的一个重要原因。

（1）性格类型及其特点。人的性格类型不同，对不同的生活方式有不同的看法。根据人们认为哪种生活方式有价值可分出如表2-1所示的六种性格类型：

表2-1 人的六种性格类型

性格类型	性 格 特 点
经济型	以经济的观点看待事物，从实际效果来判断事物的价值，以获得财产、追求利润为生活目的。
理论型	冷静而又客观地观察事物，根据自己的知识体系来判断事物的价值。但遇到实际问题时无法处理，以追求真理为生活的目的。
审美型	不大关心实际生活，而是从美的角度来判断事物的价值。
宗教型	相信宗教，有感于圣人相救之恩，坚信永存的绝对生命。
权力型	重视权力并努力去获得权力，总是指挥别人或命令别人。
社会型	重视爱，以爱他人为其最高价值，有志于增进他人或社会的福利。

当然，纯粹某种类型的人是没有的，多数人都是由各类型综合而成的，即混合型。有时候，某种特性可能会表现得强烈一些。同时也要认识到，人的性格不是固定的、静止的，而是不断发展和变化的。为适应这种变化，在选择沟通方式和渠道时，更多地要注意到其特点、特征，有意识地展开工作。

（2）特质在沟通中的作用。特质是构成性格的基本单位，它决定一个人的行为倾向。特质又是所有人共有的，只是每一种特质在量上因人而异，由此造就了人与人之间在性格上的差异。

特质分为表面特质和内在特质两种。前者代表个体外显行为的各种属性与功能；后者则是外显行为的属性、功能的决定因素。透过外显行为属性、功能，常常能够找到其背后的内在特质。一般认为特质大约有18种：能力、技巧、才能、习惯、性格倾向、理想、嗜好、才艺、志向、知识、礼貌、成就、习惯癖好、智慧、愿望、恐惧、偏见、信仰。

显然，这些特质也都是影响沟通的内在因素。因为没有一种特质不是于外显于沟通行为之中的，我们要有意识地把握这一特点，以求特质在沟通中确实发挥作用。

（3）性格的改变。虽然我们不赞成不良性格的说法，但在实际沟通活动中，确实有一些性格是不利于沟通的。这就迫使我们不能不面临积极的改变。那么，改变不良性格，以求最佳沟通效果的方法有哪些呢？

• 主动、积极地了解自己与管理对象的性格特点，从认识自我开始，来引导他人改变不良性格——塑造他人不断地适应自身条件、现实环境的个性特点。

- 认识自我，不取决于观察，而取决于行动。身教胜于言传，是沟通中的一个根本教条。
- 行动之前，要有意识地戒除恼怒和无能为力的自我感觉，充满信心。
- 面对沟通行为中的挫折与障碍，采取"伙伴法"和"日记法"加以认真对待。"伙伴法"是求助于已经获得了沟通的朋友来协助，通过进一步沟通，戒除内心不安，开阔视野，改变自己的不良性格；"日记法"是坦率、赤裸裸地将自己内在人格中的阴暗面摆到日记上，跟理想中的自我展开对峙，常常收效颇丰，日记可以非常有效地实现自己和自己的沟通。

第二节　饭店人际沟通策略

不少饭店中员工之间关系紧张，甚至上下级对立，一个重要的诱因是饭店中各层次管理者缺乏人际沟通意识和基本的人际沟通技能。因此，饭店各层次管理者需要认识到自己在人际沟通方面存在的不足，认识到人际沟通中存在的种种障碍，并有意识地学习和掌握一些有效的人际沟通策略。

一、饭店人际沟通的特殊性障碍

在人际沟通中，有可能产生完全特殊的沟通障碍。"完全特殊"意指这种障碍不是由于信息通道的失真或编码、译码上的错误，而是由社会、文化或心理因素造成的。

1. 文化系统障碍

（1）语言障碍。人与人之间的沟通大多是通过语言、文字的交流而实现的。如果沟通双方语言不同，文字不一，对同样一句话或同样一个词有不同的理解，就很难实现沟通。更多的情况是可能引起语意的歪曲和误解，或是断章取义，形成沟通障碍。涉外饭店的中外员工之间有语言沟通障碍，即使同源文化的中国员工之间交流沟通也难免会有障碍，如不同民族和不同的方言区的语言交流障碍。现代汉语可分为北方话、吴语、湘语、赣语、客家话、闽北话、闽南话、粤语等八大方言区，而每个地区方言还可以分出大体上近似的一些地方方言。

为了使语言交流达到良好的交流效果，用语言进行沟通要准确、精练。所谓语言上的准确，就是语言表达得合乎规范。在人际交流场合，要求每一个参与交流的人，尽量使用标准普通话。如果是与外宾交流，那么，外语也应当使用标准外语。只有把语言说得准确，在语音、词汇、语法等方面遵循统一的标准，人们才能更好地传递信息，交流思想，联络感情。

所谓精练，即简单明了，在口头语言交流中尤其更应该精练。生活中常有这样的情形，有的人不顾场合地点，说起话来口若悬河，滔滔不绝；有的人表达同一意思或观点，却翻来覆去不断解释，生怕别人不解其意，或是说话中插入一些不必要的交代，节外生枝，不着边际，这样很难达到预期的交流效果。而有的人，说的话尽管不多，但少有废话，语句简单明了，有理有据，反而能很好达到交流效果。

所以，饭店的管理者无论是口头传达上级精神还是书面报告，都要表达清楚，使人一目了然，心领神会。若传送者口齿不清、语无伦次、闪烁其词，或词不达意、文理不通、字迹模糊，都会使接收者无法了解对方所要传递的真实信息。

（2）文化程度障碍。沟通双方接受教育的程度和文化素养的水平，在沟通中有十分重要的意义。一般来说，程度越接近，沟通越易实现，而水平差距越大，所传信息越不易被理解，也不易被接受，这就形成了文化程度的障碍。教育程度是决定一个人理解能力高低的重要因素。管理者必须认识到这一点，当他们用书面或口头方式传递信息时，要根据接受者的受教育程度（所能理解的能力）来调整他们的用语，以便使沟通有效。

2. 社会系统障碍

社会系统方面的障碍影响因素很多，其中起主要作用的有社会角色地位的障碍、观念障碍、习俗障碍等。

（1）角色地位障碍。饭店里的每个员工都处在不同的位置，具有不同的组织角色。员工所担任的角色不同，看问题的方式和角度便不一样，就会产生不同的态度和观点以及不同的利害关系。在沟通中时常会因角色地位的不同而发生障碍。有的饭店管理者认为"我手里有权"、"我能管你"，觉得高人一等，从而人为导致沟通障碍。如果一位领导者居高临下，下属会不买你的账，或敬而远之，或产生逆反心理，结果自然会阻塞上下信息的畅通。

但换一个角度来说，人也总是要受他所扮演的"角色"的影响。同一个人，在他扮演不同的社会角色时，他的心理状态不可能是完全一样的。例如，当服务员小王以客人的身份，坐在别的饭店里消费的时候，和他在自己的饭店里以服务员的身份，去为客人服务的时候，其心理状态肯定是不一样的。不仅一个人的心理状态会受他所扮演的社会角色的影响，而且他的行为也要受他所扮演的社会角色的制约。但对于我们每个人所扮演的许多不同角色，我们应该是既能"进得去"，也能"出得来"。曾经听到一位饭店服务员说，她对她的上司特别反感。为什么呢？她说："因为她不光是上班的时候要当我的头，下了班以后，还要当我的头。"

因此，在饭店的人际沟通中，管理者应在头脑里消除命令和服从的这样的"上下"角色关系，建立人与人之间互相平等和互相尊重的氛围，才能消除因角色地位的差异带来的沟通障碍。里兹-卡尔顿酒店的座右铭是："我们以绅士淑女的态度为绅士淑女们服务（We are ladies and gentlemen, serving ladies and gentlemen）"，这种文化使员工人的问题，而不用请示请示再请示。在这样的酒店工作不会有压力，因为这里的员工、管理者和客人都是平等的，员工的尊重需要、参与意识、被重视的感受得到最大限度的满足。

（2）观念障碍。观念是一定社会条件下人们接受、信奉并用以指导自己行动的理论和观点。观念本身是沟通的内容之一，同时又对沟通有巨大的影响作用。有的观念是促进沟通的强大动力，有的观念则是阻塞沟通的绊脚石。比如说，僵化观念会窒息沟通。僵化观念即把某种认识凝固化、神圣化、奉为永恒真理的观念，是一种静止的观念。其具体的表现是唯经典、唯权威。唯经典就是不管遇到什么问题，都到经典著作中找现成答案，从而堵塞了信息沟通的渠道。唯权威就是为了维护权威不顾真理甚至放弃真理。日常生活中经常遇到这种情况：争论双方都只是抓住对方在沟通过程中的某一环节、方面或特性，各执一端，彼此否定，谁也听不进对方的意见，结果谁也说服不了谁。克服沟通观念障碍的根本途径是加强唯物辩证法世界观的修养，牢固树立联系的观点、发展的观点和矛盾的观点。

（3）习俗障碍。习俗是在一定文化历史背景下形成的具有固定特点的调整人际关系的社会因素。习俗世代相传，是经长期重复出现而约定俗成的习惯。忽视习俗因素会导致沟通障碍的出现。比如，在对客人使用"谢谢"这一礼貌语言时，欧美人习惯为一件事道谢，只谢一次就够了，万不能为同一件事不断道谢，这是他们的礼仪。在我国，如果有人帮了你的大忙，你会在他面前谢了又谢，谢个没完。一再表示感谢，表明谢意之真诚，这是中国人的习惯礼仪。如果对欧美人接连不断地说"谢谢"，则被认为糟糕透顶，会使对方感到不能忍受，甚至认为你的感情太虚伪了，下次不敢再和你打交道了。

总之，各国、各民族、各地区的风俗习惯的差异是客观存在的，在饭店的接待工作中以及与外国人、少数民族、异乡人之间的交往沟通中，要注意了解和尊重对方的风俗习惯。

3. 心理系统障碍

人的心理包括四个因素：知、情、意、行。由于每个人的人格差异，从而导致了认知、情感、意志、行为的不同。在沟通活动中，心理系统的障碍远比文化、社会系统障碍更普遍，更棘手。属于心理系统方面的障碍，主要有认知障碍、情绪障碍、个性障碍和态度障碍。

（1）认知障碍。认知障碍主要包括自我认知、社会认知。自我认知是指个体对自身及其与外界关系的认知。个体通过自我认知，产生自我意象、自我观念、自我评价，从而构成自我态度和对与之发生关系的他人或群体的态度。

人们往往很难做到主动地、客观地、全面地认识自己，从而容易发生自我认知的偏差，不能正确地认识自己、评价自己、把握自己，形成沟通障碍。如自卑，它来源于对自己的不正确认知和估计，过分地看重自己的短处，而对自己的长处缺乏足够的认知，因而产生了自惭形秽之感。心理自卑，行为必然退缩。想与人来往，又怕被人嫌弃、拒绝；想得到别人的关心与体贴，又会因害羞而不敢亲近。自傲与自卑相反，自傲者则喜欢过高地估计自己。在与人交往沟通的过程中，往往表现出一种"超人感"、"优越感"，以自我为中心。

社会认知主要是指对他人的认知，即指个人在与他人交往接触时，根据他人的外现行为，推测与判断他人的心理状态、动机和意向的过程。如果认知者的认知方法不对头，会人为地形成偏见。交往沟通中一旦发生对他人的认知偏差，就会因此产生"信任危机"，引起沟通障碍。

饭店的员工在工作中希望得到的不只是金钱的报偿或晋升，他们需要获得同事、主管的认同，并希望周围的人对他产生良好的认知，使自己融入饭店组织之中，获得社交需要和尊重需要的满足。饭店对员工良好的认知还表现在把员工真正作为企业的成员来对待，而不能单纯把他们作为企业的雇员。如上海瑞吉红塔大酒店，员工入职后的 Orientation 必须有总经理参加。若总经理没时间，宁可暂停后延，这是雷打不动的原则。这是总经理对培训工作的重视，也是对员工的尊重。

（2）情绪障碍。每一项活动中，情绪总是伴随着我们的行为出现。在人际交往与沟通中，离开了情绪的共鸣是不可想象的。人与社会之间以及人与人之间的关系，都可以通过情绪反映出来。诸如爱和恨，快乐和悲伤，期望和失望，羡慕和忌妒等。在一家饭店，一位心情烦躁的饭店服务员，觉得客人妨碍了自己的工作，于是就很不耐烦地对客人说："起来！——让开！——站远点！"像这样去对待客人，就会使客人觉得服务员好像不把他当作一个人，而是在把他当作一件物品来随意摆布。因此，消极情绪会影响沟通，克服消极情绪要求员工自己学会约束和控制行为，学会调节情绪，加强性格方面的修养，同时也要求管理人员为员工有一个好的心情、好的人际关系环境做出努力。比如和员工经常进行感情的沟通与交流，可以拉近管理者与员工之间的关系；在下达指示时重重拍拍他们肩头并加上一句"你一定能干好的！"、"我相信你一定行的！"这种稳定心理、给予信任的方式，可以让员工获得好心情并会增加他们获胜的信心。

（3）个性障碍。每个人都有自己的个性，个性障碍是由个人在个性意向，如需要、兴趣、动机、理想、信念、世界观、人生观和个性心理特征，如气质、性格、能力等方面的差异而引起。一个诚实、高尚、正直的人，发出的信息即使有一些失真，也能为人们所理解和认同；一个虚伪、卑劣、不正直的人，发出的信息虽属千真万确，也往往为人们所曲解。

（4）态度障碍。如果沟通双方不能以诚相待，彼此歧视，各存戒心，就会形成态度障碍。态度是由认知、情感和意图三种成分组成的。一般来说，一个正常人对某人某事所持的态度中，这三种因素应该是协调一致的。然而态度的知、情、意三要素并不都是协调的，因此也就有了所谓偏见。而这种偏见的产生，往往受到"定势效应"和"社会刻板印象"的影响。

所谓定式效应，是指人们头脑中存在的关于一类人的固定形象。当我们认识他人时，常常会不自觉地有一种有准备的心理状态，按照事物的外部特征对他们进行归类，从而产生了定式效应。如，在日常生活中认识一位初交者，见其健谈，就认定他聪明、豁达、可交；见其易发脾气，就认为他一定很固执。这些偏颇态度的形成，对于我们的正常交往是十分不利的。而对各类人持有一套固定的看法，并以此作为判断评价其人格的依据，称为"社会刻板印象"。这种社会刻板印象往往形成态度障碍，阻碍人与人之间正常的认识和交往。

二、饭店员工个体沟通能力的激发

饭店员工个体沟通能力是进行有效人际沟通的一个重要组成部分。在一般情况下，一个未经沟通训练的人，只能发挥出其能力的20%～30%，这是保持自己地位基本能力或称自卫能力的发挥；一旦经过沟通训练，充分调动起人的沟通积极性和创造性，则其潜力可发挥到80%～90%，二者相差达60%左右。可见，有意识地通过训练，对促进个体沟通能力的发挥具有很大意义。

1. 激发沟通动机

沟通动机是个体选择这个而不是那个沟通对象，持续不懈地努力实现沟通，并一定要达到沟通目标的一种心理过程。影响饭店员工沟通动机的因素有很多，其中发挥决定性作用的有五种：

（1）兴趣上的共识。兴趣是一种积极认识、探索某种事物，或追求某个需要对象的心理倾向。包括由生理引发的暂时性需求和受教育、环境影响形成的社会性需求。这两种需求都是沟通活动所需要的。

（2）价值观。与兴趣相关，但更是关于生活方式、生活目标的看法，因人因时因地因教育因环境不同而不同，它制约影响员工对沟通事物的价值判断、态度和行为。

（3）价值目标。是一种沟通价值的追求和志向。比如，从沟通中追求物质利益的经济价值目标；通过沟通支配他人的权力价值目标。目标完成的程度取决于对自己能力极限的了解，对完成目标的可能、既往经验、社会因素的了解。

（4）抱负水准。抱负水准是指要把沟通（或其他工作）做到怎样的质量标准上的需求。随着沟通活动的产生，成功感与挫折、失败感将相伴而生，因此要特别注重员工个人的成就动机、过去的失败经验、沟通对象的影响等因素。

（5）需求。指人在生理上和社会生活中所必需的事物在头脑中的反映。它以意向、愿望的形式表现出来，是最终导致推动员工进行活动的动机，包括物质的和精神的两方面。沟通需求是精神需求的一个重要内容。

激发上述各项影响的决定因素，就能调动员工的沟通积极性与创造性。激发方法包括外在激发，即在行为之后获得报酬的方法，以及内在激发，即通过行为直接获得满足。二者相辅相成，缺一不可。原则上，要做到因人而异，以满足员工的最终需求为目标。

2. 引导沟通情绪

情绪是人对客观事物的态度体验，有愉快、悲哀、愤怒、恐惧、忧愁等。众所周知，情感是沟通的重要助手。情感是在情绪基础上形成的，反过来，又对情绪产生影响。它们是同一心理活动的两个不同侧面。

（1）情绪影响员工的沟通行为。情绪作为一种积极力量时，能够组织、维持、指导行为。情绪不是自发的，是由个体自身的内环境和自身以外的外环境刺激而引起的。内部刺激变化主要以内部变化所引起的情绪变化为特征。这种情绪变化往往呈现周期性、年龄性、性别特殊性等。一般人在两个情绪周期交换的时候，沟通能力往往最差。外部刺激有物理性的、化学性的、社会性的、心理性的等，都会造成两种截然相反的情绪反应，因此，沟通中要特别注意引导。

（2）精神状况影响员工沟通情绪。员工生活在组织群体之中，要接触各种各样的人，在沟通关系的建立及沟通过程中，总会出现一些不愉快现象。这样，便会产生以下一种或同时产生几种现象，影响沟通情绪与效果。

情感阻滞。不民主的团体内部容易产生情感阻滞，导致人的情感无法发泄而积存日多，形成心理创伤。

情绪创伤。人遭受情境压力，或情绪上受打击而导致的情感或行为的失调现象，叫情绪创伤。人有了情绪创伤，则容易出现自卑感、不合群、越来越粗暴、强烈的攻击性等特点。

身心疾病。生理的病症常常产生于精神的原因。所以在日常沟通中更要注意。

（3）员工个人沟通情绪的控制方法。

- 在沟通中培养理性气氛，注意平衡个体社会目标与个体社会性。
- 安排情绪发泄的场所和机会。
- 多赞美少责备，人人都有自尊心，希望获得他人的认可。
- 培养乐观的性格。
- 建立和谐的环境。

3. 改变沟通态度

一个人的沟通行为是沟通态度、性格和情景相互作用导致的。态度在其中具有这样几个特点：

- 沟通态度不是天生的，而是后天沟通环境培养的结果。
- 态度是针对某一对象或状况产生的，这就是沟通者与沟通对象的关系模式。
- 沟通态度除了关于想法、看法等的反映外，还含有好恶成分。
- 持续性强，不易迅速改变。
- 态度是一种内在的心理活动，无法直接观察，只能凭当事人的言行去推测。

态度一旦形成，便成为一个人的习惯反应，成为对一些问题的刻板的看法，从而影响沟通效果，或增加沟通的难度。那么，决定员工的沟通态度的因素有哪些呢？

- 个体对所有能满足自己意愿的对象，或能帮助自己的对象，都有好感，反之便是恶感。这种好恶态度决定于其意愿能否得到满足。
- 知识形成并能改变态度，所以说，个体的态度受吸收新知识的影响，不过，这种影响可能朝两个方面运动，因为新知识进入大脑，必定要与原来的态度谋求一致，在此过程中，要么改变原态度，要么被原态度歪曲。
- 个人沟通态度还取决于其与团体的关系，以及总体沟通环境的影响。
- 态度因人而异，个体的态度反映其人格特征。

在这些决定因素中可以感觉到，人的态度不是一成不变的，但改变过程又是极其复杂的。所以，改变一个人的态度，以谋求更好的沟通效果，必须跨越很多障碍。

三、饭店管理者人际沟通能力的提高

饭店管理者要提高管理沟通的能力来达到提高管理的效果，首先需要提高管理者人际沟通的能力：既要成功处理好与上级、同事和下属的关系，还要掌握与下属员工的沟通艺术。

1. 建立良好的人际关系网

良好的人际关系网是通过感情的联系和相互的尊重与认可而建立的一种高尚的友谊。对饭店员工来讲，良好和谐的人际关系，能获得心理上的满足。没有良好的人际沟通，就不可能有协调的人际关系。建立良好的人际关系网是进一步提高管理水平与效能的必要途径。具体做法如下：

（1）加强自我修养。其实饭店的所有员工都希望自己与周围同事的关系是和谐融洽的，虽然良好的人际关系的产生和建立取决于交往双方，但一个人是否被他人所接受，关键在于自己的形象如何。这就涉及加强自我修养的问题。首先要树立正确的人生观、世界观。这是正确处理个人与集体、个人与社会的关系，正确分析和解决人与人之间的矛盾，搞好人际关系的前提。一个自私自利、个人主义严重的人是不会搞好人际关系的。其次要重视个性锻炼。心胸开阔和热情开朗是管理者搞好人际关系的心理条件。每个员工都有被尊重的需要，管理者可能更强烈一些。然而要想员工尊重你，你首先要尊重员工，这样才会赢得员工对自己的尊重。最后还要正确地评价自己，这是搞好人际关系的关键。要建立良好的人际关系，仅仅了解别人是不够的，还要了解自己，并做出正确的评价，从而不断改造、完善、优化自己的形象，以获得别人的接纳。

（2）善于与人相处。人际关系是双方交往的过程，因此建立良好关系必须解决如何与人相处的问题。管理者首先要做到严于律己和宽以待人。在学习和工作上对自己有高的标准，对自己的缺点有真诚和严格的自我批评精神。而对员工的工作或学习不提不切实际的要求，不强人所难，对别人的缺点或不足，在热心帮助的同时，要有耐心等待、宽厚和谅解的态度。在与人相处中真正做到了严于律己，宽以待人的人，其人际关系一定会搞好。与人相处还需要真心实意和以诚待人。真诚待人是管理者非常美好的风度，对人对事要实事求是，对员工要有正确的认识，要相信人、尊重人。员工工作做出了成绩，要实事求是地真诚地予以肯定和赞扬，这样会使员工觉得他为工作所付出的努力，得到了主管的理解、承认和赞许，从而靠近了双方的心理距离，使双方的关系变得亲切和谐起来。对待员工没有诚意是不会建立起良好的关系的。

（3）重视感情投资，增强人际亲和力。感情投资就是管理者通过一系列能

够引起下属感情共鸣的手段，包括资金、物质、时间和精力上的付出，从而使下属对管理者在心理上产生敬重、爱戴、拥护和信任的感情，心甘情愿地为饭店的目标效力。热情地关怀人，将真挚的感情注入人的心灵中，这是感情投资的主要方向和内容。

一位饭店餐饮部经理工作之余，经常和员工谈心，员工的吃饭、买菜、洗澡、子女入托入学等细微小事都问及过，并力所能及地帮助解决一定的困难，而且把经营管理中的目标和困难等经常传达给员工。他的部门有位手艺很好的厨师，不少饭店和个体餐厅争相前来高薪聘请，但这位厨师就是不为所动，这位厨师说，经理是真心待我好，我爱人患病，常年服用的药中有一味中草药必须是新鲜的，经理托人从南方买来种子在家中培育种植，几年来一直保证供应。这样好的经理，我怎么会舍得离开呢？一味中草药竟能胜过高额的聘金，使这位厨师自愿留下来。

（4）不计较个人利益得失。不计较个人利益得失，甚至善于牺牲自我利益是自我修养的一种高超境界，它要求管理者做到不斤斤计较个人利益，在必要的时候要敢于放弃自己的利益。管理者应以长远的整体利益为出发点，因为真正懂得并善于牺牲自我利益的人都很清楚：短暂的眼前利益损失有可能换来更大的利益获得。管理者应该以长远的整体利益为出发点，抱着"牺牲点自我利益没什么关系"的处事态度，这样必然有助于建立更广泛、更稳固的关系网。

2. 管理者与下属员工的沟通艺术

管理者与下属员工的交流沟通是饭店人际沟通活动中一个非常重要的环节，以下的要点是相互理解和真诚沟通的基本因素。

（1）与下属平等、真诚的交流。首先，要透视下属的内心世界。一家饭店组织汇集了来自不同区域的员工，他们性情各异，却为何会聚集在你的周围，听你的指挥，为你效劳呢？俗话说："浇树要浇根，带人要带心。"领导必须要搞清下属的内心愿望和要求，并予以适当的满足，才可能让众人追随自己。管理者必须谙熟大多数下属的共同需求：

- 干同样的活儿，拿同样的钱。他们希望工作能得到公平的报酬，他们不满的是别人干同类或同样的工作却拿更多的钱。
- 被人尊敬。下属希望自己在同事的眼里显得重要，他们希望自己的出色工作能得到领导的肯定。
- 步步高升的机会。多数下属都希望在工作中有不断晋升的机会，没有前途的工作会使下属产生失望感。
- 在舒适的地方从事有趣的工作。大家都希望有一个安全、干净和舒适的工作环境。

- 被"大家庭"所接受。他们谋求社会的承认和同事的认可，希望成为组织整体的一部分，希望得到组织的赏识。

其次，还要建立和谐融洽的关系。上级如果想与下属真诚沟通交流，必须与他们建立起和谐融洽的、朋友式的合作关系，即以朋友的身份与他们打交道，与下属平等相处。怎样才能同下属建立起朋友式的关系呢？

- 经常到下属那里去。可以了解到员工的家庭情况，工作特点，为什么闹情绪、发脾气，兴趣如何，这样与下属谈起话来一定会十分亲切投机。
- 与下属交心。只有向下属敞开心扉，把心交给下属，无话不谈，下属才可能信任你、亲近你，才会对你交心。
- 学会关心下属。当一个下属思想上有疙瘩，生活上有困难，工作上遇到挫折时，都希望得到上级领导的帮助和体贴。
- 善于采纳下属意见。上级领导在制订计划、布置工作时，不要只是单方面发号施令，而应当发动下属充分讨论，发表意见。平时要创造条件，开辟沟通渠道，鼓励下属献计献策。
- 与下属同甘共苦。如果上级领导搞特殊化或作风败坏，下属就会对他嗤之以鼻，那么和下属之间就根本谈不上什么"和谐融洽"了。
- 尽可能参加工作以外的集体活动。工作之余，同下属员工一起打打球、下下棋、跳跳舞、聊聊天等，下属就会觉得你同他们亲密无间。

（2）倾听下属的声音。首先应当鼓励发表不同的意见。对上级领导来说，没有意见不见得就是没有瑕疵，假如下属对你的方案没有异议，并不能证明这项方案就是完美无缺的。也许下属只是不敢当面批评你而已。所以上级应该尽量鼓励下属发表不同意见。鼓励方法有两种：一是放弃自信的语气和神态，多用疑问句，少用肯定句。不要让下属觉得你已经胸有成竹，征求意见不过是形式而已。二是故意把一些薄弱环节暴露给下属，把自己设想过程中所遇到的困难告诉下属，引导下属提出不同的意见。

其次要乐意听取抱怨。上级要与下属进行心灵的沟通，就要舍得花时间多听一听他们的抱怨。有时候，下属发泄怨言并不是希望你采取什么行动，而是只要你给他们一对善于倾听的耳朵。如果你打算解决下属所抱怨的问题，要事先考虑一下问题发生的原因，避免因操之过急而使矛盾激化。如果你不准备采取什么行动，也要给抱怨者一些理由。

处理抱怨的艺术一定要记住以下几点：

- 不要轻视。不要认为如果你对出现的问题不加理睬，它就会自行消失。

没有得到解决的不满将在下属心中不断膨胀，直至爆炸。

- 承认错误。消除产生抱怨的条件就是主动承认自己的错误，并做出道歉。
- 严肃对待。不要对抱怨置之一笑，也不能以"没什么大事"的态度加以漠视。应该把下属的抱怨看得很重要，引起你的注意，并把它作为重要的问题处理。
- 掌握事实。要把事实了解清楚后，再做出决定，因为只有这样你才能做出正确的决定。记住，小小的抱怨加上你的匆忙决定可能会变成大的冲突。
- 别兜圈子。不要为了避免不愉快而绕过问题，不把问题明说出来。你的答复应具体而明确，这样做，你的真正意图才不会被下属误解。
- 表示信任。并非所有抱怨对下属都是有利的。在你向他们解释过你的决定之后，你应该表示相信他们能够接受。借助于他们的推理能力以及他们对你公平处事的认识和对你的信任，努力使他们理解你作那个决定的理由。
- 敞开大门。不要怕抱怨，要永远敞开大门，要让下属总能找得到你。

（3）利用沟通消除下属的不满。在任何一个组织中，冲突与不满常常发生，上级必须善于通过沟通，及时并合理地处理这种冲突，以消除下属的不满。

第一，学会凡事让三分。上级领导应该心胸开阔如海洋，涵养深广如潭水，同有嫌隙恩怨的人从容地打交道，尽量体谅和理解下属的难处。经常这样做，你就会受益无穷。如果下属一句话使你面上无光，自尊心大受损伤，你就立即大怒，暴跳如雷，这会有失领导的风度。

第二，冷却处理。一般而言，当人们争吵时，由于满腔愤怒，往往会出言不逊。在这种情况下，处理的方法便是先冷却一段时间再说。任何感觉都会随时间的消逝而削弱，冷处理不仅可消除不满的情绪，也可形成接受指导的气氛。因此在利用沟通消除下属的不满时，千万不要忽略这一重要方法。

第三，找到应对争执的方法。在饭店组织里，上下级之间对于解决问题的意见不同或自我意识太强，都可能会引发争执，严重的争执会影响到双方的正常工作。如果争执发生了，如何去对待和处理呢？以下几点应对的方法可供参考：

- 为什么会变成这样？——找出对立的原因。
- 自己的主张真的正确吗？——下属如此坚持自己的意见，是不是因为领导自己的主张有缺陷，必须反复思量。
- 有必要固执己见吗？——即使自己的意见是正确的，但是否有必要对丁点小事如此固执己见而造成与下属争吵的结果呢?

- 自己的表达方式是不是有问题?——即使自己主张的意见是正确的,但如果表达方式有了问题,就会伤了下属的自尊心或造成误解。
- 先向对方道歉是不是比较好呢?——坦率地先向下属承认自己的表达方法不好,想办法让对方明白自己想退一步,这样往往会产生好的效果。

第三节　饭店跨文化人际沟通

跨文化人际沟通,是指在不同文化背景下的人们之间的信息和情感相互传递的过程。涉外饭店每天要接触来自世界各地的客人,饭店中方员工要和外方管理人员进行联系交流,为了在不同文化的人际间、组织间的交流时避免误会,进行有效的沟通,饭店管理者需要了解跨文化沟通的基本知识与沟通原则,提高跨文化沟通的能力。

一、人际沟通中的文化差异

不同文化之间的差异,必定会带来人际沟通的障碍。文化差异主要表现在语言与非语言方面,社会规范方面,世界观、人生观与价值观方面。

1. 语言和非语言差异

不同语言间的沟通是很不容易的,但即使是使用相同的语言也会有沟通困难。比如,全球说英语的人约有7亿,但英国人、美国人、印度人、澳洲人等说的英语也不尽相同。

同一种语言因为不同的人群使用,沟通时会有障碍。完全讲不同语言的人们之间沟通时要通过翻译的过程,即使使用翻译,也常常会产生误会和冲突。比如,百事可乐公司已经取消的英文"喝百事——活力无限"广告词,在德国被译成"从坟墓中出来",在亚洲某地则被译成"百事把你的祖先从坟墓带出来"。

因此,为了实现有效沟通,对不同语言间的翻译要注意两点:一是只能使用规范语言或官方语言,双方不能使用俚语,否则容易产生误解。这是因为,翻译学习和掌握的是规范语言,他们一般不能很好地理解俚语。一个典型的例子:在一位美国经理和一位中国官员的商务谈判中,这位美国经理对中国官员提出的合资建造一家宾馆的建议给予肯定的回答,说:"It's a great idea , Mr. Li, but who's going to put wheels on it ?"(李先生,这是一个好主意,但谁来负责推动这件事呢?）一位翻译不理解"Put wheels on it"这一英语俚语，就直译为"美国经理又提出了发展汽车工业的建议"，造成误会。二是在将中文笔译成外文，特别是在翻译店名、餐厅名和菜单时，最好请在该国生活过的外语专家审定一下，否则也容易引起误解。中国市民一般认为宾馆比饭店高级，按此观念，如将西郊宾馆翻译成 Xi Jiao Guest House，外国宾客则会认为它是一家低级的家庭旅馆。实际上，我们可以依据国内外宾客对饭店名称的不同看法，分别用不同的名称。如中文可用宾馆、酒店、饭店、旅馆等，英文可用 Hotel（旅馆）或 Grand Hotel（豪华旅馆）。广州白天鹅宾馆就注意到了这一问题，它的中文名字为白天鹅宾馆，英文名字则叫 White Swan Hotel。

非语言包括肢体语、时间语、空间语、颜色语、艺术语、图画语、环境语等等。不同文化有着不同的非语言表达，因而为跨文化沟通带来障碍。

不同的文化对颜色有不同的偏好。中国人喜欢红色和黄色，伊斯兰教国家喜欢绿色，非洲人喜欢大红大绿。

在美国，用拇指和食指捏成一个圈向别人伸出时，象征"OK"；在日本，表示钱；在阿拉伯人当中，这种动作常常伴随以咬紧牙关，表示深恶痛绝。在穆斯林文化中，人们用右手进食和做愉快的事，用左手去触摸人则是一种侮辱和不敬。美国人在人群交往中倾向跟那些对面的人，而不是跟身边的人进行交谈。跟美国人交往，如果你不看着他的眼睛，他会认为你不够诚实；而跟日本人交往如果你盯着他，他可能会认为你不尊重他。

2. 社会规范差异

社会规范是指人们应该做什么，不应该做什么，可以做什么，不可以做什么的规则。这些规范构成了一种文化群体的特点。社会规范的具体形式主要有风俗习惯、道德规范、法律规范和宗教规范。它们是跨文化沟通中引起误会和冲突的一个重要因素。

（1）风俗习惯。风俗习惯是出现最早、流行最广的一种社会规范，是各民族人民在长期的历史发展过程中逐渐形成的一种生活方式。它表现在饮食、服饰、节庆、婚姻、丧葬等各个方面，是一种没有法律规定，因而也就不受法律约束的行为规范。

在中国抱一下、摸一下客人的小孩是表示亲热，但在一些佛教国家禁忌别人摸小孩的头部，认为小孩的头非常重要，不能随便地摸，除非是活佛，或者是他们的主宰，为他们祝福的时候才可以这样做，否则认为是不吉利的。印度人还不高兴别人赞扬小孩，许多印度人认为这种赞扬会引起恶人的注意。

禁忌是风俗习惯最重要的内容之一。禁忌就是犯忌讳的话和行为。禁忌是跨文化沟通中敏感的问题，也是跨文化人际沟通中最应注意的方面，如不尊重就会刺激甚至伤害感情。禁忌有政治禁忌、信仰禁忌、生活禁忌、自然禁忌等。比如生活禁忌遍布在日常生活的各个方面。在吃饭时，中国人习惯使用筷子，结果围绕筷子形成了许多禁忌。日本人在饮食时也有不少禁忌：招待客人忌将饭盛得过满过多，也不可一勺就盛好一碗；忌讳客人只吃一碗饭，应该象征性地在第二碗里再添一点，否则认为无缘。西方人在进餐时习惯用餐巾，于是在餐巾上也有了一番讲究：如果你受到邀请初次到一家西方人家里用餐。那么在用完餐后，切勿自作聪明地将餐巾叠起来，否则会使人感到尴尬和不快。因为西方人认为这样做不吉利，他表明你今后可能再不会到这家人家用餐，或者你将与他断交。准确的做法应该是，将餐巾团成一团放在盘子旁。

（2）道德规范。不同文化中有共同的道德也有不同的道德。例如，偷盗在许多文化中都是不道德的。中国文化中不赡养老人是不道德的，而在美国文化中这种观念则很淡薄。在美国，父亲请儿子帮忙干活常常还要付款，这在美国人看来是正常的事，在中国人看来则不成体统。跨文化沟通中，由于道德规范是比风俗习惯高一层次的社会规范，因而，沟通者对道德规范上的差异更难适应。因为道德规范上出现的摩擦或冲突会造成沟通者心理上的不悦或痛苦。

一个组织或一个国家的英雄主义行为在另一种文化中可能被认为是彻头彻尾的恐怖主义。比如，对美国人来说，在海湾战争中向伊拉克扔炸弹的飞行员是英雄；而对伊拉克人来说，他们是恐怖分子。所以，在跨文化交流中，有关道德有一个重要的原则，那就是要尽力避开涉及道德判断的话题。

（3）法律规范。不同文化之间，其经济制度、政治制度、法律制度、宗教制度、家庭婚姻制度、医疗保障制度等法律规范各不相同，法律规范差异是影响跨文化沟通的一个重要因素。例如，不同文化有不同的经济制度。我国实行社会主义市场经济，西方国家实行资本主义市场经济，在一些发展中国家的某些落后地区还存在着自然经济。这给跨文化沟通带来了一定的困难。不同文化有不同的政治制度。许多西方人往往缺少对我国政治制度的基本了解。他们对"人民代表大会"也感到奇怪。除缺乏了解外，他们还往往带有偏见，因为他们的政治哲学和政治体制同我国差异太大了。

（4）宗教规范。宗教体系包括信仰、宗教节日、宗教仪式、礼拜所在地点教规、戒律、组织系统等诸多方面。如果我们不理解这一体系，就会引起很大的麻烦。例如，在穆斯林的斋月，在沙特阿拉伯，违反斋月禁食条例的外国人遭到拘禁和驱逐。这种戒斋还包括不能咽下自己的唾液。因而，穆斯林在戒斋时常往地上吐唾液。如果不了解这种教规，很可能造成穆斯林不讲卫生的误会。中国人宗教意识比较淡薄，对异文化的宗教规范往往不了解，这在跨文化沟通中应格外注意。

3. 世界观、人生观和价值观差异

世界观、人生观和价值观的差异也是影响跨文化沟通的最重要的因素之一。每位交流者常常无意识地认为对方也是跟自己一样地观察世界。如果在交流中，甲方发现乙方有着与自己不同的世界观、人生观和价值观便常常加以反对，这是跨文化沟通难以顺利进行的重要因素之一。

在跨文化沟通中，当双方对对方的世界观、人生观和价值观都了解和接受时，沟通容易实现；当对对方的世界观、人生观和价值观都不了解和不接受时，最容易使沟通破裂。例如，当美国人和日本人沟通时，如果日本人对美国人的价值观不了解，那么，美国人谈话的直来直去，在日本人看来是讲话唐突、轻率；如果美国人对日本人的价值观不了解，那么，日本人的含蓄会被美国人看作是没有诚意。

案例：事与愿违

　　一位旅美中国女商人准备乘飞机外出度假，心里希望她的美国朋友开车送她去机场。然而由于她不好意思直说，而深受西方文化背景影响的美国朋友在交往过程中又不善于听弦外之音，结果只能事与愿违。以下是他们的对话：

　　中国女商人：这个周末我要去洛杉矶！（期望美国朋友能主动提出开车送她去机场）

　　美国朋友：太棒了！真希望能和你一起去。你准备在那儿待多长时间？

　　中国女商人：三天。

　　美国朋友：（如果她想让我开车送她，她会说出来）祝你玩得开心！

　　中国女商人：（如果她真的愿意送我的话，她会主动说出来的。看来她不愿意送我，我只好另外找别人了；这个人真不够朋友）谢谢！再见！

　　资料来源：靳娟：《跨文化商务沟通》，北京：首都经济贸易大学出版社，2010年9月。

二、沟通方式的差异

在人际沟通方式方面，东西方文化存在着较大的差异。人类社会中差异最大的两种文化传统是东方传统和西方传统，东方传统包括中国、日本、印度和朝鲜等国家，西方传统见之于美国、英国、意大利、德国和法国等国家。东西方在人

际沟通上的差异主要在于东方文化注重维护群体和谐的人际沟通环境，西方文化注重创造一个强调坚持个性的人际沟通环境。沟通方式上的差异主要表现在：

1. 上下级之间沟通方式的差异

日本学者吉川曾深入分析过日本公司和美国公司在上下级沟通方面的差别。他认为这种差别突出表现在以下几个方面：

（1）日本人倾向和谐，美国人倾向直率。日本人认为和谐比直率好，因此他们尽量避免与不同意见者直接照面。日本的经理人员把成为有效的调停者作为首要目标。日本公司里解决分歧总在幕后进行，而在集体会议上仅考虑和讨论普通的事。而在美国，绝大多数的组织会议上，经理人员的任务是鼓励大家展开坦诚和直率的争辩。

（2）日本人偏爱情感式沟通，美国人偏爱务实式沟通。日本的上级管理者一般很关心下级的态度和情绪。因此，日本人会在酒吧或其他社交场合安排非正式相聚。大家置身于此种环境，交流的主要任务是更好地熟悉和认识。在美国，上级极少同下级一起外出，即使一同外出，多半也是在谈论工作。

（3）美国人比日本人更重视口头沟通。日本文化的倾向是对口头语言不太信任。在日本，优秀的上级话很少。而在美国，优秀的上级会清楚明白地制定规则和任务，经常对下级的工作发指示和作评价。

（4）日本人喜欢通过中间人进行间接式沟通，美国人偏爱直接式沟通。日本人觉得面对面直接交谈往往比较困难，需要某种居中缓冲的形式，有时通过中间人来斡旋。美国的经理们爱用直接沟通方式，很少请另一个下级向某人转达自己的话，重要的事一般是自己亲自向那个人说。

由于这些差异，在一个由美国人和日本人组成的组织中，日本人和美国人的上下级之间的沟通变得非常麻烦和艰难。美国下级认为，日本上级的指示缺乏方向、信息量少和太绕圈子而难以明白地沟通，而且总是回避争辩和冲突。日本下级认为，美国上级对下级的话动辄驳回而引起冲突和争辩、压制和专横过多，啰唆和过于直率。

2. 人际交流方式的差异

东西方人对交流本身有不同看法。在中国、朝鲜、韩国、日本等国的观念中，能说会道并不被人们提倡。在中国传统文化中，儒家、道家和佛教的禅宗都是如此。西方人很强调和鼓励口语的表达技巧，这与中国文化形成了鲜明的对照。在西方文化中，人与人的关系和友谊要靠言谈来建立和维持。他们缺乏中国文化中那种"心领神会"，因而，两个以上的人待在一起时，一定要想办法使谈话不断地进行下去。如果出现了沉默的情形，在场的人都会感到不安和尴尬，并有一种必须要谈话的压力。西方人的观念是，真正有才的人不但要能思考，并且必须善于把自己的意思有效地表达出来。美国人有"边想边说"（think aloud）的说法，就是说把思考过程言语化。东方人，特别是中国人常认为要想好了再说，不要想什么就说什么。

在人际沟通中，中国人比英美人有更多的自我沟通。中国人做事失误时，常"自我检查"或"闭门思过"。而英美人则更重视彼此的交流。他们做事失误之后，常把有关的人集中在一起，大家共同讨论，找出症结所在。他们相信，如果没有交流，将永远无法解决问题。

中国文化强调组织的团结与和谐，因而在沟通的目的上，注意摆平信息发送者和信息接收者的关系，强调和谐胜于说服。西方人际沟通观受到古希腊哲学的影响，在交流的目的上，强调的是信息发送者用自己的信息影响并说服对方，是有意识地对信息接收者施加影响。

3. 决策方式的差异

决策的方式和过程是决策者文化的产物，反映出一种文化的价值观。在必须做出决策时，日本人往往采用事前讲明、书面请示制度和中间人斡旋三种独特的办法。

（1）事前讲明。这是一种让所有有关各方都了解决定的方法。事先讲明的过程包括采取行动个别商议，这样做的益处在于：使个人或团体能有时间去了解大家表露出来的问题并加以调和，使他们理解某项决定的目的和基本理由，在公开会议上支持某项最终决定的事项。

（2）书面请示。这是一种恭敬地探询上级意图的制度：把有关文件广泛供人传阅，不少人通常在上面签署意见。每个人都必须在会议召开之前同意所呈交的建议书。

（3）中间人斡旋。利用中间人的斡旋可以避免直接对抗从而维持组织的团结。在微妙的多方面交流中，中间人可以明了双方对立的见解，并努力化解分歧，或者使双方都不失面子地中断磋商。

美国的组织决策与日本人有较大的差异。美国人通常对于一种可供选择的意见进行公开的、坦诚的和直率的当面争辩，努力化解冲突，或者根据少数服从多数的规则表决，或者由上级裁定。美国倾向于使用理性的、面对问题的方式，不把决策看作难以逃避的一件事，而是把它期待为获取成功的手段。

日本和美国的组织决策在速度、直接性、情感倾向以及解决冲突的方法和决策的标准原则等方面大相径庭。这一切差异造成跨文化沟通的困难。

4. 冲突解决方式的差异

在组织中冲突是很常见的现象。为了把冲突限制在建设性冲突的范围内，大多数文化都制定了自己解决冲突的方式。每种文化在解决组织内部的冲突时，对所用的方法亦有所偏好。美国人强调竞争、机会均等和强烈的个人主义，这导致美国人在解决冲突时偏好竞争式，就是说，在解决组织内部冲突的时候，冲突各方尽量在牺牲对方利益的基础上，为自己争得更多的利益。在日本，人们强调共同的信仰、集体的成就、在众人面前维护面子，这就导致日本人倾向于协调式。由于日本文化和中国文化比较接近，因而上述研究中对日本的描述在某种程度上也适合于中国的情况。

三、跨文化人际沟通对策

饭店管理者尤其是涉外饭店管理者的管理沟通，既要解决一般饭店中常见的沟通问题，又因上述文化差异因素而独具特色。管理沟通中的人际沟通必须正视具体情况，采取适当的措施，尽力克服文化差异在饭店人际沟通中产生的各种障碍和问题。

1. 语言文字差异对策

语言是第一个难题，是最直接、最明显的差异。这种差异问题，不仅是不同的语言，还包括文字和语音所代表的实际意义。跨越语言文字方面的沟通障碍，要求管理者努力学好多种语言，这是与不同国籍宾客进行语言沟通时必要的业务要求。涉外饭店员工要求掌握一两门外语。对于饭店不同部门、不同工种与不同层次的员工，要求掌握外语的语种、熟练程度、听说读写的能力也各不相同。鉴于英语已迅速成为国际性的通用语言，因此学习英语是克服语言障碍的有效方法之一。许多非英语系统的西方国家企业，如德国、荷兰、瑞士等国，都把英语作为其内部的正式语言。

沟通并不等同于理解。即使是两个人在交谈或交流信息，也不意味着他们就互相理解。只有当两个人对在沟通过程中使用的符号（语言或手势）有共同的认识时，才可以称之为理解。

2. 礼节和传统习俗对策

不同国家和地区的礼节和传统习俗可能存在着很大的差异。作为饭店管理者，需对这一差异有足够的认识，并在沟通过程中注意这一点。为克服这种因地方文化和习俗差异而引起的沟通障碍，管理者要充分发扬积极主动、谦虚好学的精神，不仅要对国际政治和世界经济有所研究，而且还应对外国文化、历史、生活习惯具有相当程度的了解。

此外，饭店管理者必须有着良好的修养和广博的见识。这样，他们在与不同文化背景的人们打交道时，才容易博得好感，也容易建立良好的关系。更主要的是，良好的修养与广博的见识往往是尊重人的基础和保证。再有就是要从理念和制度上保证饭店内部相互信任的沟通气氛，在管理人员的任用上一视同仁，对外国员工实行"用人不疑，疑人不用"的原则。

3. 价值观冲突对策

饭店客人和涉外饭店外方管理者来自不同的国家，有着不同的文化背景，因此，无论是平时接待或工作的沟通，都不可避免地会遇到沟通双方世界观、人生观和价值观方面的冲突。正确处理价值观冲突的原则是：

（1）互相理解。为了能有效地进行文化交流，避免无谓的价值冲突，在交流前，双方应当至少了解对方主要的和关键的价值观，当然，了解得越多越好。在交流过程中，对那些冲突的价值观要做到原则性和灵活性相统一，对某些有冲突的价值观要加以解释。

（2）互相适应。沟通双方应使自己适应对方的价值观，适应意味着尊重对方的价值观。这种适应应当是建立在多元价值观的基础上。在跨文化沟通中，应改变在同一文化氛围中形成的那种用一元的价值标准去判断对方行为的思维习惯，在坚持自己的价值标准的同时，要尊重对方的价值标准，不要强求对方按自己的价值标准行事。

（3）在存异中求同。不同的文化虽有千差万别，但是，它们的价值观中总是存在着许多共同点。例如，爱祖国、爱家乡、爱和平、主张正义、反对压迫是共同的，为人类追求更加美好的明天是共同的，爱好文艺体育运动、注意健康、关心地球的环境也是共同的。这些广泛的、众多的共同点，可以为不同文化沟通提供基础。

附录

管理者的沟通检查表

如果你是一名管理者，你在日常的沟通中做得如何呢？下面是一份沟通检查表，供你在检查自己的沟通行为时参考。如果你对多数问题的回答感到困难或答案是否定的，那你就有必要改进你的沟通。

沟通检查表

1. 你经常和其他部门负责人交换意见吗？
2. 对于自己的问题或员工提出的问题，你知道应该找谁去问吗？
3. 你是否明确了解自己和别人职责的划分界限？
4. 你部门和其他部门的工作衔接得好吗？
5. 你和同事们在工作中能保持良好的关系吗？
6. 你是否能叫出所有下属的名字？
7. 你的下属是否明确知道他们的上司是谁？
8. 你知道你的上司是谁吗？
9. 你的员工是否知晓为什么要做自己正在做的工作？是否仅仅出于领导要他们去做的原因？
10. 你在自己部门试用新方法时，是否使大家感到非常不安？
11. 你能否倾听员工的建议并根据建议采取行动？对于无法采纳的建议，你是否做出解释？
12. 你是否能深入一线进行调查研究？
13. 你是否将手下的管理人员当作知心朋友对待？
14. 你在对员工进行上岗前培训时是否注意使他们尽快地成为工作团队的一员？
15. 你的所有下属是否都知道他们的工作职责是什么？
16. 在你的部门中有没有危害小组的小道消息在流传？
17. 信息在上下流动中是否很少绕过你的下级管理人员？是否很少绕过你？
18. 当你的下属向你提出你回答不了的问题时，你是否会责备他们？
19. 你的下属是否能保持对其他工作的兴趣？
20. 你是否经常巡视你的部门（最少每天 1 次）？
21. 下属遇到问题时是否能及时找到你？
22. 你的下属是否需要经常地找你询问你已传达的通知？

资料来源：陈春花：《管理沟通》，广州：华南理工大学出版社，2001 年 8 月。

思考与练习题

1. 人际沟通有哪些特点？
2. 人际沟通的本质涉及哪几个方面？
3. 饭店人际沟通存在哪些特殊性障碍？
4. 如何激发饭店员工个体的沟通能力？
5. 饭店管理者如何建立良好的人际关系网？
6. 人际沟通中的文化差异主要表现在哪些方面？
7. 简述跨文化沟通的对策。

第三章

饭店组织沟通

【案例导入】

山姆·沃尔顿的管理经验

沃尔玛公司的创始人山姆·沃尔顿认为，如果把沃尔玛的管理制度浓缩为一点——那就是沟通。

沃尔玛公司规定，公司上到山姆·沃尔顿、各级主管，下到采购人员，每周都必须花3~4天巡视商店。公司有12架飞机供这种旅行之需，山姆·沃尔顿认为，无论有多么高级的计算机网络和多少数据，它们都只能告诉你已经销售了多少，却不能告诉你将销售多少。管理人员必须亲临基层，了解和处理店中事务。当他们周四飞回总部时，至少要带回一些有价值的情报和构想，星期五坐下来交流讨论，拿出解决问题的对策，星期六晨会后就可望得到执行。通常，星期一地区经理和高级主管们外出，星期四回到本顿维，飞机又载上采购人员去各商店。每个季度每位采购人员还必须到不同商店，在自己所负责采购的商品部门担任几天部门经理，对自己采购的商品有一种亲身的体验。

山姆·沃尔顿一直在设法鼓励每一位员工，无论是高级主管还是收银员，对公司方方面面的做法都应该尽力提出新的构想。如果有谁想出了什么好主意，就请他出席星期六上午的会议，并发给奖金。整个沃尔玛有几十万员工，山姆·沃尔顿相信在他们中间必定会有很多好主意可以采纳。就这样，山姆·沃尔顿持续不断地巡视商店，与人握手，看着别人的眼睛，设法记住众人的名字——甚至当商店太多，他不可能全都亲自前往时也是如此。而且他还特意撰写了一些友好的个人书信登在公司的时事通讯《沃尔玛的世界》上。

山姆·沃尔顿的这种带有示范效应的亲和行为，带动了公司上下所有管理人员。从一定程度上讲，"与员工沟通"已经成为沃尔玛及时处理各类商业信息和商业创意的法宝，为沃尔玛及时抢占市场、做出市场反应赢得了宝贵的时间。另外，沟通也降低了员工的心理压力、缓解了劳资矛盾，为沃尔玛的持续发展打下了基础。也正是由于沃尔玛尽可能给每一个员工一种自由、平等、热爱、尊重以及新人的感觉，所以每一个员工都能紧紧团结在沃尔玛的大家庭中。

资料来源：边文霞，赵丽红：《有效沟通：缔造非凡人际关系的能力》，北京：机械工业出版社，2014年2月。

饭店组织沟通包括组织内部沟通和组织外部沟通。其中，组织内部沟通分为正式沟通和非正式沟通。正式沟通又可以根据信息流向的不同细分为向上沟通、向下沟通、平行沟通和斜向沟通等形式。组织外部沟通主要与外部公众的沟通，包括饭店与客人、旅行社、新闻媒体、社区和其他组织的沟通。

对饭店组织来说，沟通是工作管理和员工管理的基础。任何一家饭店组织都包含着许多子系统，各个系统之间彼此关联、促进，也彼此矛盾、冲突。任何一家饭店组织也是由各级员工组成的一个集合体，各个层次的员工之间客观存在的向上、向下、横向等关系中同样存在着相互联系、促进、矛盾和冲突。这就需要通过有效的协调、沟通，使各种力量和行为统一到为实现饭店组织共同目标而努力的方向上来。而饭店与外部公众的沟通目的在于减少各种社会障碍，争取有利于组织的社会环境。

第一节　饭店组织内部沟通渠道

所谓沟通渠道，指在沟通时信息传递的手段和途径，这些流动的渠道可以分为两种：正式沟通渠道和非正式沟通渠道。正式沟通渠道是通过组织正式结构或层次系统运行的，非正式沟通渠道则是通过正式系统以外的途径来进行的。在饭店组织中，这两种渠道是同时存在的，饭店管理者应该有效地利用这两种渠道来提高组织内部沟通的效率。

一、饭店正式沟通

正式沟通指由饭店组织内部明确的规章制度所规定的沟通方式，它和组织的结构息息相关，主要包括按饭店正式组织系统发布的命令、指示、文件，饭店召开的正式会议，饭店正式颁布的法令、规章、手册、简报、通知、公告，饭店内部上下级之间和同事之间因工作需要而进行的正式接触。正式沟通渠道是否畅通会直接影响到饭店组织的工作效率，关系到饭店组织的经济效益和目标的实现。饭店内部的正式沟通按照信息的流向可以分为向上、向下、平行和斜向沟通等形式。

1. 向上沟通（上行沟通）

这是饭店组织中的信息从较低层次流向较高层次的一种沟通，即指下级情况、意见通过饭店组织系统向上级反映的沟通形式。它是饭店组织决策层及时准确地了解内部运转情况、员工意愿，做出正确决策的重要环节。

（1）向上沟通的作用。饭店组织向上沟通的主要形式有下属依照规定向上级所提出的正式书面或口头报告、反映情况、提出意见、汇报工作或困难等。许多机构还采取某些措施以鼓励向上沟通，例如态度调查、征求意见座谈会、意见箱等。如果没有向上沟通，管理者就不可能了解员工的需要，也不可能知道自己下达的指示或命令正确与否，因此向上沟通十分重要。

首先，饭店向上沟通可以使上级了解下情，是上级从下属人员那里得到信息的一条重要渠道，这些信息可能会是高层管理者制定计划、决策的依据。饭店财务部门的资料，前厅部的客房出租率，餐厅服务的宾客人数和类似的统计资料都是向上传递信息。其次，向上沟通过程中低层员工的反馈完成了沟通的循环圈。在饭店低层确实存在着大量有价值的信息，员工的投诉和建议只有通过中层管理者才能往上传递。为了避免中层管理者出于不良动机阻拦信息到达最高管理层，有的饭店规定，员工可直接向总经理投诉或提供建议。最后，正常的向上沟通和渠道的畅通，员工可以随时提出各种意见和建议，这实际上是一种员工参与管理的做法，可以满足员工心理上的需求。

（2）向上沟通的障碍。饭店内部向上沟通常常会存在各种障碍，如时间障碍、心理障碍和距离障碍等。

时间障碍。表现在许多事务性的工作使得管理者没有充足的时间与下属沟通，当下属看到上级很忙时，他们往往觉得上级没有时间听他们说话，很难提出沟通的要求。此外，信息在饭店内部流通传递速度慢，问题的解决可能要花一个多星期，甚至好几个月，很多员工觉得花时间和管理层沟通是不值得的。

心理障碍。主要是下级心理上的障碍。低职位的员工向上沟通总是比较困难，而且还常常冒风险。因为想听好话是人性的一大特点，中、高层管理者也是一样。由下属传递给上级坏的消息或向上级提出不同意见，往往有受到打击报复的可能，这就使得向上沟通有一定的风险。

距离障碍。主要是心理上和场所距离。有相当一部分中、高层管理者高高在上，不与员工联系，员工对他们有惧怕心理，因而很难主动向上反映情况。场所的距离主要是因为不在同一工作地点工作，相互交流不能立刻进行，时间一长，交流次数必然减少。为了排除距离障碍，使向上沟通有效的第一步是走出办公室，深入员工的工作场所，减少与员工的场所距离，从而减少心理差距感。具体途径有：

共同进餐。饭店都有自己的食堂或餐厅，这就为管理者走近员工提供了一个天然途径。许多国际知名公司的总裁或执行官员，总是定期去公司餐厅用餐，随意与任何一个员工或经理、秘书坐在一起，进行聊天式谈话。让每一位员工有发表意见的机会，不一定要在会议上，也可以是单独与他们谈话，有人说：闲谈是了解一个人的最佳方法，这话一点不假。

四下走动。比如不通过秘书而是自己将备忘录或文件交给下属，此时许多下属可以乘此机会和经理或管理人员谈及一些潜在问题或想法。美国科浦公司的总裁拜洛姆会选择乘公用的电梯，而不是专用电梯。这样，员工就有机会在电梯里与他交谈。

深入工作场所。如果总经理或部门经理经常不期而至出现在工作场所，有时甚至是晚班或周末时间的工作场所，可以获得许多员工临时想起或平时怀有的但又不愿意花费力气通过正式渠道去提交的主意。

排除距离的障碍除了走动管理外，还有各种形式的社交性活动。比如和下级一起喝茶、郊游、进行文体活动、晚会、重大节假日时间的娱乐活动等。

（3）提高向上沟通的策略。饭店的自下而上的沟通不可能通过命令来实现，它必须是出自员工的自愿。只有当上层管理者欢迎员工提意见并提供适当的渠道时，员工才会积极提供意见。鼓励向上沟通的策略有：

建立信任。从组织学角度看，连接员工和管理人员的是权力和责任；而从沟通的角度看，维系员工和管理人员的是信任。如果上级对下属充满信任，表现为他对下属下一步采取的行动有把握。不要把向上沟通看成是"向上"，而应看成是一种平等的交流信息。信任是双向的，信任不会从天而降，管理者必须投入时间、资源建立信任。

持之以恒。鼓励向上沟通要持之以恒。威斯汀旅馆举行每月一次的"总经理与员工对话会议"，从各个部门挑选出一些员工代表来与总经理交谈。从这些交谈中，总经理有机会获得有关员工情感和意见的第一手资料。有的国际旅馆还规定某一天的特定时间里可以使用"员工与总经理的热线电话"，收到良好的效果。

做员工的知心人，耐心倾听他们的意见。管理人员除了要重视下级向上级反映的情况、意见、建议外，还要尽量多地去倾听下级的诉苦，做下级的知心人。员工内心总有许多苦衷，希望能说给上司听，而员工将心中的不满完全倾诉出来后，就会以开朗的态度投入工作。

提供简单、实用的沟通渠道。如意见箱是最常见的保障向上沟通的途径之一；员工座谈会也是颇具效果的向上沟通的途径。在座谈会上，员工可以提出该部门里的某些问题和建议，因为这不会涉及个人，因此员工可以畅所欲言。许多公司和企业还设有巡视员，员工可以对组织中存在的问题、个人的不公平待遇、意见向巡视员当面申诉或给巡视员打电话。

要有反馈。收取信息后采取相应的行动是促进向上沟通的最好方法。如果你听到了一个建议时，第一，你不一定要接受员工的建议，但是至少应该尊重每一个建议。第二，即使你知道这个建议不值一文，也要告诉他你要考虑考虑。通常员工向经理提出建议之前都做了一番考虑，值得经理想一想。第三，偶尔和其他人讨论这些建议，让员工知道你重视他的意见。第四，拒绝员工的建议时，一定要将理由说清楚，而且措辞要委婉。第五，感谢员工提出意见。

2. 向下沟通（下行沟通）

这是饭店组织中信息从较高的层次流向较低层次的一种沟通，具体指饭店内部上级管理人员向下级人员传达政策、指示、命令等，把目的、目标、任务、方法等各种信息告知员工，即上情下达。向下沟通的目的是使员工对饭店组织的总体目标和具体措施、决策、机构或人事变动、运转情况等有所了解，减少员工的心理恐惧和顾虑以及对上层意图的曲解。

饭店组织内部向下沟通的类型包括：备忘录、指令、政策、命令、布告、会议等。向下沟通的渠道可以分为三类：书面类——指南、饭店政策、公告、报告、信函、备忘录等。面谈类——口头指示、谈话、电话指示、各种会议等。电子类——闭路电讯系统、新闻广播、电话会议、传真、电子信箱等。向下沟通可以协调饭店组织、层次间的活动，增强联系，使正式沟通具有较强的权威性、严肃性和约束性。一般来说在如下几种情形下，适宜实施自上而下的沟通：

- 为开展工作下达指示。
- 为使下属员工了解工作任务与其他任务的关系。
- 为下属员工提供有关资料。
- 为下属员工反馈其工作绩效。
- 为下属员工阐明组织目标，以增强其任务感和责任心。

（1）向下沟通的信息流。饭店向下的沟通从最高层开始，通过管理层传递到员工身上。一般有两种向下的信息沟通流：一种是指导全体员工的信息流；另一种是指导个别员工的信息流。

指导全体员工的信息流可以称为饭店组织信息，其作用在于使整个饭店的员工团结起来，包括从在底层独立工作的夜间门房值班人员到总台的员工，到不同部门的管理人员。饭店组织信息沟通的工具有《饭店通讯》和《员工手册》，它们被用来说明饭店的历史、饭店的经营宗旨或目的。值得注意的是，饭店的历史、服务要求和宗旨是难以迅速深入人心的，建立自豪感与信任感是一种缓慢的过程。因此，对每一位员工所进行的饭店组织信息的沟通也是一种潜移默化、永无止境的工作。许多饭店经理认识到，有效的组织信息沟通是使员工满意的基础，因为员工们喜欢知道自己饭店的事情。如果员工们对饭店所发生的事感觉到处于充分的了解状态，他们就会具有高度的动力并不断改进工作。

指导个别员工的信息流可以称为饭店的指令信息。大量的向下流动的信息不是组织信息，而是指令信息。严格地说，在管理者与员工的沟通中，组织信息只发挥一种相对小的作用。管理者与员工的大多数沟通是口头式的沟通，一对一的，具有指令性质。没有日常指令性的沟通，饭店管理的计划和组织的功能将不可能被实现。

信息在向下传递过程中，要注意不同管理层发布的指令信息的一致性。例如，在一家饭店每月发给员工的《饭店通讯》里，登载着总经理鼓励员工团队工作和分享信息的讲话稿。然而，总台经理却告诉总台的接待员与出纳员，在工作中过多的交谈与接触是不能接受的。因此，上层管理者和中层管理者要注意两种向下信息流的融合性。

下层管理者的指令性信息经常源于从高层管理者那里获得的组织信息。这一信息往往是由中层管理人员作为指令下达给下层管理人员的。一般来说，所处的管理层越低，指令性信息就越多，组织沟通信息就越少。指令必须是有益的和全面的，但这并不意味着所有的员工应该了解每一项工作的全部细节。例如，宴会经理应该知道每一个宴会的所有细节，但其中的许多细节并不需要告诉位于沟通线最末端的宴会部的搬运工。他们仅需要知道这个宴会对饭店来说是多么重要和有关宴会的搬运工作的要求就可以了。

（2）提高向下沟通的策略。为了使饭店内部的向下沟通有效，管理者有必要掌握一定的向下沟通策略：

精兵简政，减少沟通环节。许多企业通过分权来抑制管理队伍的扩充，减少整个管理的中间层次。饭店组织沟通效果的最有力的做法是精兵简政，用简单的结构和精练的系统来保证沟通的顺利进行。今天的组织在结构上正出现由"垂直型"向"扁平化"的演化趋势，这会给饭店管理沟通带来新的命题。

去繁从简，减轻沟通任务。饭店管理人员需要有效控制信息流。管理人员控制信息流能够极大地提高沟通的效率，具体可以采用以下方法：

- 例外原则。当命令、计划和政策执行中出现偏差时，才进行沟通。
- 排队原则。管理人员应该按轻重缓急来处理信息沟通。对于不很重要的会议、约见、信件、电话和报告都可以滞后或改期。这样做，可将工作分出轻重缓急，条理分明，在有效的时间内，获取更大的效益。
- 关键时间原则。管理人员应该在恰当的时间向员工传递信息。比如，不要在会议开始的三个月前通知员工，这样会让员工觉得会议不很重要，或者员工会容易忘记。

遵循负面信息传递的法则。在饭店的向下沟通中，最令管理者头痛的莫过于向下属传递负面的信息，或者向员工沟通一些他们不希望接纳的信息。比如对员工工作上出现的差错，按照规章制度必须给以明确批评；或者是饭店经营出现不景气，某些岗位的薪金面临着下调的情况；或要进行裁员等。传递这些信息时，容易使员工产生抵触情绪，或是对领导产生怨恨。如何减少抵触，降低怨恨，同时又准确地传递信息呢？

- 首先掌握事实。在与员工正面交谈之前，要尽可能多地了解事实情况，越具体越准确越有利于面谈。道听途说是十分危险的，且是不明智的。
- 了解当事人的想法。让你的员工有时间和机会仔细说明当时的经过是十分有益的。借此可以缓和气氛，或可以了解当事人对问题的看法，以及他对问题的认识程度。
- 选择私下场合。当众批评、指正或训斥员工是让人难以接受的。此类沟通应选择私下场合比较好，但切不可滞后，不要在员工已将此事遗忘之后再提及。
- 不要对人进行攻击。对员工进行批评时，应尽量就事论事，而不要涉及人的个性。如果不注意措辞而因此伤及员工自尊心，则会为以后的有效沟通设置了障碍，埋下了隐患。
- 不要意气用事。人们怒不可遏时，很少能保持理智、公正和客观的态度。因此，在正面接触员工之前，一定要冷静头脑，心平气和。如果员工处于发怒状态之时，马上进行批评训斥也是行不通的。

提供信息，尽量多地让员工知道饭店的事情。员工很想了解的内容是饭店概况、工作本身情形和自身之事。对这些有关之事，知道得愈多则工作士气愈高。但有些管理人员却认定员工只要做好本职工作即可，对于其他事无须知道太多。其实，饭店的各级员工对信息都有着需求，只是所需求的内容不同而已。

要进行好向下沟通，饭店的经理和管理者应了解下属需要哪些信息。对饭店员工来说，越了解饭店组织的各方面情况，对工作就越关心，而且了解程度越高就越有身价高涨的感觉。管理人员如果说："你们是饭店的骨干分子、重要人物，因此我想让你们多了解本饭店的现状。"这才是尊重下属的具体表示。

下达指示发布命令时要精确清楚。要让下属完全明白你要他做什么，否则无法完成你的要求。不少管理人员常常会下达不着边际的指示，还奇怪下属没有执行他的指示。因此，要精确清楚地下达指示。当你要某人做某件事时，要确定你已经清楚传达了你的指示：究竟你要他做什么？怎么去做，花多长的时间，和谁联络，为什么要这么做，经费若干等。最后要注意：交代任务时绝不可含混其词，要大声而清楚，平静而稳定。

下达指示发布命令要讲究艺术。大多数饭店管理者对向下沟通的最大误解是认为它在本质上是单向的，即照我的命令去做。没有把自己和员工放在同等地位进行沟通，而是以上自居，这样就很难创造有利于沟通的环境。事实上，无论对方是不是员工，命令式的口吻均应禁绝。除了尊重员工之外，也使他们在执行时减少压力。例如经理对秘书说："给我一杯咖啡。"而另一位经理则说："请你给我一杯咖啡，可以吗？"前者是典型的中国旧式长辈对晚辈的指示口吻，后者则是外国式的询问口吻（Would you please give me a cup of coffee?）翻译过来的。在接受讯息的一方看来，当然希望上司用询问式的口吻指示自己，有一种被尊重的感觉。同样地，在指示员工去做一件事情时，虽然不必用询问式，但命令式是应该尽量避免的。

3. 平行沟通和斜向沟通

平行沟通又称桥式沟通，指的是饭店组织中同级机构之间以及员工之间的横向沟通。在饭店，平行沟通表现为：一是部门内的同级人员联络和沟通，同一级人员不能取得一致时，由上一级进行协调；二是部门与部门之间、单位与单位之间的沟通，一般性的工作由部门的管理人员相互沟通，特殊事件或重要工作则由部门经理进行沟通。部门经理不能取得一致时，上报到主管副总经理或总经理进行协调。平行沟通形式，如果是跨部门的沟通，采用会议、备忘录、报告等；如果是部门内员工的沟通，更多地采用面谈、备忘录的形式。

斜向沟通，是指信息在不同层次之间的不同部门之间流动时的沟通。如部门经理与其他部门员工间的沟通。沟通形式主要有面谈、信函和备忘录等。

平行沟通能够减少同级间的摩擦和冲突，加强相互间的合作。比如，饭店客房部与前厅部之间发生矛盾、冲突，除其他因素之外，部门之间缺乏平行、平等沟通也是一个重要原因。一项调查结果表明，中层管理者由平行沟通所获得的信息约占全部信息的17%~20%。随着饭店规模的扩大，平行沟通变得越来越重要了。比如，在一家饭店里，常常有许多工作要求采取快速行动，如果通过一个共同的上司来指挥所有的沟通，速度往往显得太慢。因此，经常直接进行部门间的平行沟通，不遵循下达指令的层级沟通链，如图3-1所示。

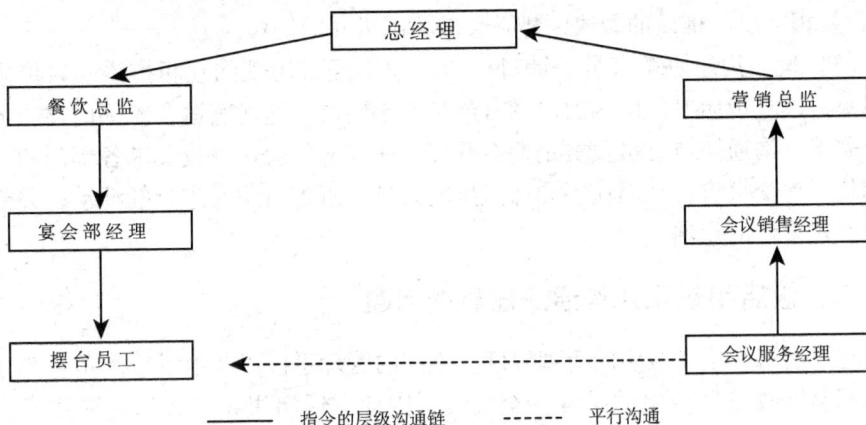

图 3-1　平行沟通过程

　　例如，要求宴会摆台员工在下午 5 点钟准备好原来要求在晚上 7 点钟准备好的宴会厅。如果遵循通常的指令链来进行沟通的话，就要经过 5 个人，如图所示，才能将宾客改变要求的信息从归属营销部的会议服务经理处传递到归属餐饮部的摆台员工那里。如果利用平行沟通，就可由会议服务经理直接与摆台员工联系，这是一种多么快速简单的方法啊！显然，发展平行沟通是十分重要的。

　　多数人重视与上级和下级的沟通而忽视了平行沟通。部门工作的好坏与其他部门的配合和支持是有密切关系的。不少管理心理学家认为，对于一位管理者来说，运用平行沟通和斜向沟通是错误的，因为这样会破坏统一的指挥。但在现实中，饭店组织仍广泛地存在平行沟通和斜向沟通，因为事实证明它们有助于提高效率。但在进行平行沟通、斜向沟通前先要得到直接领导者的允许，并在沟通后把任何值得肯定的结果及时向直接领导汇报，进而避免多头领导。

　　搞好平行沟通和斜向沟通的策略是：

　　（1）倾听而不是叙述。在平行交流会谈中，每个部门的参加者最擅长的就是描述本部门的困难和麻烦，同时指责其他部门如何不合拍、不协调，很少花时间倾听。当沟通的各方仅仅关注如何去阐述、强调本部门、本岗位中遇到的阻碍和困难时，就不会去倾听别人的发言。

　　（2）换位思考。和同级沟通应不争权，不指责，互相支持，通力合作。要多看到人家的长处，对他们的短处和不足不要说三道四。只有这样，才会融洽关系，增进友谊，使得工作互相合作，彼此支持。那种"好事争着抢，难事当球踢"，互相扯皮、推诿的做法，势必会破坏同级间的协作。

（3）设立沟通协调官员。针对横向沟通中经常出现的互相推诿、讨论争执的现象，设立饭店专门的沟通协调官员是有必要的。这尤其适合跨部门性质的沟通的需求。沟通协调官员负责定期召开部门间沟通的会议，或要求各部门的人员定期相互提交报告，从而让不同部门里的人员了解各自正在进行的活动，并鼓励提出有建议性的想法。

二、饭店组织正式沟通应注意的问题

在饭店组织里，饭店的管理幅度、不同的管理手段以及上下级间角色关系等因素都会导致信息传递的缓慢甚至失真，因此，饭店组织正式沟通应注意以下问题：

1. 饭店组织的管理幅度与组织结构对沟通的影响

饭店组织内正式沟通渠道在很大程度上取决于组织结构形式，所以组织结构形式对有效的沟通有决定性的作用。饭店正式组织是由高层管理者为实现饭店目标而建立起来的，并用饭店组织机构图显示出来的组织。

从饭店组织的金字塔顶端到它的底部之间的距离较高。对一个饭店组织来说，如果每一层管理者只控制一个较小的幅度，这就意味着需要更多的组织管理层次来缓慢地传递和改变信息。

这种组织结构权力集中在最高一级，下属无足够的发言权，上下级之间交往甚少，上级对下级不信任、不尊重，下级对上级也存在恐惧和不信任，平行沟通很少，不同部门之间充满了角色冲突。总之，整个组织充满了不协调、不和谐的气氛，这种组织结构把员工分成制定决策和执行决策的两种人，阻碍了饭店内部的合作关系，压制了员工的积极性、主动性和创造性，对快速、准确的沟通不利。

组织结构对正式沟通的负面影响还表现在过滤增多。传统的组织结构具有严格的等级概念，所以组织中的命令和信息都是沿着正式的组织渠道层层进行传递的。在这种信息传递过程中，每一层次的信息传递都伴随着过滤现象，过多的层次必然会使信息过滤增多，导致信息变坏或甜蜜化。

案例：一个由下往上传递的信息被歪曲的例子

餐厅服务员知道的信息：我注意到盘子上有条纹，银餐具有食物粘连在上面。虽然对厨房管理员和洗盘工说了，但也没有用。我把没有洗净的盘子和刀叉放在一边退回去，自己直接从餐厅室领取其他干净的餐具。这些洗盘工只知道节约他们的时间，他们从不关心顾客的利益。

A. 洗盘工所知道的真实信息

刀叉没有洗干净的原因是由于没有浸泡足够长的时间，以致于刀叉上还牢牢地粘连着污物。没有足够的浸泡时间，是因为盘子和刀叉没有分离好就从餐厅送来了，这花费我许多时间去分离。我已经告诉餐厅的服务员助手要注意把盘子和刀叉分开，可是他们说太忙了，没有时间这样做。我把洗过一遍的盘子和刀叉送到餐厅里，如果他们感到不干净，可送回来再洗一遍。

B. 洗盘工传递给厨房管理员的信息

由于洗盘机的喷淋不足和洗涤剂不浓，以至于不能把盘子和刀叉洗干净。除非把它们洗两次。因此，要洗得快，就不能保证洗干净。

C. 厨房管理员传递给餐饮部经理的信息

这些小伙子不用心。除非我每一分钟都看着他们工作，否则他们就任凭脏物留下。最好的解决办法是任命一位洗盘工主管，他能看管其他的洗盘工。我要努力发现这样一个我能信任的人。现在我自己在负责检查他们的工作。

D. 餐饮部经理向总经理报告的内容

在盘子和刀叉被洗涤后，厨房管理员将检查盘子和刀叉的洗涤质量。需要厨房管理员去促使洗盘工工作得更快一点和更仔细一点。我们没有足够的员工。

E. 总经理得出的结论

你们不能从餐具室和碗碟贮藏室不断获得帮助（原因：厨房管理员要监督、检查，才能把盘子洗干净），所以关键是要提高洗盘工对餐具清洁卫生工作重要性的认识。

这一例子中自下而上的沟通中的甜蜜化倾向，虽然避免了一些不愉快的事件，但同时也意味着掩盖错误。当管理人员在面对面评价下属时，往往不愿意直接明了地告诉员工：他们做得很差，需要改正。

如果每一层管理者的控制幅度较宽，即一个管理人员要领导许多下属，这会使得饭店组织的金字塔显得扁平。因为它可减少从顶端到底部之间的层次数量。饭店金字塔的组织结构越扁平，信息传递通过时被曲解的可能性就越小。扁平的和高深的组织结构之间的差别可以饭店房务部为例，如图3-2所示。

```
                          ┌─────────┐
                          │ 房务部经理 │
                          └─────────┘
        ┌────────────────────┼────────────────────┐
   ┌─────────┐          ┌─────────┐          ┌─────────┐
   │ 夜班经理 │          │ 经理助理 │          │ 布件间主管 │
   └─────────┘          └─────────┘          └─────────┘
        │          ┌─────────┼─────────┐          ┌─────┴─────┐
   ┌─────────┐ ┌───────┐ ┌───────┐ ┌───────┐ ┌───────┐ ┌───────┐
   │客房服务员│ │主要建筑物│ │公共房间│ │副建筑物│ │ 缝纫工 │ │ 办事员 │
   └─────────┘ │房务经理 │ │房务经理│ │房务经理│ └───────┘ └───────┘
               └───────┘ └───────┘ └───────┘
                   │         │         │
              ┌───────┐ ┌───────┐ ┌───────┐
              │楼层主管│ │客房服务员│ │楼层主管│
              └───────┘ └───────┘ └───────┘
           ┌─────┴─────┐         ┌─────┴─────┐
       ┌───────┐ ┌───────┐   ┌───────┐ ┌───────┐
       │客房服务员│ │客房服务员│ │客房服务员│ │客房服务员│
       └───────┘ └───────┘   └───────┘ └───────┘
```

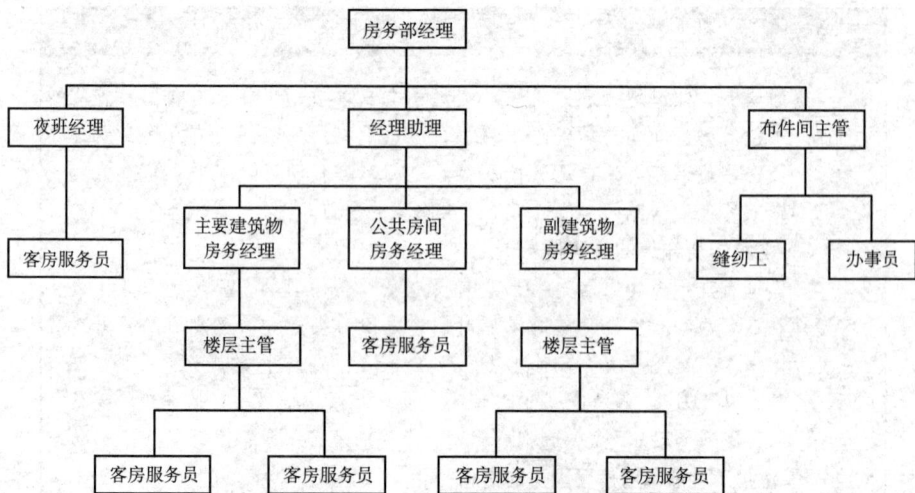

（A）较小的控制幅度，更多的组织层次

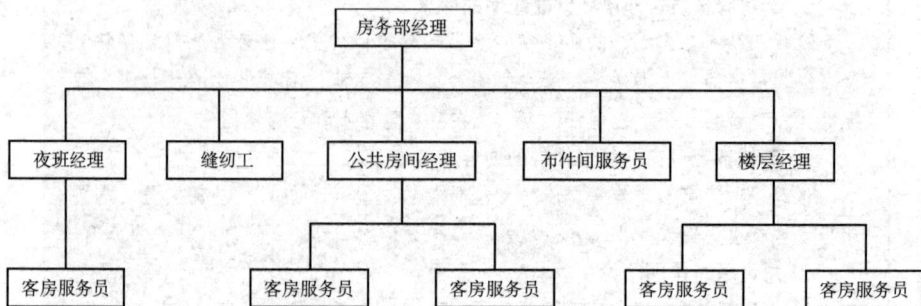

```
                          ┌─────────┐
                          │ 房务部经理 │
                          └─────────┘
   ┌──────────┬──────────┼──────────┬──────────┐
┌───────┐ ┌───────┐ ┌───────┐ ┌───────┐ ┌───────┐
│夜班经理│ │缝纫工 │ │公共房间经理│ │布件间服务员│ │楼层经理│
└───────┘ └───────┘ └───────┘ └───────┘ └───────┘
    │          ┌─────┴─────┐              ┌─────┴─────┐
┌───────┐ ┌───────┐ ┌───────┐     ┌───────┐ ┌───────┐
│客房服务员│ │客房服务员│ │客房服务员│     │客房服务员│ │客房服务员│
└───────┘ └───────┘ └───────┘     └───────┘ └───────┘
```

（B）较大的控制幅度，较少的组织层次

图 3-2　客房服务管理流程

从图 3-2 中我们可以看到：（A）具有较小的控制幅度，这样，组织结构的层次就较多，沟通就要通过许多层次来完成；（B）通过增加控制幅度，组织结构的层次就可由原来的 5 层减少至 3 层。信息会在组织结构的每一层停留。一个组织结构层越多，信息传递就越慢；另外，从上层传下来的信息也很可能被曲解或歪曲。当然，狭控制幅度、多组织层次也有积极的方面，这就是各层管理者可对下属管理得更严密一些。

饭店组织基本上依赖正式渠道进行沟通，其命令的指示和情况的汇报都具有较严格的指挥链条，信息在层层的传递过程中常常受到过滤的限制，过滤的次数随传递环节的数目变化。心理学家研究发现，信息由董事长经总经理传达到副总经理时，便会有37%的信息不翼而飞，传达到中层企业管理者那里时，只剩下56%，传达到一般企业部门主管时，便只有40%了，至于到最基层的班组长，就只能收到20%了。

2. 不同沟通手段对管理幅度的影响

在现代组织结构形式中，以网络为代表的沟通渠道，极大地改变了沟通的速度和方式，克服了传统组织结构给沟通带来的信息过滤和信息延误的障碍。正像管理幅度会影响沟通一样，沟通手段也会影响管理幅度。如美国由于其信息技术十分先进，员工的沟通可以十分迅捷地通过电脑网络等先进的手段进行；而我国由于技术相对落后，组织沟通还是以文件的传递为主。当然现在许多新的技术手段正在被引进饭店的沟通中，使得沟通进行得更迅速和更好，也使得管理幅度的加宽成为可能，即意味着可以相应减少管理人员和管理层次。我们从一个房务经理和楼层主管之间沟通的例子来看一下机械装置是如何来影响指令传递的。

电话自动记录和回答机正在被用于部件间或洗衣服务部的工作（因为这些部门并非始终都有员工值班的），小型的 BB 机和手机也能被用于与房务部员工间的沟通。房务部和总台之间，在客房状态沟通上计算机系统也正在被更多地使用，计算机终端分别安置在总台、房务部经理办公室以及饭店楼层里。总台人员可以将办理离店手续的情况及时与房务部联系。在楼层和房务部，终端能自动显示哪一房间办了离店手续，同时可显示哪些客房已经打扫好和可以出租的信息。

随着电脑网络的迅速发展，还出现了网络型组织、虚拟组织等许多形式。网络化的组织形式可以充分利用现代化的通信技术，使得沟通更为迅速和便捷，组织的各种通知、指示、汇报都可通过 E-mail 发出，避免了传统传递方式可能造成的信息的延误或扭曲等。

3. 上下级间角色关系与信息的曲解

上级和下属之间，往往不能像平常人们一样的沟通，因为他们具有特殊的组织角色关系，因而发生种种问题。下属在组织内的发展前途，在相当大程度内操之于上级之手。这使得下属在与上级接触的时候，很自然地会怀着一份特别的心理状态，影响他与上级间的整个沟通过程。一方面，对下属向上沟通而言，他不愿意在这上面产生对自己不利的影响，因此对于沟通内容不免加以选择和控制。他可能会尽量掩盖对自己不利的事实，如果必须报告，就可能加以有利的解说，即使与自己没有直接关系的消息，为投上级之所好，也倾向于只挑选上级喜欢知道的部分，提出报告。这都使得沟通发生歪曲。另一方面，下属对于上级所传达给他的信息也同样会因上级和下属关系而发生歪曲。由于下属想从沟通中得到更多或微妙的信息，会可能从字里行间去揣测其含义，往往捕风捉影，自以为是。上级一句非常漫不经心的话，可能会被一位下属解释为带有特别的意义。

上级方面也不是没有问题的。由于上级所接触的范围较广，知道的事情可能较多，因此在与下属接触的时候，往往一个人滔滔不绝，变成单向的沟通。甚至有些上级就认为，在上级和下属之间，上级就应该担任"讲"的角色，下属只有"听"的份儿。这也不是有效的沟通。

三、饭店非正式沟通

在饭店组织系统中，无论沟通系统设计得多么精巧、严密，总还存在非正式的沟通。非正式沟通现象的存在是根深蒂固的。正式沟通的主要缺点是沟通速度慢、很刻板、容易使信息失真，因此饭店组织为顺利进行工作，必须要依赖非正式沟通以补充正式沟通的不足。管理者应该对非正式沟通加以了解、适应和整合，使其有效担负起饭店沟通的重要作用。

1. 非正式沟通的表现

非正式沟通是一类以员工之间的关系为基础，与组织内部明确的规章制度无关的沟通方式。它的沟通对象、时间及内容等各方面都是未经计划和难以辨别的。因为非正式沟通是由于组织成员的感情和动机上的需要而形成的，所以其沟通渠道是组织内的各种社会关系，这种社会关系超越了部门、单位及层次。在相当程度上，非正式沟通是形成良好组织氛围的必要条件，相比较而言这种渠道有较大的弹性。

非正式沟通的渠道也是多种多样的，有向上、向下，也有平行和斜向的传播，有时往往要跨越几个部门。例如，5个人都在一家饭店里工作，可能恰巧会聚在一起：一个是总经理秘书，两个是客房服务员，一个是厨师，一个是前台服务员。在组织机构图上，这5个人显然没有直接的沟通关系。然而，事实上他们在社会关系上是互相沟通的。他们会讨论饭店客房出租率、饭店的工资政策和其他类似的问题。这或许会对饭店的经营产生影响。

非正式沟通的主要形式有：员工之间的非正式接触、社交来往、非正式的宴会、聚餐、聚会、聊天、人与人之间的小道消息传播等。小道消息传播是饭店沟通系统中的一种自然的或正常的部分。它不可能也不应该被去除，而是要研究它是如何发生作用的，如何利用它的积极作用，如何使其作为一种向管理者提供信息反馈的渠道。小道消息传播虽然是一种非正式沟通渠道，有时也可以为正式组织的信息传播服务。同时，可向员工提供一个可以随时询问的渠道，以消除小道消息传播可能产生的消极作用。

2. 非正式沟通的特征和作用

非正式沟通的优点是沟通不拘于形式，直接明了，速度很快，容易及时了解正式沟通难以提供的内幕新闻。它可以进行正式渠道所难以容纳的情感交流，对于成员间增进感情，加强了解，协调关系至关重要。其缺点是难于控制，传递的信息不确切，容易失真，而且可能导致小集体、小圈子，影响组织的凝聚力和人心稳定。所以主管者应该予以充分注意。

（1）非正式沟通往往具有如下一些特征：

- 非正式沟通的信息往往不是完整的，有些是牵强附会的，因此无规律可循；
- 非正式沟通主要是有关感情或情绪的问题，虽然有些也和工作有关，但常常会带上感情的色彩；
- 非正式沟通的表现形式具有多变性和动态性，因此它传递的信息不但会随个体的差异而变化，而且也会随环境的变化而变化；
- 非正式沟通并不需要遵循组织结构原则，因此传递有时较快，而且一旦这种信息与其本人或亲朋好友有关，则传递得更快；
- 非正式沟通大多数在无意中进行，其传递信息的内容也不确定，在任何时间和地点都可发生。

（2）非正式沟通的作用表现在：

- 可以满足员工情感、安全、交往等方面的需要；
- 可以弥补正式通道传递的不足；
- 可以了解员工真正的心理倾向与需要；
- 可以减轻管理者的压力；
- 可以防止某些管理者滥用正式通道，有效防止正式沟通中信息"过滤"现象。

3. 采取的对策

有关研究证明，小道消息正确率大约在75%。饭店管理者应当像利用非正式组织那样来利用非正式沟通的渠道，扬长避短，使其为组织目标服务。

（1）传言产生的基础主要是：

- 社会动荡不安；
- 情况或信息对人们有重要意义；
- 管理控制削弱；
- 正式沟通线路受阻；
- 管理者的信息难以使人信服。

（2）对非正式沟通应采取以下对策：

- 主管者应尽可能使组织内沟通系统较为开放或公开，这样种种谣言将会自然消失；
- 要想阻止已经产生的谣言，与其采取防卫性的驳斥，或说明其不可能的道理，不如正面提出相反的事实更为有效；
- 闲散和单调乃是造谣生事的"温床"。为避免发生谣言，管理者应注意不要使饭店组织的员工有过分闲散或过分单调枯燥的情形发生；
- 培养饭店组织成员对组织管理者们的信任和好感，这样他们往往比较愿意听组织提供的消息，也较能相信这些消息；
- 在对饭店组织主管人员的训练中，应增加这方面的知识，使他们有比较正确的观念和处理方法。

四、饭店内部沟通渠道的表现形式

沟通渠道可以影响饭店员工的工作效率，也可以影响饭店员工的心理和组织的气氛。饭店组织内部沟通渠道可分为正式渠道和非正式渠道两种基本类型。每种渠道又有许多种表现形式。

1. 正式沟通渠道的表现形式

在饭店信息传递中，发信者并非直接把信息传给接收者，中间要经过某些人的转承，这就出现了一个沟通渠道和沟通网络问题。选择什么形式的沟通渠道直接关系着信息交流的效率。一般来说，正式沟通渠道形式如图 3-3 所示，它们各有其特点。

（1）链型沟通。在一个组织系统中，链型网络相当于一个纵向沟通渠道，在链型网络中的信息按高低层次逐级传递，信息可以自上而下或自下而上地交流。表现在五个层次中，信息逐级传递，只有上行沟通和下行沟通，居于两端的人只能与其相邻的一个成员联系，而居中的人则可以分别与两端的人沟通信息。链型沟通特征：传递信息速度快，正确性较差，有明显的领导人物，但士气低，适应工作变化可能比较慢。适合解决简单问题和一般内容的信息沟通。

（2）轮型沟通。表示一个管理者与四个下级进行沟通，而四个下级之间没有相互沟通现象，属于控制型网络，其中只有一个成员是各种信息的汇集点与传递中心。如果我们站在轮型网络上面往下俯望的话，那么很显然，中间的人代表主管，四周的人代表下属，所有沟通都是主管与下属之间的沟通。这种方式集中化程度高，信息传递最有效，准确性高（因为每一个成员都是把自己的信息传递给领导，领导再把信息传递给其他成员），解决问题的速度快，中心人员的预测

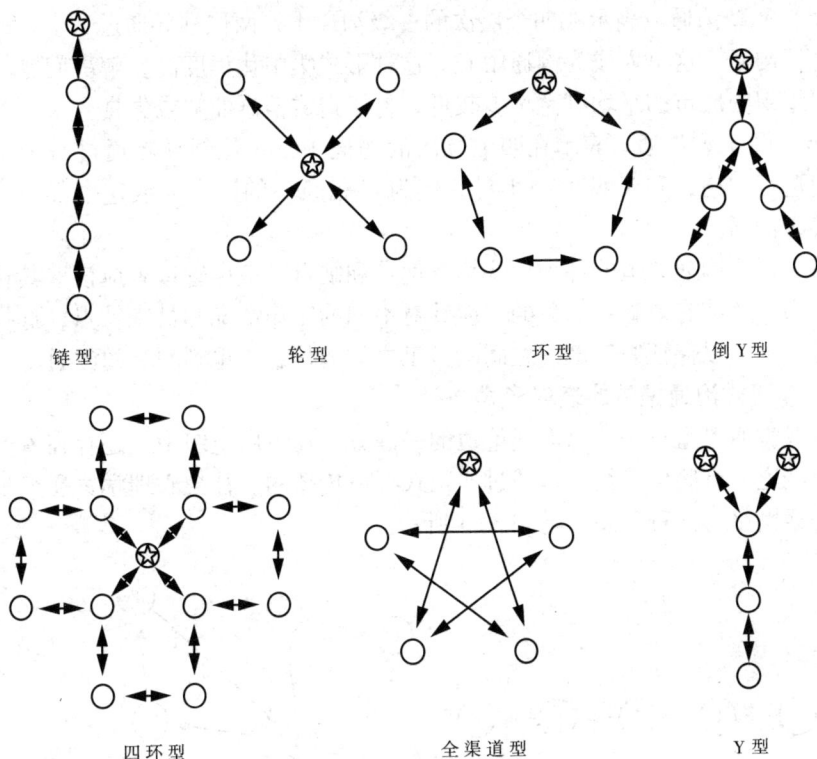

图 3-3　正式沟通渠道

程度高；但因沟通的渠道少，组织成员的满意程度低，士气低落。适合解决简单问题。

（3）环型沟通。表示五个人之间的沟通，管理者对两个下级进行沟通，而两个下级又分别与各自的下级再沟通，基层又相互沟通。其中，每个人都同时与两侧的人沟通。在这种方式中，组织的集中化和预测程度都较低，畅通渠道不多，组织中成员具有较为满意的联络，士气高昂。适应较快的工作变化沟通，适合于解决复杂问题。

（4）全渠道型沟通。表示每个人与其他四个人都自由地相互沟通，并无明显的中心人物。这是一个开放的网络系统，每个成员之间都有一定的联系，彼此了解，群体的民主气氛很浓，人际关系比较融洽，成员之间经常沟通情况，通过协商，采取决策，解决问题，适合解决复杂问题。由于沟通渠道较多，所以成员满意度高，合作气氛浓厚。

（5）Y 型沟通。表示在四个层次的逐级沟通中，两位领导通过一个人或一个部门进行沟通，这个人成为沟通中心。这种形式集中化程度高，解决问题的速度快。但组织中成员的平均满意程度较低，易于造成信息曲解或失真。

（6）倒 Y 型沟通。表示在四个层次的沟通中，一位领导者通过一个人或一个部门进行沟通，和 Y 型大同小异，作为"瓶颈"的这个人或这个部门一定要十分善于沟通。

以上正式沟通渠道的各种形式均有优点和缺点，饭店管理者应该取其长而弃其短，为了达到有效管理的目的，应针对不同的工作情况和员工特点，选择不同的沟通形式，以保证饭店部门之间、员工之间的信息能得到顺利的沟通。

2. 非正式沟通渠道的表现形式

正式沟通渠道只是信息沟通渠道的一部分，在饭店组织中，还存在着非正式的沟通渠道，有些信息往往是通过非正式渠道传播的。社会心理学家研究发现非正式沟通网络有四种形态，如图 3-4 所示。

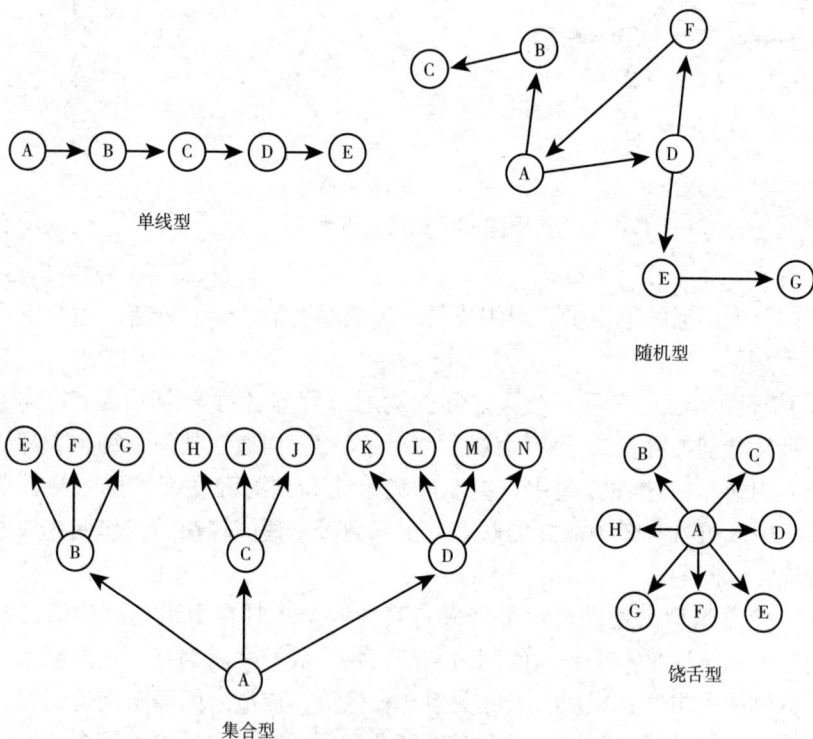

图 3-4　非正式沟通渠道

（1）单线型。信息在非正式通道中依次传递，即一个人转告另一个人，他也只再转告一个人。

（2）饶舌（流言）型。信息由一个人（A）告诉其他所有人，A是非正式通道中的关键人物。

（3）集合型。即在沟通中，可能有几个中心人物，由他们转告若干人。A将信息传递给特定的B、C、D，再由他们传递出去。

（4）随机型。信息由A随机传递给某些人，这些人又再随机地传给另一些人。即想告诉什么人便告诉什么人，并无一定的中心人物或选择性。

第二节　饭店组织内部沟通方式

所谓组织内部沟通方式，指的是组织沟通所采取的具体方式和手段，有时也称为沟通方法。饭店组织内部在沟通的过程中，也可以组合多种方法或者不断变换方法。在组织内部的沟通中，有指示与汇报、会议与个别交流、书面与口头、语言和非语言沟通等。

一、指示与汇报

指示是上级指导下级工作和传达上级决策经常采用的一种向下沟通方式，而汇报则是下级为总结工作、反映情况、提出建议等而进行的一种上行沟通方式，汇报的另一种方式是工作宣讲。

1. 指示

指示一般是通过正式渠道进行沟通，具有权威性、强制性等特点。指示可以具体分为书面指示和口头指示，一般指示和具体指示，正式指示和非正式指示等。在决定指示是书面的还是口头的时候，应考虑的问题是：上下级之间关系的信任程度和持久性，以及避免指示的重复性等。如果上下级之间信任程度较高，持久性好，则采用口头指示和通知即可。对于重要的决议或命令，或是为了对所有有关人员宣布一项特定的任务，为了避免司法上的争执和增加其权威程度，则应该用书面指示。

2. 汇报

汇报多是下级向上反映情况、提出设想、汇报思想采用的一种沟通方式。汇报可分为书面汇报、口头汇报、专题汇报或一般性汇报、非常正规的汇报或较为随意的汇报等。有些汇报不仅仅要用书面的形式，而且还要加上口头的方式，如政府的工作报告等。有些汇报则只需要用书面或口头的。不同的组织对于汇报方式的规定是不同的。

3. 工作宣讲

工作宣讲也是汇报的一种方式，即让员工通过公开宣讲的方式汇报自己的工作，旁听者结合工作规范根据汇报的内容进行提问。这种方式类似于工作述职，但时间间隔较短，可两周举行一次，每次每人 20 分钟，宣讲内容包括近期的专项工作、工作中遇到的困难、工作中的心得体会等。工作宣讲是一种正式的双向交流方式，可以给员工充分发言的机会，让员工获得极大的成就感，使他们感受到尊重、认可，有利于培养员工良好的工作责任感。此外，工作宣讲还为管理者全面客观地了解员工个人才能和工作状况提供了良机，便于及时调整管理策略。对团队而言，工作宣讲提供了相互学习、交流和沟通的机会，是增加团体凝聚力的有效方式，也有利于形成良性的竞争关系。

二、会议

组织内部沟通的本质是组织成员间交流思想、情感或交换信息。而采取开会的方式，就是提供交流的场所和机会。因此，会议是组织信息沟通的一种主要手段。在饭店，它适于传递饭店、部门和班组群体间的信息。由于参加会议的成员在时间和精力上花的代价很大，因此，每一次会议要事先做好充分准备。会议只是帮助与会者进一步讨论难点、要点和做出结论。因此要避免使会议变成一个相互争论、攻击和投诉、抱怨的场所。个人的投诉、抱怨可以用私下方式来解决。

一般小型会议能进行大量的双向沟通，并具有亲密的气氛。管理者也可以在午餐时或在工作休息喝茶时举行这种会议。这种会议在轻松环境下以小组形式举行，通常是最有效的。

会议沟通具有以下特点：

- 可以集思广益，与会者在意见的交流过程中可以获得一种满足，在意见交流后，也会产生一种共同的见解、价值观念和行动指南，而且还可以密切相互之间的关系；
- 可以使人们了解决策的过程，从而更加竭尽全力地执行会议的决议；
- 通过会议沟通，发现未曾注意到的问题，并加以认真研究和解决。

三、讨论会与个别交流

会议可包括两个人或成千的人，但讨论会通常在一个有限的群体中进行。会议和讨论会有着类似的目的，两者都有明确的目标，不过讨论会有更多的讨论和交换意见，而不是命令型的集会。要使讨论会能达到预期沟通效果，讨论会的主持人要做好计划，使讨论会有序进行。讨论会的不拘小节会使人感到没有计划或是不需要计划。实际上恰恰相反，讨论会具有要求更多的计划性，比起搞一个大型会议来说，它要有更高程度的组织技巧。讨论会的主持人有以下责任：

- 说清问题，用令人感兴趣的方法展开讨论；
- 保持讨论进行，不要走题，维持所有的人都在场；
- 维持意见不同者之间的友好，让大家决定谁是谁非，而不要自己决定；
- 不时地总结得到的结论，偶尔对不能取得一致答案的困难问题进行表决；
- 最后得出的结论，或是写在黑板上，或是由秘书作记录，最后分送各人。

个别交流具有无拘无束，双方都感到亲切并且相互信任的优点，这对双方统一思想，认清目标，体会各自的责任和义务都有很大的好处。而且在个别交流中，人们往往愿意表露真实思想，提出有些不便于在会议场所提出的问题和意见，从而使沟通双方在认识、见解等方面更加容易取得一致。个别交流还可以通过给个别员工信件的方法进行沟通。虽然这一方法使用的时间有限，但却是一个好的沟通方法。可以将经理签名的信件，直接送到员工的家里，祝贺他们的成就，向他们问候。但这时要使用正式的文具，而且经理一定要在信件上签字。

四、内部刊物与宣传告示栏

1. 内部刊物

内部刊物包括了大量的信息及编辑技能。对于许多规模较庞大的组织，各成员很难坐到一起召开会议，也难以通过个别交谈法进行沟通，那么内部刊物就是一种较好的替代方式。一般的饭店都有内部刊物，它主要是反映饭店组织最近的动向、重大事情以及一些提醒员工、激励员工的内容，也可以有一些员工来信和他们的提议，以促进相互间的沟通。

一些饭店或饭店集团出版月度的、季度的《饭店通讯》或《饭店杂志》等来进行沟通。如上海花园酒店的《百花园》、青岛麒麟皇冠大酒店的《麒麟文化》、上海锦江集团的《锦江集团报》等。这些刊物提供了一种持久的信息来源，员工们可在工作休息或学习时间里阅读这些刊物。这些刊物的内容应该是丰富多彩的：传递有关饭店动态的最新信息，登载受宾客赞扬的故事，介绍新员工和员工的晋升、奖励，以及各部门的概况和饭店的活动。其目的是使员工对饭店的人员和饭店的活动有充分的了解。广州白天鹅宾馆有一份办得非常精彩的内部杂志《白天鹅之家》，可以使员工对宾馆经营接待动态有及时清楚的了解。

内部刊物作为一个双向沟通的平台，提供了一个让大家参与信息交流的场所。员工给刊物编辑的来信，员工写的报道文章和刊物上开辟的问题与答案专栏都可以从不同侧面反映员工的心声。

2. 宣传告示栏

许多饭店都有海报栏、信息栏。这是一种非常有效的组织沟通方式，它具有成本低、沟通面广、沟通较为准确和迅速的优点。公告栏可以公布正式的消息，也可为员工间联系所用。

随着信息技术的飞速发展，公共宣传告示栏已向无形化转变，如 BBS（Bulletin Board System）公告牌等电脑网络等。而且内部刊物也在向这种无形化的方面转变，其类似的方式有组织内的有线电视，组织内的网络通告等。

五、意见箱与投诉站

当饭店组织内部沟通出现障碍时，下层员工的各种设想、意见就很难反映到上层。即使组织沟通系统正常，也会因为沟通过程中信息的"过滤"、"扭曲"而使员工的思想传递受阻，所以一般饭店组织中都设有意见箱，以便高层领导能够直接收到下层传达来的信息。意见箱是最常见的保障向上沟通的途径之一。其产生的动机是：为了提高产品的质量、提高生产效率，而收集一线员工独到且有效的见解。以后，收集生产建议的意见箱由此渐渐成为收集员工反馈信息的渠道，意见箱成了倾听员工心声的有效途径。另外，当下级的正当权益得不到有效保护，通过沟通来解决又失败后，往往可以通过组织内部的投诉站来加以协调。

六、电脑网络沟通

在电子计算机时代，沟通方式很丰富。由于计算机网络等现代高科技沟通手段在工作领域的应用，真正实现了"沟通无极限"的理念，使"工作"一词又增添了新的内容。当前，组织中的员工大都通过网络接受工作指令、传送工作成果、相互交流信息。利用电子邮件，能使你迅速与沟通对方取得联系，并能够同时与许多人交流，使牵涉到的各方面都有可能方便地参与沟通，并相互影响。

网络使员工与饭店管理层沟通更为直接、有效。饭店可以在内部局域网上建立员工的个人主页、BBS 论坛、聊天室、建议区及公告栏等，这样员工的不满有了发泄的地方，饭店管理者也可以随时了解到员工的心声。饭店领导不可能每天都巡查各个部门，但通过网络，可以随时了解到员工的需求并及时排解矛盾。

七、领导见面会与群众座谈会

在饭店组织中还有一种比较重要的沟通方式，即定期的领导见面会和不定期的群众座谈会。领导见面会是让那些有思想、有建议的员工有机会直接与主管领导沟通。群众座谈会则是在管理者觉得有必要获得第一手的关于员工真实思想、情感的资料时，而又担心通过中间渠道会使信息失真而采取的一种领导与员工直接沟通的方法。群众座谈会是由上级发起的，上级领导是沟通的主动方，而领导见面会则是应下层的要求而进行的沟通。这些双向的、有反馈的组织内部沟通方式，就是要让员工参与管理，经常让员工了解饭店的情况、改革和目标，经常听取员工的想法和建议，使员工们真正参与饭店的管理和改革。

八、与员工家属建立关系

对员工家庭邮寄有关资料能帮助员工家庭和饭店之间建立一种良好的关系。邮寄物可在特殊时刻将特殊信息传递给员工。如一封欢迎来店工作的信和一封祝贺在饭店工作周年的问候信分别寄给新员工和老员工是合适的。在家里，员工没有工作压力，能仔细阅读这些信件，体会到饭店的关怀。如果这些信还要求回答的话，这样就成为双向沟通的一个渠道了。

邀请员工和员工家属到饭店参观访问是另一种培养员工自豪感，从而激励他们积极工作的方法。向员工家属介绍饭店的历史和成就以及他们在饭店中的地位和所起的重要作用，感谢他们以往的支持，以取得今后更多的合作可以更好地赢得员工家属的好感。而当员工自己通过参观饭店后，看到他们的部门作为整个饭店的一部分，是如何为整个饭店做出贡献的，他们就会更好地与其他部门配合工作。

除了以上沟通方式之外，在饭店中还有如：电话、讲座、郊游、联谊会、聚餐等各种正式或非正式的沟通方式，都可以联络和协调员工之间的感情和关系。此外，录用前的面试、年度的考核评估和辞职离店前的面谈，也都是很好的双向沟通方式。因此，对饭店的管理者来说，不存在要不要沟通的问题，而是沟通什么和如何使沟通效果更好的问题。

案例：沟通的重要性
一个大公司的总经理每天将其70%~80%的时间花在"听说读写"的沟通活动上。

美国普渡大学理查斯·瑞得于 1972 年出版第一本管理沟通教科书《祖师内部沟通》，因此被称为"组织沟通之父"。他认为："人们能想到的每一个组织失败的例子几乎都在某种程度上与人类的沟通行为有重要关系。事实上，已经有学者得出令人信服的结论：沟通的失败至少是组织失败的最基本原因之一。"

一手缔造了"诺基亚神话"并担任 15 年诺基亚董事长兼 CEO 的约玛·奥利拉认为：CEO 的基本素质是沟通能力和激励能力。

普林斯顿大学对 1 万份人事档案进行分析发现：智慧、专业技术、经验三者只占成功因素的 25%，其余 75% 决定于良好的人际沟通。

哈佛大学的调查结果显示：在 500 名被解职的员工中，因人际沟通不良而导致工作不称职者占 82%。

资料来源：谢玉华：《管理沟通 理念·技能·案例 第 2 版》，大连：东北财经大学出版社，2011 年 11 月。

第三节　提高饭店组织内部沟通效率的对策

在饭店组织中，所有的管理人员都能体会到实施沟通控制的实际困难，仅仅掌握沟通的原则、方法往往是不够的。要提高饭店组织沟通的效率，解决沟通中的思路、理念上的问题和障碍以及沟通中的方法、手段等技术问题，运用有效、实用的对策是很重要的。

一、弄清双方沟通的目的

即沟通前弄清自己和对方通过沟通需要了解什么。首先要弄清自己通过沟通要达到什么目的，使沟通始终围绕中心进行，始终不偏离目标，这是减少沟通障碍的有效方法之一。此外，了解和弄清对方的意图也是十分关键的。在弄不清对方要干什么的时候，随意下结论、做判断，就必然为沟通设置障碍，只有了解对方，方能使沟通健康持续地进行。当目的不同时，应该尽量进行调节，在口头或书面的交往中满足对方的一些目的需要。

管理者在沟通之前应经常自问一下"为何要进行这次沟通？"、"我希望在这次沟通中获得什么？"、"对方需要什么？"、"对方能从这次沟通中获得什么？"，切忌毫无目的的沟通。例如，一位家庭经济紧张的员工对饭店工资调整的信息会格外关心，所以，管理者在沟通时应该尽量站在对方的立场上，多考虑对方的利益和需要。又如，下属在受到主管的批评之后情绪比较低落，这时主管若能主动地与下属进行谈心，对其错误表示谅解，就会使主管与下属之间的沟通关系得到加强，不至于落到相互间隔阂越来越深的地步。

二、使用通俗的语言

语言和文字是沟通中信息传递的重要工具。蹩脚的语言表达和拙劣的文字表述都不利于信息的有效传递。信息能否在沟通中被对方所理解，语言是否通俗易懂是关键。由于信息接受者不同，使用语言也应有所区别。要使用能为信息接收方听懂的语言或能看懂的书面语言。

信息沟通主要是通过语言来完成的，无论是口头交谈还是采用书面交流形式，都要力求准确地表达自己的意思。所以，饭店管理人员应根据对方的具体情况来确定自己的表达方式和用语；选择正确的词汇、语调、标点符号；注意逻辑性和条理性，重要的地方要加上强调性的说明；同时，还可以借助于体态语言来表达完整的思想和感情的沟通，加深双方的理解。

饭店管理者在沟通中应尽量使用通俗易懂的语言。对容易产生歧义的话语应尽量避免使用，对可能产生误解的话语要做必要的解释说明，表明自己的真实态度和情感，以澄清误解。此外，提高书面语言表达能力也是管理者改善沟通的重要途径。首先要多实践，强迫自己写作再写作；其次要打草稿，在组织构思、确定材料正确性和文章润色等方面勤下功夫；最后请文学功底较深的人进行评阅，并提出意见，勤于修改。

三、提高信任度

缺乏必要的信任会引起沟通障碍，因此要消除障碍就必须提高信任程度。饭店管理人员在下属中的信任度，对沟通有重要的影响作用。一个有效的饭店管理者，不仅要取得下属对他的信任，而且必须保持和提高这种信任。如果管理者在下属人员中丧失了信任，那他的命令再正确也不会有人去执行，这时任何沟通都是无效的。所以，管理者要特别注意言行一致，以实际行动来赢得信誉。

提高信任度还体现在管理者应容忍并善于接纳下属的各种内心真实想法，即让下属感到有什么话都敢跟主管说，管理者不可让下属在"报忧"时有惧怕心理，或自己只爱听报喜，不爱听报忧。下属对主管在某一方面的不信任可能会波及其他方面的不信任，因此，管理者在各方面得到员工的信任，是和员工相互沟通的前提。

案例：一个信任互动的典型案例

　　南昌某饭店的总经理曾说起过这样一件事情：他刚上任不久后的一天，餐饮部粗加工领班来找他，反映粗加工组的劳动条件太差，工作场所下水道不畅，屋顶不挡风、不遮雨，无论晴天还是雨天都得穿着胶鞋工作。总经理立即到粗加工组查看，召集有关部门的负责人，责令在一星期内改善粗加工组的劳动条件。一星期以后，领班告诉他问题都解决了，并说："这个问题先后反映过几次，始终没人理睬，只有您把我们当人看。"说着说着，领班流下了眼泪。最后，这个领班向总经理表示："饭店看得起我们，我们也要对得起饭店。如果总经理信任我们，授权给我们，凡不合采购要求的食品原料可以退货，我们愿意为饭店把关。"在这位领班建议的基础上，总经理设计了一套食品鲜货原料验收及责任追究制度。这一制度实行以后，饭店餐饮毛利提高了 10%。

　　高度的信任感能使人的防卫程度下降。没有一个人会在不信任的气氛里或受到威胁的环境里公开自我。因此，一个有效的沟通者首先应该是一个能创造信任气氛的人，只有在这种气氛里自我公开和有效沟通才可能产生。

四、保持沟通渠道的通畅

　　在进行沟通之前，信息发送者必须对其想要传递的信息有详尽的准备，据此选择适宜的沟通渠道和场所，并要保持信息传递过程中沟通渠道的通畅。作为饭店管理者首先要为沟通双方提供合适的沟通渠道。

　　某饭店客房服务员小孙，认为自己对于客房管理有一套很好的见解，但是上司从来不重视自己，从来没有想到要找自己谈一谈。有一天，他故意做了一件很"出格"的、违反规章制度的事，上司果然很重视，马上就派人来找他去谈话。上司问小孙："为什么要明知故犯？"小孙说："不给你们找点麻烦，你们能把我请到这里来吗？"违反规章制度是不对的。但是，他想引起上司对他的重视，想有一个机会，让上司听听自己对客房管理的见解，这不能说有什么不对。这里要注意的是，如何才能让每一位员工都能有机会，通过正常合理的沟通渠道来说说自己对于管理和服务工作的见解？

　　鼓励信息向上沟通有许多渠道，如为每一位员工向任何一级管理者提供建议的"开门"政策，给了员工讨论所关心问题的机会。与员工面谈和使用问卷也是一种可以从员工中获得信息的方法。其他方法包括建议箱，对员工建议方案的奖励、与员工进行公开讨论会等。应保证工会和管理层能听到所有的意见，特别要注意那些经常容易被忽略、被认为无关紧要的领域。同样，饭店的内部刊物要为员工提供询问问题和回答问题的专栏，这可以帮助员工避免面对面提意见时的难堪局面，因为员工可用笔名方式发表意见。

另一种高级管理层与员工保持联系的方法是一对一的电话热线联系。可在员工区域内设立一架特殊的电话，员工可以用来直接与总经理联系。在指定的时间里，员工可匿名地与总经理交谈，要求总经理对某些问题做出解答，并表达自己对饭店某些问题的赞成或关心或提供建议。

> **案例：GE 公司保持沟通顺畅的措施**
>
> 　　世界著名的 GE 公司的企业文化突出"以人为本"的经营哲学，鼓励个人创造力的展现，并充分重视和强调个人，尊重个体差异。因此 GE 的沟通风格是个体取向的，并直言不讳。企业内部的员工在任何时候都会将自己的新思想和意见毫无掩饰和过滤的反映给上层管理者。而对于公司的管理协调，GE 员工习惯于使用备忘录、布告等正式沟通渠道来表明自己的看法和观点。与此同时，前通用 CEO 杰克·韦尔奇在公司管理沟通领域提出了"无边界理念"。GE 公司将各个职能部门之间的障碍全部清除，工程、生产、营销以及其他部门之间的信息能够自由流通，完全透明。在这样一个沟通理念的指引下，GE 更为有效地使公司内部信息最大程度上实现了共享。实践证明，良好的企业必然具备良好的组织沟通，而良好的组织沟通必然由其良好的企业文化所决定。

五、运用反馈系统

在饭店沟通的具体过程中，沟通双方都应尽量听取信息接收者的反馈意见，以了解接收者对传递的信息是否正确的知晓和知晓的程度如何，以便于及时调整复述，达到使对方完整、准确接收的程度。

对于饭店管理者来说，获得反馈不仅是重要的，而且也是必要的。特别是要鼓励那些胆小怕事或腼腆羞涩的沟通对象来反馈，可以常常讲以下一些话："你能为我提供更多有关……的信息吗？"、"你已经告诉了我一些值得考虑的事情，还有其他想法吗？"、"对，请继续说。"、"说得好，请再大胆一些。"等，这样，接受者一般会乐意把反馈信息表达出来。但有些员工将反馈看成是一种对个人的威胁，他们存在着严重的防卫心理。饭店管理者在与员工沟通时，要注意下列各点，以降低或消除员工的防卫心理。

（1）避免用责备性口气说话，如说："你错了"、"你应该懂得更多一些"，显然，这会产生沟通障碍。因为这样说会加重员工的防卫心理。

（2）避免急于提出自己的观点，如："为什么你不……"、"我的建议是……"，这些话语最好在交谈结束时说。在提出你自己的观点之前，应该先问员工什么是他们所考虑的，这将使他们更愿意接受你的建议。

（3）尽量避免用命令、警告或威胁的口气，如说："如果你不……"、"你必须……"。在日常工作环境里，用这种方法控制员工往往会使员工产生对抗与仇恨的情绪。当然，在紧急情况下，给予强有力的命令也是必需的。

积极的反馈是进行有效沟通的艺术，因为它不对个人进行攻击。它具有建设性、客观性和具体性，其方法直接而且带有激励性质。此外，反馈要及时，及时的反馈比延误的反馈要有用得多。尽量多地运用各种渠道，尽可能地选择最佳渠道，不仅要使用语言，而且还应辅以非语言的方式。反馈时要描述、解释、讲明问题，要以成熟、虚心接受的态度进行，不要为自己辩护。反馈要恰当、直接、具体以及实事求是，要对事不对人。如果你对信息发出者需要什么样的信息反馈没有把握，试着提些问题或用自己的语言重复所接收到的信息以核对自己的理解是否正确。

六、加强组织建设

一个能较好地发挥沟通功能的饭店组织必须具有以下特点：

（1）组织具有团队精神，民主空气浓厚。特别提倡不同意见的发表，保护有独创性的见解，决策机构能及时而科学地对这些意见做出综合处理。

（2）机构精练，层次简化，职责分明。不管信息来源于饭店组织中的哪个部门，都能由有关的部门做出积极处理。

（3）建立各类人士、职能部门、上下级之间的协商对话制度，定期或不定期地交流对主要问题的看法，增进相互了解，统一基本认识，保证上下沟通与平行沟通都能顺利进行。

（4）有信息中心，专门负责信息沟通网络的正常运行，对各类信息认真筛选加工，向决策者输送准确、完整、有用、适量的信息。

对任何一家饭店来说，开放型的管理模式都很有利于沟通。提供信息的最理想的方式就是让大家尽快知道必须知道的事，无论是与他们直接有关的还是间接有关的，并且包括全部的、准确的细节。但饭店在向上和向下的沟通中，往往会遇到一段狭窄的"瓶颈"。上下沟通从某种意义上来讲像一只瓶子，其顶部是开阔的，拥有许多必须下传的信息。其底部也是开阔的，许多员工要用这些信息来指导工作。狭窄的瓶颈代表了中层的督导管理者，他们控制了信息的流动。在饭店信息交流沟通中，高级管理人员把最高层的意见传到瓶里，在狭窄部分，中层管理人员如果不支持，这些意见是难于贯彻到底部的。比如下层员工对他们的主管说，"我有一个好建议"，这一建议到达了瓶子的中部经常不会被进一步向上传递。因此，高层和基层发展与中层管理人员的良好关系是必要的。同时运用开放型的管理模式鼓励团队员工间的信息及思想交流。

七、建立建议和质询制度

建议制度即通过征求下级员工改进工作的意见来加强向上沟通。建议制度的最简单的例子是利用建议箱或意见箱，员工把有关改进的书面意见（通常是无个性特征的）投入箱内。当员工的建议得到认可并被采纳时，能够得到组织的物质和精神奖励；通常可付给简单建议少量酬金；对于一种可给组织带来大量赢利的技术性的复杂建议，通常按照预计盈利的百分比付给酬金。这种制度可以极大地鼓励员工为了组织的目标所进行的自下而上的沟通。

与建议制度有关的是质询制度，它提供了一种答复员工提出的有关组织问题的正式手段。当问题和答复范围广泛时，这种制度可促进双方沟通并且也是最有效的。许多组织在内部刊物中设有问题和答复专栏，通过问题的解决，使组织与员工之间进行广泛而有效的交流，促进组织的有效沟通。

案例：摩托罗拉公司沟通和反馈的渠道

设立"建议箱"和"畅所欲言箱"，这是摩托罗拉公司的一个重要的信息沟通渠道。它可以使每个员工把自己的工作范围内所发现的问题、建议快速地反映上去，是参与决策的一个方面。两个箱子摆放在员工最常经过的位置，还可抽取方便的固定表格，填好后必须署名，否则视为作废，这主要为避免无中生有，扰乱正常的生产秩序。两个箱子的钥匙由一人专管，及时开箱，在把署名的小条子仔细裁下后，将收集的意见或建议分发给各相关部门，各部门主管必须及时把改进措施反馈回来或对良好的建议加以肯定，对有些暂时解决不了的问题，也必须说明原因。这些反馈通常在公司壁报专栏中及时刊出，一是可以达到及时反馈改进工作、对提出意见者给予鼓励的目的；二是可以使工作得到有效的监督。

　　壁报专栏是摩托罗拉公司宣传交流、肯定成绩、鼓舞士气的好方式。它是借鉴中国的大、小字报和西方常用的布告栏结合而成，由各个部门的员工亲手制作，内容涉及环保、安全、质量检查、技术达标、培训信息、健康、文娱活动照片、意见反馈和新出台的公司制度等。公司的消息很快能够通过壁报传向公司的每个角落。壁报多以表扬员工的成绩为主，但偶尔也会把个别员工的批评处理公开在壁报上，如某员工重复报销医药费的欺骗行为等，目的是警戒大家，重申公司制度的严明。此外，公司壁报的另一个作用是树立公司对外的形象，从而起到良好的宣传效果。

八、开展员工调查与调查反馈

　　对现有员工的态度和意见进行调查，可以提供一种有用的向上沟通的手段。因为调查通常是利用保证无个性特征回答的调查表进行的，雇员们可以自由表达他们的真实观点。因此调查表的设计必须反映出员工确实关心的问题和有益于实际目的的信息。通过这种调查，可以了解到员工的真实想法和情感方面的变化。例如，对工资满意程度的急剧下降可能是劳工纠纷的先兆和需要修改补偿合同的信号。

　　摩托罗拉公司推行 IDE（肯定个人尊严）的测试问卷，问卷中包括六个固定问题：对具体岗位的意义认识、胜任程度、培训、对职业前途的认识、对工作绩效反馈的看法、对工作环境的看法，能及时地将员工对本身工作的看法、意见传达到上层领导手中，以便采取相应的措施。

　　当调查结果反馈到员工那里，则变成了向下的沟通，反馈如管理部门的答复和任何变革计划等，将加强向下沟通。调查反馈向员工表明他们的评论已被管理部门听到和考虑，从而增强组织与员工的有效沟通。

第四节　饭店组织与外部公众的沟通

　　任何组织都生存于一定的社会环境之中，因此，饭店开展各种经营活动必须要与外部公众发生密切联系。饭店组织的外部公众，主要是指与饭店有着较紧密联系和较重要利益关系的组织、群体和个人。饭店与外部公众的沟通目的在于减少各种社会障碍，争取有利于饭店组织的社会环境。只有通过沟通建立和谐的社会环境，才能为建立和维护良好的组织形象提供条件。

一、饭店与客人的沟通及其方式

客人是饭店企业最重要的外部公众。饭店的管理者应该清楚地认识到，饭店要协调和沟通的关系中最重要的除了和员工的关系外，就是和客人的关系了。饭店与客人沟通的要求是：饭店需要经过不断地调查及其反馈以明确客人利益之所在；同时要随时检验是否做到了与客人的充分沟通；最后还需要掌握与客人沟通的方法，提高沟通的效果。

1. 提供优质服务

提供优质服务是饭店与客人沟通的根本所在。饭店与客人几乎时时刻刻都在进行沟通，饭店的服务则是饭店与客人沟通的基本载体。以优质服务赢得客人的满意，是饭店生存发展的基础，也是使饭店价值得以体现的重要途径。

要提高服务质量，向客人提供优质服务，必须经常性地、全方位地加强和客人沟通。这不仅能更好地为客人服务，而且还可以向客人了解许多信息，帮助饭店改进服务。客房预订单、住宿登记卡、结账单、早餐预订单、宴会预订单、餐饮付款单、洗衣付款单和微型酒吧付款单等都可以作为客源的信息来源，并以此对饭店客人的需求特点进行系统描绘。

饭店还可以将经常来居住的客人和消费额很大的客人或者对饭店声誉影响很大的客人作为目标客源。对这些客人，饭店可以制作一份客人历史卡，来发现这些客人需求的详细特点，以便饭店能更好地对他们进行推销和服务。在饭店员工中定期开展"礼貌大使"、"微笑运动"、"每月最佳员工"等活动，让客人直接投票选举最佳员工。这是置员工的服务工作于客人的监督之下，促进员工提高服务水准、密切宾客关系的一种有效方式。

但是，由于饭店产品的质量在很大程度上取决于服务员的即席服务表现，而服务员的即席服务表现又很容易受他们情绪波动的影响，这就使得饭店产品的质量具有很大的不稳定性。因此，世界一流饭店或著名的饭店集团都推出了饭店对宾客和旅行社的质量保证项目。如维也纳马里奥特宾馆既发给每一位宾客一份《质量保证卡》，又发给每一位员工一本《质量保证手册》。给宾客的质量保证卡设计的主要内容包括：服务态度的保证；服务标准的保证；产品等级的保证；质量保证的适用区域；对不满意质量的纠正与赔款保证；质量保证专线电话。其中提供24小时值班的质量保证专线电话，是为了使不符合质量保证标准的饭店产品与服务得到及时反馈与处理。

2. 直接接触沟通

与客人直接接触沟通，就是要不拘于形式，通过各种可能渠道、各种方式与客人直接地、不断地保持沟通联系。这种方法可以使反馈和交流同时进行，使客人更深刻地感受到饭店的影响。从饭店来讲，直接和客人接触沟通可以有多种做法。

（1）在大堂设置宾客关系主任值班。宾客关系主任代表饭店与客人保持密切联系，规定宾客关系主任每天要与有代表性的若干位客人交谈（面谈或打电话），具体了解他们对饭店服务的意见、感受及改进的建议，并以此写成若干份书面报告，每日呈交总经理、副总经理及客人提及的有关部门经理，使服务工作能得到及时改善。饭店总经理如果能定期在饭店客人活动的各种场所与客人直接接触，了解他们的反应，掌握第一手资料，并与饭店各部门沟通，这样效果会更好。

（2）给客人打电话。这也是一种极好的沟通方法。打电话是细小而富有人情味的行为，有助于巩固与客人的关系。美国多米诺馅饼公司的最高负责人之一菲尔·布雷斯勒将其大部分成功归因于每周给100位客人打电话。他主张把给客人打电话放在比商店晚上会计结账更为重要的地位。

（3）利用信函和客人沟通。这会使客人有一种被尊重的感受。信件是更加正规和庄重的沟通方式，是一个电话所不能比拟的，特别是管理者的亲笔信。在日常工作中注重客人的每一封来信，对客人来信提出的问题要迅速调查了解，复信告知客人处理结果，并对其关心饭店工作表示感谢。对客人的投诉信件，应同样对待。慎重地对每一封客人的信件予以回信，是与客人沟通、建立长期稳定关系的绝佳机会。

（4）召集客人座谈会。这既有助于和客人沟通又有利于征求客人意见。辽宁凤凰饭店利用圣诞节前的日子，分别召集欧美和日本长住客人进行座谈。座谈会上，饭店总经理首先代表饭店给每位客人赠送一份礼品，表示对外国客人长期支持饭店的感谢。接着，热情欢迎各国客人对饭店在服务工作中存在的问题提出批评和建议。客人们大感意外，他们为饭店的诚意所感动，也就坦诚地提出种种意见和建议。通过这种形式征求客人意见，深入挖掘出隐藏的服务质量问题，从而采取有针对性的整改措施，提高服务质量。

（5）和客人密切关系，加强情感沟通。这也是很多饭店采用的一种和客人沟通的方式。比如逢重大节假日或饭店周年志庆等，举办酒会或其他活动招待饭店客人，充分利用这些直接的社交形式和聚会密切与客人的关系，从而了解他们的需求。定期向长住客、常客赠送鲜花或其他的礼品等。重点建立、保存这类客人的有关档案资料，如居留次数、日期、消费水平、生日等，以利于给他们提供更完善的服务。经常邀请这些客人参加饭店举行的自娱自乐的运动会、联欢会、灯火晚会和各类庆典活动。

3. 宾客调查

宾客调查是饭店与宾客沟通的基本内容。饭店通过调查，有助于把握宾客需求的现状及变化趋势，从而采取相应的措施以达到更高程度的宾客满意水平。

现在不少饭店能注意主动收集宾客的感受或意见的信息。如在饭店的各个餐厅设置宾客意见书，侧重征询宾客对食物质量、服务、菜式、餐厅环境等意见，以利改善饭店的饮食服务。宾客意见书每月由有关人员汇总统计一次，并把统计结果转发各部门，从而可以找寻差距，发扬成绩，改善服务工作。

征询宾客意见和建议是宾客调查的常用形式。为深入了解宾客的需求，除了直接与客人面谈，还可以运用《宾客意见征询表》。《宾客意见征询表》是一种客观评价饭店服务质量的方法。

案例：北京长城饭店对宾客的日常调查系统

1. 日调查

日调查分为问卷调查和接待投诉。日调查即每天将调查表放在客房内，表中的 32 项内容涉及客人对饭店的总体评价，对十几个类别的服务质量的评价，对服务员服务态度的评价。每天为客人结账后，服务员将调查表收回，及时进行统计分析，结果当晚交总经理，次日早晨，各部门经理会会时通报情况，发现问题马上解决。接待投诉的做法是几位客房经理 24 小时轮班在大堂值班，接待反映情况的客人，随时随地帮助客人处理困难、受理投诉、解答各种问题。

2. 月调查

月调查主要是从顾客态度调查和市场调查两方面进行的。顾客态度调查的具体做法是每天按等距抽样向被抽中的客人发送希尔顿集团在全球统一使用的调查问卷。每日收回，月底集中寄到希尔顿集团总部，进行全球性综合分析，并在全球范围内进行季度评比。根据量化分析，对全球最好的希尔顿饭店和进步最快的饭店给予奖励。

市场调查是由前台经理与在京各大饭店的前台经理每月交流一次游客情况，互通情报，共同分析本地区的形势。

3. 半年调查

希尔顿总部每半年召开一次世界范围的全球旅游情况调研会，其所属各饭店的销售经理从世界各地带来大量的信息，在会上相互交流、研究，站在全球的角度商议经营方针，使每个饭店都能了解世界旅游形势。

长城饭店这种系统的全方位调查研究，在信息采集和信息处理等方面，具有高起点、系统化和全方位的特色。他们没有把眼光局限在每天到店的客人身上，而是注意到信息采集的空间扩展，看到影响客流量的多重因素，宏观立足于全市、全国、全世界范围的信息采集与分析，微观至对每位客人、每个岗位、每项服务乃至每个服务员的情况的全面了解。信息系统还对全年、半年、季、月、日等不同阶段的情况加以监测，形成全方位立体交叉的信息网络。在信息的反馈处理上，长城饭店对调查问卷每天都及时进行统计分析，发现问题马上行动。而且他们把这种做法作为一种日常制度，这样就给饭店带来了相当明显的经济效益，并得到客人的广泛认可。如表3-1所示。

表3-1　假日饭店客人调查表

亲爱的来宾：

感谢您选择假日饭店！我们衷心希望能使您在饭店中过得舒服、愉快。那就是为什么我们要对来宾作"优质服务"之保证。

•您的房间，清洁，各种设备能正常工作。能为您提供您所需要的服务。

•我们尽力使房间完美化。

•使您觉得像住在自己家里一样愉快、舒适。

假如您对房间不满意，请马上要求饭店值班经理调换，他会尽力为您解决问题。假如我们没能解决您的问题，那么您可与经理交涉，完全可以要求退还费用。您如果有什么疑问或碰到什么困难，请马上与我店宾客部联系，电话号码为8111388-8787。

在此，再次感谢您能给我们一个为您服务的机会。祝您在本饭店过得舒服，并留下美好的记忆。

真诚的

乔治·敦
假日饭店总经理

附:我非常重视您的建议和意见。您如对以下几个问题有答案和看法，能帮助我们为您提供您所需要的服务。

		优	差

1. 您从整体上如何给本饭店打分？　　　　A B C D E

2. 您的房间：
　外表　　　　　　　　　　　　　　A B C D E
　清洁　　　　　　　　　　　　　　A B C D E
　舒适　　　　　　　　　　　　　　A B C D E
　家具　　　　　　　　　　　　　　A B C D E
　浴室　　　　　　　　　　　　　　A B C D E

3. 餐厅：
　食品质量　　　　　　　　　　　　A B C D E
　餐饮服务　　　　　　　　　　　　A B C D E

4. 价格：
　房价　　　　　　　　　　　　　　A B C D E
　食品饮料价格　　　　　　　　　　A B C D E

5. 前厅服务员：
　友好程度　　　　　　　　　　　　A B C D E
　工作效率　　　　　　　　　　　　A B C D E

6. 服务：
　问询、晨叫、电话、行李等　　　　A B C D E

7. 其他设施：
　游泳池、休息厅、大厅、停车场等　A B C D E

8. 假如您再次来本地区旅游，
　您是否还预订我们饭店？
　是否去其他饭店？
　预订本饭店□　　预订其他饭店□

9. 使用客房的人数：一人□　两人□　两人以上□

10. 您以前住过我们饭店吗？
　　　是□　　否□

您的意见和建议：_____
_____

住店日期：_____房号：_____
您的住址：_____
邮政编码：_____
饭店地址：_____

二、饭店与社区的沟通及其方式

社区是饭店最直接的环境。良好的社区沟通有助于饭店营造优越的周边环境，从而为饭店的生存发展铺平道路。只有密切与社区沟通，搞好社区关系，饭店才能更好地生存和发展。

1. 加强和社区的双向沟通

饭店一般比较重视经常向社区介绍饭店的情况、传播饭店信息，但如果仅仅注重于单向沟通，不利于与社区建立良好情谊。因此，为增进与社区公众的友好感情，以取得对饭店更多的支持，还必须注重在信息层次上的双向沟通。

首先，任何一家生活在社会环境中的饭店应抓住社会利益这个根本，满足社区对饭店的基本要求——安全、卫生、规范经营的外部形象；尊重社区民俗及宗教习惯；饭店行为要符合社区公认的道德标准；遵守国家法规、法令，维持社区安定团结；对社区公众平等相待、谦虚友善等。

其次，召开以社区公众为对象的招待会、座谈会、开放式讨论会以及当地员工的家属会议。这类会谈形式优点在于能把许多人聚集在一起，为饭店员工和社区公众提供互相了解、建立融洽关系的机会。

再次，充分利用地方新闻媒介。地方报刊、电视、有线电视系统和电台等都是重要的社区传播媒介。饭店要与社区建立良好的关系，媒介起着至关重要的作用。饭店要给地方的新闻媒介提供有影响、有意义的饭店新闻。饭店还可充分地利用地方新闻媒介，做一些有利的宣传活动。

最后，利用各种机会宣传饭店以提高其在社区公众中的知名度。除了邀请社区公众参观饭店外，饭店还应抓住各种特殊事件，扩大影响。如开业庆典、周年纪念、重要节日等，邀请社区代表前来参加这些活动，并有目的、有计划、有组织地策划一些富有创意的公共关系活动，提高饭店的知名度，巩固饭店在社区公众心目中的地位。同时饭店也要经常派代表去参加社区举办和举行的各种活动。通过各种形式的双向沟通，促进饭店和社区关系融洽、互相信任、互相支持。

2. 积极参与社区公益事业

饭店的经营活动依赖于社区的各项服务。饭店在依存社区的同时，也要为社区做出贡献。

首先，在提高经济效益的基础上，饭店应争取向社区交纳更多的税金和各项征收款，以维持社区财政的收支平衡，这不仅是饭店对国家、对社区的义务，也表明了饭店在社区所显露的实力。饭店可以采取多种形式帮助促进社区经济繁荣，如利用饭店自身的优势，兴办"附属"企业，解决社区居民的就业问题，帮助社区居民改善生活，增加福利。饭店雇用的许多职工，尤其是旅游旺季请来的临时工、季节工，多半来自社区内的居民，这样既可以节省从外地招工所需要的食宿投资，又可以消化社区待业人员，加深饭店与社区的睦邻关系。

其次，饭店应积极资助社区社会福利事务，积极参加各种集资、捐赠、赞助，对教育、医疗、体育、卫生、社区福利事业等采取不同形式的支持方式。如向"希望工程"捐助产品，举办关于家庭或节能的讨论会，向贫困地区投资，为贫困大学生提供奖学金等。饭店还应组织志愿者参与社区的公益性活动，如某方面的咨询、产品维修等。

最后，饭店为增进与社区的和睦关系，还应出资赞助当地的各种活动，通过赞助表现饭店的社会责任感和奉献精神。饭店赞助的范围和内容，一般以社区公众关心的热点为中心。赞助项目一般有体育运动、文化生活、教育事业、社会慈善和福利事业、各种展览和竞赛活动、宣传用品的制作、建立某一职业奖励基金等。饭店在提供赞助时一般应遵循的原则有：所赞助的活动有积极的社会意义和广泛的社会影响，有良好的社会效果；赞助应有利于提高本饭店的知名度和美誉度；赞助必须考虑本饭店的经济承受能力；对各种明显不能满足其要求的征募者，应坦率而诚恳地解释饭店的有关政策。

三、饭店与新闻媒体的沟通及其方式

可供饭店利用的大众沟通媒体有：报纸、杂志、行业刊物、广播、电视、书籍以及互联网。对饭店而言，媒体兼具双重意义：一方面，媒体是有效的传播工具，通过它可与各种各样的公众进行沟通，树立饭店良好的形象，实现饭店的目标；另一方面，媒体又是饭店非常重要的一类沟通对象，因为媒体对社会舆论有着很大的影响力。

1. 与新闻媒体沟通联系的原则

饭店在与新闻媒体沟通联系时应遵循的原则有：

实事求是、诚恳坦率。饭店在撰写新闻稿件时，所介绍的情况一定要实事求是，不能搞虚假报道，否则不仅有害于饭店的声誉，也会损害编辑、记者的声誉以及新闻单位的声誉。

经常联系、主动热情。不要平时不理不睬，遇事登门相求。应建立健全联系的间隔时间、联系内容，不仅要经常通报本饭店的情况，而且也要经常了解新闻单位的报道计划、报道重点等，以便与新闻单位的报道计划相协调。

一视同仁、同等对待。饭店在与新闻媒体的有关人员的接触交往中，不论是对待大的新闻单位还是小的新闻单位，不论是对待名记者还是普通记者，不论是年轻记者还是职位高的记者，都应该一视同仁，热情欢迎，热情接待，而不能厚此薄彼，尤其在举行记者招待会、组织各新闻单位记者参观时，更应该一视同仁。

为对方着想、不强人所难。由于各种原因，有时记者、编辑未能按约参加活动，或者未能发表邮送的稿件，这都属于正常情况。饭店有关人员不能强人所难，强迫记者、编辑参加活动或发表自己的稿件。

2. 新闻发布和记者招待会

新闻发布和记者招待会是最有效的传播沟通形式。新闻发布能使关于饭店的一则新闻报道，同时为多家新闻媒体所知，并进而扩散给大众。记者招待会一般是利用某种特殊活动，有目的、有计划地举行，通过沟通信息、联络感情来传播饭店形象。

利用新闻发布会和记者招待会与新闻媒体进行沟通的重要的准备环节包括：一是要确定主题，如宣布什么消息、做何种解释以及解释的范围、程度和手法等。二是确定邀请记者的范围，根据会议的需要，确定邀请哪些相关的新闻机构出席。三是确定好的主持人和发言人。主持人应有主持会议的专业技巧。会议发言人应该是具有法人资格的饭店最高领导人，因为只有最高领导人的发言才具有权威性。四是要准备与会议有关的辅助材料，如实物、模型、照片等，辅助材料要围绕主题，以使会议的信息更广泛地传播。第五是要有组织记者参观的准备。给记者创造实地采访、摄影、录像等机会，增强记者对会议的感性认识，事先应安排好接待、介绍工作。

组织新闻发布和记者招待会应注意的事项：一是应充分发挥会议主持人的组织和协调作用。主持人应掌握会议进程，避免离题太远，影响会议的正常进行。当记者的提问离会议主题太远时，要善于巧妙地将话题引向主题。会议出现紧张空气时，能够及时调解缓和，不要随便延长预订的会议时间。二是不应随便打断记者的提问，也不应以各种动作、表情和语言对记者表示不满。即使记者提问带有很强的偏见或带有挑衅性，也不能激动发怒，应以平静的话语和确凿的事实给予纠正或反驳。三是遇到回答不了的问题，不能简单地说"不清楚"、"不知道"、"无可奉告"等，应采取灵活、合乎情理的办法给予回答，以免引起记者的不满和反感。对于不愿发表或透露的事情，应婉转地向记者解释，切忌吞吞吐吐。

记者招待会后应尽快整理记录材料，对会议的组织、布置、主持、回答等各方面工作进行总结。同时收集记者对招待会的反映，有欠妥之处今后加以改进。若有不正确或歪曲事实的报道，应立即采取行动，向报道机构提出更正要求。

案例：某公司突发事件新闻发布要领

一是遇突发事件，及时安排人员热情接待媒体记者，严禁躲、拒、逃避，多说实话。

二是迅速整理出通稿，统一口径。

三是集中发布，说明真相，化被动为主动，变不利为有利，切记挤牙膏式的新闻发布方式，让媒体无限猜想，以为企业还有很多未说的隐情，将本来简单的事情复杂化，因企业要说不说是媒体腻测而致信息失真、走样，甚至无中生有，造成被动。

资料来源：谢玉华：《管理沟通 理念·技能·案例 第2版》，大连：东北财经大学出版社，2011年11月。

3. 特写

饭店在服务、营销、管理等方面值得其他同行饭店学习的事迹，都可作为特写的题材。运用特写的沟通方式通常有以下几种：

名人文章。很多杂志乐于刊登有一定知名度的饭店总经理的文章，因为他们的权威地位会提高文章的身价，也可由饭店外部的知名人士，根据对饭店管理层的访问或饭店提供的资料，写些关于饭店及其活动的文章，由于这些人士在某一特殊社会圈内为人熟知，他们的文章也就较易引起注意。

人物志。关于有特殊成就的杰出经理们的文章是大众较感兴趣的题材。在很多情况下，大众是因为看到某饭店领导者在旅游界的地位而对该饭店企业或其重大事件有所了解。

饭店案例。这种文章通常以饭店在广告策略、推出新的管理与服务理念、财务运作以及营销组合等方面的成功事例为主题。一般而言，这些事例应对饭店有重大意义并具有一定的典型性，能够对其他饭店企业产生影响。

通论文章。这类文章专门论述某个行业或某类饭店。在文章中，有时会特意强调本饭店及其管理者在该领域中的先驱者和领导者的形象。

4. 制造新闻

"制造新闻"是指组织为吸引新闻媒介报道并扩散自身欲传播出去的信息而专门策划的活动。这是一种最为有效的信息传播方式。如果运用得当，很多事件都可能成为这样的热点，例如：周年纪念庆祝；讨论会；对特殊成就的奖励；为一项有专题价值的题目进行的对客人、员工的调查；一次服务操作比赛等。

要使制造新闻达到和公众沟通以及让公众了解饭店，除了要掌握制造新闻的方法手段外，还要注意若干要点：一要善于从不同的角度和层次去挖掘公众在近期内最关注的话题；二要别出心裁，成功地制造新闻事件，必须在"新、奇、特"这三点上去做文章，用独特的活动方式使事件具有新闻价值，从而吸引新闻媒介；三要事先制造一些热烈气氛，使公众有心理准备，以强化制造新闻事件的效果；四要有意识地把饭店和某些权威人士或社会名流联系在一起。如果一家饭店在其周年庆典活动中邀请到几位知名人士为饭店周年纪念剪彩，同时举行记者招待会，发布饭店开业以来取得的成果，为社会所做的贡献，那么这个周年庆典就可能成为新闻。

四、饭店与旅行社的沟通及其方式

旅行社是饭店最重要的销售渠道之一，只有当饭店和旅行社沟通渠道畅通并利用有效的沟通方式时，饭店才能真正了解旅行社的需要和选择饭店的标准、饭店对旅行社是否具有吸引力等信息，旅行社才能为饭店提供源源不断的客源。因此，饭店应注意选择并运用适当的沟通方式加强与旅行社的联系合作。

1. 了解旅行社的需求

饭店为了保证稳定的客源，很大程度上要依靠国内外各类旅行社和对口接待部门等客源输送机构。旅行社在选择饭店时十分灵活。所以，要有稳定的客源，应积极主动去了解旅行社对饭店的需求，做到有针对性服务。

首先，饭店良好的信誉和形象，是获取旅行社信任的基础。高美誉度的企业形象虽然不能直接创造经济效益，但任何一家旅行社都希望与信誉高的饭店打交道，借助饭店的信誉来提高旅行社的信誉。

其次，优良的服务是获得旅行社好感的另一个重要因素。一家饭店服务质量的高低直接反映在游客对饭店的评价上。因此，饭店高水平的服务，能使游客获得身心俱佳的享受，从而得到游客的好评。游客对饭店服务质量的评价越高，旅行社对饭店的好感就越深，与之合作的欲望就越强。

再次，价格是吸引旅行社的重要手段。旅游旺季与旅游淡季的价格可相对调整，给旅行社一个上下浮动的范围。双方真诚合作，平等互惠，以达到维持与改善关系的目的。另外，饭店的知名度也是吸引旅行社的不可忽视的因素。旅行社一般都会与有名气的饭店合作，以此来提高自身的知名度。

最后，了解旅行社的需求还要考虑饭店对旅行社是否具有吸引力。一般来说，旅行社在选择饭店时，除了饭店的声誉外，主要考虑三个标准：第一，游客到达后，饭店能否按预订的协议安排他们的住宿；第二，饭店是否专门为旅行社提供免费订房电话；第三，饭店管理人员对旅行社的态度。

2. 向旅行社传递饭店信息

饭店经常向旅行社传递饭店信息，是和旅行社搞好关系的首要途径。通过传递信息和双方的沟通，让旅行社了解饭店的良好声誉，增强对饭店的信心；了解饭店的良好设施和优质服务，了解饭店所需的客流；了解饭店销售人员的工作方式和个人情况。持续不断地主动向旅行社介绍饭店的情况，提供资料，宣传独特的经营项目和特殊的服务类别，尽力让旅行社对饭店的特点、服务水平、管理能力有一个全面的印象，从而做出有利于饭店的选择。

向旅行社传递饭店信息，还可以通过以下途径和方式：

- 经常性地向旅行社提供各种宣传和促销资料，如饭店小册子、广告招贴画、促销录像带、幻灯片等，为旅行社推销饭店创造良好的条件；
- 组织旅行社人员参观饭店和饭店的展览，以了解饭店的产品和服务；
- 通过函件、人员访问、在旅游杂志刊登广告等方法，使旅行社随时了解饭店的计划、新产品和服务、新项目等饭店最新动态，以加强旅行社对饭店的了解；
- 向旅行社发送饭店的年度报告书；
- 采用新技术，方便旅行社订房，使旅行社能直接向饭店订房，建立旅行社订房专线电话并及时通告订房的有关规定；
- 征询旅行社对饭店工作的意见，定期向旅行社介绍客人的意见和反映。

注意与各级、各类旅行社保持长期密切的联络，经常沟通信息，以便及时获得客源，避免因信息不畅、联系不紧而带来的客源流失。

3. 经常和旅行社联络感情

饭店应主动与旅行社联络沟通感情，建立合作关系。旅游团离店后并不等于销售工作的结束，饭店必须给旅行社寄去正式信函，为旅行社带来生意而表示感谢，并寻求新的合作机会。更重要的是平时应和旅行社经常联络感情，这是搞好与旅行社关系的另一个途径。对待各类旅行社和各级接待部门，饭店应一视同仁。合作中须本着真诚相待、友好团结的精神，把合作过程看作是增进友谊、交流感情的过程。饭店在平时与旅行社人员交往中，可免费为旅行社人员提供膳食、免费邀请旅行社成员来饭店做客，可以在中秋等传统节日慰问旅行社，并对其真诚相待表示感谢；可以邀请旅行社代表参加饭店的联欢会、晚会、各类庆典活动；还可利用饭店淡季，以免费或优惠价格邀请旅行社代表参加饭店举办的宴会，以达到联络感情、增进合作的目的。经常和旅行社保持良好的感情沟通，可以使情感效益在以后的合作发展中转化成经济效益。

附录

饭店前厅沟通、协调的方法

饭店前厅沟通、协调的方法多种多样，应视具体情况灵活运用。

（1）报表、报告和备忘录。此方法是前厅部内外沟通采用的方法。报表包括设计、制作各种营业统计报表、营业情况分析报表、内部运行表格等；报告则包括按管理层次逐级呈交的季、月度工作报告；备忘录是饭店上下级、部门间沟通、协调的一种有效形式，包括工作请示、汇报、建议和批示等。

（2）日志、记事簿。此方法是饭店对客服务过程中各班组间沟通、联系的纽带，主要用来记录本班组工作中发生的问题和尚未完成需下班组继续处理的事宜等。前厅部各环节、各班组也要用此方法确保信息的畅通及传递迅速有效。

（3）会议。举行各种类型的会议，是沟通、联络和传递信息、指令的有效方法。要开好会议应注意会务工作，如会议预案、材料准备、会议通知、会间服务及会后工作等。针对饭店内部的会议，尤其应重视会议的记录。

（4）团体活动。多种形式的团体活动是消除误解、隔阂，加强沟通、交流较理想的方法。

（5）计算机系统。此系统是饭店沟通、协调和信息处理的一种重要手段，它包括饭店经营活动、运转管理中的各种数据的收集统计、分析处理、传输、显示和储存等。常用的前厅部计算机软件有：客房预订系统、客房管理（登记、房态、查询）系统、财务系统和综合分析管理系统。

资料来源：孙乐中、陆连星编著：《饭店服务应知应会 1500 题》，南京：江苏科学技术出版社，2004 年 1 月。

思考与练习题

1. 饭店正式沟通的信息流向分为哪几种形式？
2. 如何有效地进行向上和向下沟通？

3. 饭店组织进行正式沟通时应注意哪些影响因素?

4. 简述正式沟通的主要网络渠道的优缺点。

5. 非正式沟通有哪些特征和作用?

6. 饭店组织内部的沟通方式一般有哪些?

7. 如何提高饭店组织内部沟通的效率?

8. 简述饭店与客人进行沟通的方式。

9. 饭店与新闻媒体沟通时应遵循哪些原则?

第四章

饭店产品销售与沟通

【案例导入】

谁的销售沟通更有效

有两名清洁产品推销员同时到一家大型百货商场推销自己公司新研发的清洁机。就功能、质量和价格来说，两家公司的清洁剂相差不大，但两名推销员却遭到了不同的待遇。

第一个推销员在见到客户的时候，一直在阐述清洁剂的特点："我们公司拥有精细化工研究所、生产基地、制剂提取中心等部门，在技术方面一直都是业内顶尖的，因此质量非常可靠，事实上，很多地方都采用了我们公司生产的清洁剂，包括您的前任。因此，请相信我，没有比我们的产品更物美价廉的了。"

客户听到这些话，不但没有表示出自己的兴趣，而且还恼怒地要赶销售员出门："都是一些陈词滥调，几乎每个推销员都会这么说，我可看不出产品有什么好的。"

听到这些话，第一个销售员着急了，一个劲儿地保证自己所说的都是真的。但是，他越保证，客户越拒绝。

这时，第二个推销员对客户说："先生，我也是来推销清洁剂的。我也可以保证他所说的优点，我们公司的产品也都有。而且，我们的产品质量肯定是由保障的。"

客户虽然默不作声，却露出了质疑、厌烦的表情。

第二个推销员明白客户的意思，并没有继续说下去，而是蹲下来，从提包里拿出一瓶清洁剂并打开，在地板上倒出一滴，拿抹布擦了几下。眨眼间，地板变得干干净净。

客户点了点头，转身对第一个推销员说："现在你可以走了，我已经决定选他的清洁剂了。"说完，就带了第二个推销员走向了办公室。

资料来源：成正心：《团队管理方法论③：沟通说服律》，北京：电子工业出版社，2016 年 10 月。

英国著名管理专家罗杰·福尔克说过："一个企业，如果它的产品和劳务不能销售出去，那么即使它的管理工作是世界上最出色的，也是白费力气。"许多饭店总经理都接受这样的理念："销售创造价值。"因为饭店的前途和命运不是取决于饭店有几颗星，也不是取决于饭店有多少客房、多少餐厅餐位、多少娱乐设施，而是取决于饭店能把它们销售出去多少。只有把客房、餐饮、娱乐销售出去，饭店才能谈得上赢利，才能兴旺发达。

饭店产品销售的观念与方法已经发生重要的变化即从销售转变到营销。销售观念注重饭店产品的推销，而营销观念则注重客人的需要。但营销与销售的目的都是把饭店产品推销出去，使饭店获得更多的利润。本章将围绕如何运用沟通的技巧和方法来更好地推销饭店产品进行详细论述。

第一节　饭店销售员推销沟通的基本要求

销售人员在与客人进行销售沟通过程中，应有与客户接洽、报价、回答客户疑问、谈判和达成合同、得到客源的能力。这种能力是综合的，不仅包括销售员必须具备的销售信息知识，还包括仪表形象、语言、口才和公关能力等方面的要求。

一、销售员必备的销售信息知识

销售员需要承担的销售工作包括：保持、寻找和挖掘客源，沟通和传递信息，推销，提供服务，收集情报，分配客源。销售工作成效的关键在于选用效率高、能力强的销售人员。他们需要掌握专门的技能，并通过培训和训练掌握必备的销售信息知识，这包括以下几个方面：

1. 了解饭店各方面的基本情况

这些基本情况包括饭店的历史、投资者、组织机构设置及其权限、饭店客房、餐饮、商场、娱乐设施的特色、服务项目及其水准、饭店各部门主要负责人、饭店经营目标和财务状况等。此外，销售人员对饭店历史上的主要产品及销售情况，现有各种产品的内容、特色，在市场上销售情况及客人的评价，各种产品大致相应针对哪些客源等也都需要掌握和熟悉。

2. 了解饭店的客源结构及其需求特点

销售人员要对建店以来饭店的客源情况有大致的了解，并能将客源结构的变化与产品的变化联系起来分析。从客源结构中找出饭店有哪几类主要客源，并仔细研究这些客人选择入住的原因，他们有什么需求、爱好和习惯等问题。

3. 了解竞争对手的基本情况

销售人员还要明白全国和当地有哪些酒店与本饭店竞争同类客源，这些酒店的经济实力、特色和服务水平如何，在当前的竞争中这些竞争对手与本饭店对同一客源的市场占有额分布情况如何，目前已采取了哪些行之有效的竞争手段等。

4. 了解销售渠道的情况

销售渠道可分为团队和散客两大方面。团队方面主要了解旅行社的情况，包括旅行社的规模、主要客源市场、价格水平、资信程度以及旅行社进行推销的效果等不同特点。散客方面了解相对固定的散客客源的身份、单位、地址、消费水平、生活习惯等。

5. 了解工作程序和职责

销售人员还应了解本饭店开展销售工作的规章制度和程序，学会在现有客户和潜在客户中合理分配时间、支配费用、如何撰写销售分析报告和有关信函文书并了解工作责任与本人利益的关系。

二、销售员的仪表形象

客户所喜欢的销售员，除了在专业知识、专业技巧方面必须是一流的以外，在个人形象的管理方面也必须是一流的。要使客户接受饭店的产品，必须首先使客户接受代表饭店的销售员。对于销售人员来说也就是先推销自己，再推销饭店。因此，销售员留给客户的第一印象就变得非常重要。在第一印象中，客户会依据销售员的外表——衣着打扮、面部表情和行为举止等，做出是喜欢还是不喜欢销售员的判断。

1. 服饰打扮

销售员的服饰是构成其外表的一个重要方面。销售中成功着装的关键在于服饰应能给人留下具有优雅品位的良好感觉。研究资料表明，客户更青睐那些穿着得体的销售员，穿西装、打领带的销售员所创造的业绩要比不拘小节、穿着便装的销售员高出约60%。得体合身的服装既可反映饭店销售员的精神风貌，又可成功地美化饭店形象。以西装为例，西装得体，可以使人显得潇洒精神、风度翩翩。穿着时，西装要干净、平整。男销售员穿西装要带领结或打领带，穿羊毛衫时，则应将领带放入羊毛衫中。西装领带的选择应与服装的颜色相协调，协调才能给人以美感。领带系好后长度以垂到裤腰处为宜。销售员一般应穿素雅、端庄、体面、大方的黑色皮鞋，袜子应与裤子、鞋子相协调。销售员对饰品佩戴有严格的规定。在首饰类中，除结婚戒指可以佩戴之外，其他首饰都不可以佩戴。至于岗位工作需要或规定要佩戴的饰品，其基本要求是美观、大方、得体、雅而不俗。男销售员一般不化妆，女销售员切忌浓妆艳抹。

2. 微笑表情

惬意而自然的微笑是销售员外表中不可缺少的重要组成部分。微笑是通过不出声的笑而传播信息的一种伴随语言。微笑是自信的象征，是修养的充分展现。微笑可以化解冷漠、吸引客户注意，可以拉近与客户的情感距离。微笑应是销售人员的职业表情，因为它通常传达友善、亲切、礼貌与关怀，使客人得到如沐春风般的舒心感受。美国销售界推销大师威廉·怀拉和日本销售界推销大师原一平都享有"价值百万美元笑容"的美誉，因为他们都拥有一张令客户无法抗拒的笑脸，这张笑脸使他们年收入高达百万美元。销售人员在与客人沟通联系中表情的基调应该是微笑，这种微笑要发自内心，是真情的流露。

3. 行为举止

销售员良好的行为举止在与客户交往中也是至关重要的。因为客户是通过观察销售员的举止神态、面部表情来观察他的内心思想的。面部表情要从容、自然、大方。避免做出有损自己形象的行为举止。销售员在处于静止状态时，应身体站正，胸部略挺，背部绷直，脸部向上抬高一些。这样可以给人充满朝气之感。行走时，身体应保持平直，双脚不要分得太开，步伐稳健，速度适中，眼神平视前方。步履轻快、敏捷可使销售员显得年轻、精神、活泼。就座时，男销售员一般张开双腿而坐，显得自信、豁达；女销售员一般膝盖并拢而坐，显得庄重、矜持。

三、销售员的积极态度

销售员态度的好坏很大程度上关系到其能否成功地推销。积极的态度是销售员成功的重要品质。有了积极的态度，销售员就会变得热情、自信和有毅力。

积极的态度包括：其一，对待客户热忱的态度。在与客户交往时，销售员态度热忱，就会散发出热情、活力与自信，会引起对方共鸣。销售员态度热忱首先表现为他们热爱工作。只有销售员充满自信、热忱洋溢，对饭店产品有着浓厚的兴趣，介绍起来才能如数家珍，从而影响客户。热忱的态度还表现在销售员凡事能替客户着想。推销既不是依靠不正当手段强迫客户购买，也不是低声下气地乞求客户购买，事实上销售员是在帮助客户做出正确的抉择，帮助客户以合理的代价得到他应该得到的利益。其二，善于与客户交流沟通的态度。应尽量多地去听客户诉说，这样会让客户觉得他受到了尊重。因此客户总是愿意与尊重自己、肯听自己讲话的、平易近人的人往来。所以，让客户畅所欲言，不论客户说的是称赞、说明、抱怨、驳斥、警告、责难还是咒骂，都要仔细倾听，并给予适当反应，以此表示关心与重视，这样销售员就能获得客户的好感与善意的回报。与客户交流沟通时，还要学会善于去赞美客户。每一个人都渴望得到别人的赞美，简单的一句赞美之词，能使受赞美者感到温馨、振奋。销售员如果能够做到恰如其分的赞美客户，定会产生意想不到的效果。

案例：客户更愿意相信自信的人

陈好是一家网络科技公司销售部新任经理。总经理让陈好去见一位客户，并要求她把公司新做的网站推荐给对方。

第一次见这样的重量级客户，陈好有些紧张。在礼貌地同客户打完招呼之后，陈好就开始推销公司的产品。

在推销过程中，客户问陈好："请问陈经理，您懂相关的技术吗？"

陈好摇摇头，表示自己是销售部的，只负责产品销售，对技术并不了解。

客户听后说："哦，怪不得，既然你都不熟悉这个网站，怎么清楚地推销给我呢？"

面对客户的质疑，陈好的表情有些不自然，嗫嚅地说："虽然我不太熟悉，可是，我们的网站有很大的优势，比较符合您公司的要求……"

客户并没有打断陈好的话，可陈好的声音却一点点低下去，自己也不知道说了什么，感觉羞愧极了。

最后，客户笑着说："我再考虑考虑"

资料来源：黄中：《绝对沟通》，北京：中国财富出版社，2015 年 7 月。

四、销售员语言表达的原则

能言善道的口语表达是销售员的职业要求之一。销售员在工作中运用口语时应掌握好如下原则：

通俗易懂，简洁明了。所谓"通俗易懂"，就是尽可能采用大众化的词汇、语句，少用典故、外语或外来语，把话说清楚、说明白，能为大多数人所接受。因此，销售员谈话应使用客户容易理解的词语，以保证语言的通俗易懂。所谓"简洁明了"，就是能用最简单的话，表达尽可能多的意思。言简意赅、切中要点是销售员谈话时的要领。

用词准确，避免重复。"用词准确"是在说话中选择那些最能达意的词汇，只可产生一种理解，而不是滔滔不绝却废话连篇。"避免重复"是说如果已讲清了某一点，就继续讲下一个要点，同一个问题不要重复讲解。当然销售员在与客户交流中对有的重要信息需要重复，这时重复的目的是强调重点，加深印象，另外还有增强语气的作用。

运用幽默，富于创造。销售员与潜在客户联系或登门拜访，就意味着销售员将闯进一个陌生人的领地，而此刻客户也把销售员当作一位陌生人。因此客户往往会不假思索地对销售员采取疏远态度。而幽默语言的成功运用则可以缩短这一过程。在交流沟通的过程中，幽默语言具有很大的感染力和吸引力，能迅速打开客户的心灵之门，使其在会心一笑后，对销售员、对饭店的产品产生好感。

真心赞同，好话好说。销售员应与客户坦诚相待，在与客户交流沟通的过程中，应当适时地、由衷地对客户所表现出来的正确判断与合理建议表示赞同。但是如果为了讨好客户，以求得到预订而向客户进行恭维，或者是很肉麻的奉承，则会降低销售员以及所推销的产品的可信任度。如果销售员能将奉承话说得含蓄一些，客户便会将销售员视为知己。与客户交流中有些话如："您真有眼力！"等句子该多用。另外，要以为客户服务的身份来谈话，而不是以自己的身份与客户交谈，多用"您"、"我们"，少用"我"，这就是所谓的好话好说。

第二节　销售员与客户的交往沟通

客户是包括每一个能影响饭店盈利的人。饭店通常有三种客户群体：第一种是散客群体，第二种是团队群体，第三种是旅游产品经销商或代理商，主要是旅游公司和旅行社。饭店销售员除了和中间商如旅行社进行交往接洽业务外，通常还需要面对许多分散的客户。由于客户是一个庞杂而多层次的群体，需要销售员掌握与客户的交往沟通的技能方法，并因此建立起与客户的良好合作关系，从而获得并留住客户。

一、客户信息的搜寻与管理

认识客户、了解客户是销售员应特别注重的一件事情。了解客户的需要，不仅能更好地为客户服务，而且可以随时掌握国际饭店业发展的最新动态，帮助饭店改进服务。因此现代饭店业很注意对客户信息资料的搜寻、分析及管理。

1. 客户信息搜寻方法

搜寻客户信息的方法主要有：

（1）从饭店保存的客史档案等情报资源中搜寻客户。饭店保存的客史档案是销售员最容易获得的搜寻客户的情报资源。因此，饭店销售员应充分利用饭店所保存的客户档案以及其他各种对搜寻工作有帮助的信息、人员和手段。

客史档案一般保存在饭店的前厅部，销售员可以从前厅部获得客户的目录文件与名单。这些情报资料中可能包括一些销售员很长时间没有联系的潜在客户。财务部也能帮助销售员找到那些不再预订饭店产品的从前的客户。如果销售员能确定他们不再预订的原因，那么就有机会重新赢得他们。房务与餐饮等部门能向销售员提供开发新的潜在客户所需要的新信息，由于他们直接为客户和消费者提供产品和服务，因而更清楚什么样的客户和消费者需要什么样的新产品，这一点对于销售员形成新的潜在客户和消费者需求的轮廓特别有帮助。此外，旅游博览会、交易会和互联网上的电子信箱也是重要的搜寻线索。我国每年都会举办一两次全国性的旅游博览会和旅游交易会。销售员可以记下每个到展销柜台参观、问讯的人的姓名、地址和其他有关信息，以便今后进行跟踪联系，但速度要快，因为博览会和交易会上其他的饭店也同样会对这些潜在客户和潜在消费者感兴趣，所以一定要迅速找到并吸引这些潜在客户和潜在消费者。销售员还可以利用 E-mail 或通过网上聊天、讨论与潜在客户和潜在消费者取得联系。

（2）从饭店外部的情报资源中搜寻潜在客户和潜在消费者。除了饭店内部保存的情报资源以外，饭店外部还有很多资源可以用来帮助销售员寻找潜在客户和潜在消费者。

饭店销售员可以与其他非竞争饭店的销售员或者是其他行业的采购、供销人员经常相互提供、交换有用的信息，也可以相互介绍潜在客户和潜在消费者，因为他们在与自己的客户和消费者接触时，可能会发现对饭店产品感兴趣的客户和消费者。其次市场上有很多带有姓名和地址的特殊目录或数据资料出售，销售员平时应勤于搜索和浏览。名录包括有大型国有企业的名录、许多行业协会或主管部门及其成员或下属机构的名录、各种社团组织的名录。这些名录是销售员寻找新的潜在客户和潜在消费者的一个绝好方法。当然这些信息也可以从公共图书馆和计算机网络中获得。再有就是报纸和杂志。经常留意报纸杂志上刊登的厂矿企事业单位成立、开张、周年纪念或庆典等活动，销售员会发现许多潜在客户和潜在消费者的线索。

（3）从个人情报资源中搜寻潜在客户和潜在消费者。除了以上的方法外，还可以依靠个人的积极努力来培养潜在客户和潜在消费者，其途径有：第一，拜访和销售陈述。假定销售员拜访了相当数量的客户和消费者，那么肯定会从其中发现一些潜在客户和潜在消费者。第二，口碑效应。即每当一次销售完成时，询问一下客户和消费者是否有亲属或朋友对产品或服务感兴趣，并问一问他们能否提供这些人的姓名或住址。因为这种方式可以连续地从一个客户、一个消费者转向下一个客户、下一个消费者，所以有时口碑效应被形象地称为"无限连锁"法。第三，朋友或熟人。不要忽视你身边的每一个朋友和熟人，和其他人一样，他们对饭店产品和服务也有相当的需要。销售员需要做的是：结识更多的人，并让你所结识的人了解你的饭店和你的工作，从中发现潜在客户和潜在消费者。

2. 潜在客户信息的整理

销售员要对所搜集到的有关潜在客户信息资料进行整理，以确保重要信息不被遗漏。销售员应该为每一个重要的、有希望的潜在客户制作一个文档资料，勤于搜集增补客户信息。整理客户的信息资料应根据客户的特点，客户的文档资料可以涉及客户的个人信息，也可以包括其所在公司的全部信息。

（1）个人信息的整理。收录在文档资料中的客户个人信息包括的内容有：客户姓名、年龄、学历、职业、住址、家庭情况、兴趣、爱好、人际关系、个人习惯、最近接触的情况以及其他在今后的联系、拜访中用得上的信息。在很多情况下，清楚地了解客户各方面的信息是十分必要的。

（2）公司与行业信息的整理。除了要收集客户个人信息之外，还要收集一些客户公司及其所属行业的信息，文档资料中的行业信息一般包括的内容有：公司业务的特点、公司规模、市场占有情况、信用等级、企业宗旨及政策、具有预订决策权的人的姓名、其他影响预订的因素、过去与饭店的关系如何，等等。

3. 客户管理与沟通的途径与方法

销售员应该与客户建立起长期合作的交易关系，而长期合作性的交易关系的建立主要取决于与客户建立和保持良好的人际关系。这就需要销售员掌握客户管理与沟通的途径与方法，建立起与客户的良好合作关系。

（1）建立长期交易关系。与客户建立长期交易关系首先要了解客户的满足程度。在饭店消费的客户如果满意的话，他们在将来有新的需求时还会想到这家饭店。

销售员在开展对客户的服务工作之后，要与客户保持联系。与客户建立长期交易关系有一个很容易衡量的指标，就是看有没有老客户，有多少老客户。有经验的销售员认为：最好的潜在客户就是目前的客户。所以，销售员在努力开发新客户时，绝不能忽视现有的客户。如果能一直坚持这种想法，那么就一定会与客户建立起长期合作性的交易关系。

（2）建立长期合作性的交易关系的销售策略。当客户有与销售员合作的意向时，或已经建立起初步的交易关系时，销售员必须向客户提供最全面、最好的服务。这就需要销售员运用恰当的销售策略，主要表现在：

客户优先。在销售工作中，销售员应持有客户导向而不是销售导向的意识。

客户导向的核心要素就是保证客户优先。如果销售员对客户热心、诚实、有耐心、肯为客户提供力所能及的服务，那么客户对销售员、对销售员的饭店和产品将保持强烈的预订欲望。

帮助客户。客户在其自身的业务经营中，各种不利的情况都有可能会发生，只要不涉及自身的商业秘密，不威胁到自己的利益，就应像对待自己的问题那样对待客户的问题，尽可能地帮助客户化解不利的因素。

提出新思路。因为销售员经常接触、拜访各种各样的旅游经销商、批发商、零售商与代理商以及消费者，因而销售员了解很多饭店产品在代理、零售与批发方面的情况，针对某一家客户，销售员就有很多机会向其提供提高预订量的方法与方式。这些方式、方法能极大地促进其经营，为其带来新的经营思路和思想。

相互信任。在建立长期交易关系时相互信任显得特别重要。为使客户信任销售员，在工作中必须注意相关细节，如当销售员将报价传递给客户后，就不能再报出第二种价格；承诺的接待内容、接待规格必须做到，不能中途调包或随意改变。

（3）建立长期合作性的交易关系的销售方式。销售员应在实践中不断摸索建立与客户长期合作性的交易关系的销售方式。目前不少新型的销售方式如咨询型销售、洽谈型销售、系统型销售等均可以帮助客户解决经营与销售中所遇到的问题，在建立长期伙伴关系方面是相当有效的。

咨询型销售要求销售员成为客户经营的咨询顾问。洽谈型销售是指通过建立伙伴关系使销售员和客户双方都受益。系统型销售指销售员将饭店产品进行组合，按照客户的要求提供一条龙服务，这些配套的产品和服务能快速便捷地实现客户的最大利益。例如，会议销售员推销的是一整套饭店产品，如接机、接车、客房、餐饮、会议场馆、旅游娱乐、订票、定制纪念品等，而不仅仅是一条横幅、一间会议室。这样就能给客户和销售员都带来极大的好处。

（4）客户管理和沟通的方法。对客户进行管理和沟通的方法主要有巡视管理、关系管理与筛选管理。

巡视管理要做的工作中有三项基本工作：倾听、教育和帮助。深入到客户中去，倾听他想说的事情、他不想说的事情以及如果不给予帮助他所不能说的事情。教育是相互的：一是对客户进行教育，引导客户树立正确的合作、促销、消费等观念，教会客户如何预订、查询饭店产品和服务。二是接受客户教育，将客户信函、来电公布在饭店醒目的公告牌上，以引起员工的注意和重视。帮助即为客户提供优质服务，帮助其解决问讯、预订、接送、支付等方面所产生的问题。

关系管理能指导销售员如何与客户打交道。饭店要与客户做交易，一定要与客户搞好关系，特别是与大客户搞好关系。有条件的话可以为每个大客户选派精干的关系经理。关系经理要精于协调关系。

筛选管理是指销售员对手中掌握的客户进行筛选。在对客户进行筛选时销售员应将客户数据调出来，进行增补删改。这些数据资料，是销售员开展销售工作不可缺少的。

二、销售员与客户交流沟通技巧

销售员与客户保持良好的交流沟通状态是为了达成交易，或者是为了增加预订量，以实现饭店销售目标。销售员需要掌握和客户交往沟通的技巧，如初次接触的技巧；销售陈述的技巧；化解客户抱怨的技巧以及处理客户异议的技巧等，这样才能与客户建立良好的互相协调的关系。

1. 与客户交流沟通的基本要求

美国推销大王乔·坎多尔福认为："98%的推销工作是感情工作，2%是对产品的了解。"因此，与客户交往的实际推销中，没什么比感情沟通更重要了。销售员在与客户交流沟通时在感情沟通方面要做到：

- 对客户的一切询问，无论事情大小，都要做到即时答复。销售员可以自己解决的问题应即时办理，不能办理的，要转到有关部门去处理。
- 相应的礼节不能少。例如客户的公司开张了，或举行庆祝酒会，邀请销售员参加时必须准时出席，另外还要考虑是否送些贺礼以表祝贺。这样做，既可以讨得客户的欢心，又可免费宣传。
- 逢年过节寄上贺卡。例如圣诞节、新年、客户的生日或其他有特别纪念意义的日子，都应有所表示，最低限度也要打个电话、发个传真或发 E-mail 表示恭贺。这样销售员与客户的关系可以变得更为融洽。
- 主动保持与客户的联系。有些客户因路途遥远和其他原因销售员未必时常能去拜访，但销售员绝不能因此对他们有所疏忽，至少应主动保持与客户的联络，如每年寄上饭店的市场情况调查表格，附上回函信封和邮票，以便客户将改变了的资料填上。
- 不忘给客户提供资料。如果发现客户感兴趣的信息，销售员收集起来给客户送去，客户可能会因此而深受感动。

2. 初次接触客户的沟通技巧

尽管销售员与客户初次接触的目标是明确的，即为了达成交易。但初次接触应让潜在客户充分了解销售员、了解饭店及其产品和服务，并给潜在客户留下一个初步的较好的印象，为下一次接触客户打下基础。在与客户初次接触时第一印象非常重要，销售员要给客户留下好印象需要掌握以下的要点：

（1）约定会面时间。销售员在初次接触客户时，应当避免突然登门拜访，这不仅仅有失礼貌，而且可能会打乱客户的工作时间安排。事先约定不仅是礼貌问题，而且还可以节省双方的时间和精力。客户一般更愿意接受有计划的安排。进行约定最常用的方法是电话预约。电话预约时，一定要注意长话短说，简明扼要。在提出会面要求时，一般应向客户提出多个可能的时间安排，以免客户借口太忙而轻易加以拒绝。

（2）仪表形象。销售员初次接触客户时仪表非常关键，这是使客户产生第一印象的基础。饭店销售员仪表的大体标准应该是：端庄的仪容、大方的仪态、礼貌的举止和得体的谈吐，再加上精神饱满及服饰整洁合体、干净利落。这样就可以给客户以清新明快、稳重端庄的第一印象。销售员在服装上应尽量穿本饭店的工作服；同时，根据不同层次的潜在客户，在衣着上也应"入乡随俗"，太考究和豪华出众的服装往往会给顾客和客户带来心理压力。

（3）适当的开场白。销售员与潜在客户交谈之前，需要适当的开场白。开场白的好坏，几乎可以决定拜访的成败。开场白要注意的要点有：小心谨慎地准备开启陈述，有条理；尽量使客户对产品产生兴趣（谈论客户的需要）；用充满热诚的声调；用词简单率直，容易明白；避免单调和谈论坏消息；充满自信地谈论你的所知所见。

开场白有很多创造性的"借题发挥"的表达。如"真诚的赞美"法：人们都喜欢听好话，客户也不例外。因此，赞美是迅速接近客户的一种好方法。我们赞美潜在客户时，必须要找出别人可能忽略的特点，而同时又能让潜在客户知道我们的赞美是真诚的。

（4）注意事项。销售员与客户初次接触的目的是为了获得客户满意、激发客户兴趣、赢得客户参与。为了达到这些目的，初次接触客户时，销售员除了需要创造轻松愉快的气氛外，以下一些礼节规范的地方也要加以注意：

自我介绍。客户与销售员初次见面时难免会有戒心，这时销售员一定要面带微笑自我介绍。要以清晰的声音、柔和的语调介绍饭店和自己的名字，以及为何事而来的目的，同时递上名片。如果左手拿着公文包，便以右手的拇指和食指夹着名片的左上端，朝对方能清晰地看到姓名的方向递去。如果能够使用双手，最好双手奉上。接受对方名片时，必须双手接住，同时微微躬身道谢。

推销自己。初次见面一定不要表露出推销东西的姿态。通过第一印象或最初五分钟面谈的自我推销，要给对方亲切、良好的印象，同时让对方感觉到你是个有利于他的人。关键是销售员多提一些对对方有益事情的建议。

坐的位置。当销售员找到的是一位具有决策权或有影响力的人时，且对方表现出愿意交谈时，这时需要坐下，坐的位置要选择接近对方，但不可坐在对方的正前方，必须是坐在左侧或左斜方。如果可明显分出上下座时，应坐在下座。基于礼貌，在对方还没有说"请坐"以前，销售员绝不可先坐下。随身带的公文包，不可放置在地板上，而应放在自己的腿上，也可放在旁边的桌子或椅子上。

3. 销售陈述的技巧

销售陈述最基本的目标是达成交易。一个完整的销售陈述应该包括：全面描述所提供的产品或服务；表明它们如何给客户带来好处；涵盖完成交易的全部细节。销售陈述必须全面而完整，并且保证让客户理解。为了能够达成销售目标，销售陈述应当注意以下一些技巧方面的问题：

（1）提问的技巧。销售陈述需要进行双向的沟通和交流，这样潜在客户就会觉得你是在与他们交谈，而不是在向他们训话。提问就是达到这种目的的好方法。提问方法的好坏可以决定销售员的优劣。好的销售员会采用边问边听的谈话方式。但要注意，不要问那些过于简单的问题，如"你对这种产品有兴趣吗？""你是否现在就可以做决定？"这样的提问只会让客户做出否定的回答而使谈话不能继续。相反，只有提出一些深入的问题，才能发现客户潜在的需求和兴趣。提问的技巧有：一是洽谈时用肯定句提问。在开始洽谈时用肯定的语气提出一个令客户感到惊讶的问题，是引起客户注意的可靠办法。二是询问客户时要从一般性的事情开始，然后再慢慢深入下去。向客户提问时，虽然没有一个固定的程序，但一般来说，都是先从一般性的简单问题开始，逐层深入，以便从中发现客户的需求，创造和谐的推销气氛，为进一步推销奠定基础。三是先了解客户的需求层次，然后询问具体要求。

（2）利用周围的人。善于利用客户周围的人，也是一种销售陈述技巧。销售员应将客户的朋友、下属、同事引向自己的立场或至少不至于站出来反对销售员的主张，这样有利于促进销售。在多数情况下，现场外的人多半是访谈对象的同事、领导、下属、朋友或非竞争性的其他客户，他们与访谈对象的关系较密切，较有信任感和影响力，他们的一句美言常常胜过销售员十句以上的好话。如周围的人替你说："这家饭店的产品一向受到客人的欢迎，试试看怎么样？"所以，在做销售陈述的过程中，销售员应努力变现场外人的反作用力为支持力，再加上真诚、耐心的工作态度，就一定能说动潜在客户，顺利达成交易。

（3）利用资料。熟练准确运用资料情报不仅能证明自己立场的正确，而且更易于取信于客户。一般来说，客户看了资料会对销售员所陈述的产品内容更加了解。因此，销售员要收集的资料不限于平常饭店所提供的内容，还应通过拜访记录批发商、竞争对手、同业人士、报纸杂志上的相关内容等来收集、整理出对销售陈述有利的资料。销售员必须对这些资料情报灵活运用才能发挥更好的效果。在其他手段难以讲述清楚的情况下，销售员适当运用视听工具也有其独到之处。

（4）词语的选择。销售是陈述和说服的艺术，销售员要注意词语选择和表达。不同的词语，尽管它们表达相同的意思，但感染力是不同的。如"这个值五元"要比"这个销价为五元"效果好。对推销具有推动力的词语应该有生动性、提示性、较强的穿透力和感染力等特点。

案例：行李员也能促进酒店的产品销售

一位在某家五星级商务酒店入住数日的客人，偶尔在电梯里碰到进店时送他进房间的行李员小张。小张问他这几天对酒店的服务是否满意，客人直率地表示，酒店各部门的服务都比较好，只是对中餐厅的某道菜不太满意。

当晚，这位客人再来中餐厅时，餐厅陈经理专门准备了这道菜请客人免费品尝。原来，客人说者无心，但行李员小张听者有意，当客人离开后，他马上用电话将此事告知了中餐厅陈经理，陈经理表示一定要使客人满意。当客人明白了事情的原委后真诚地说："这件小事充分体现出贵酒店员工的素质及对客人负责的态度。"几天后，这位客人的秘书打来预订电话，将下半年该公司即将召开的三天研讨会及100多间客房的生意均放在了该酒店。

资料来源：王大悟、刘耿大：《酒店管理180个案例品析》，北京：中国旅游出版社，2007年6月。

---

4. 化解客户抱怨的沟通技巧

客户预订、使用、消费饭店产品，因种种原因，会对产品、服务人员或销售人员产生抱怨。客户的这些抱怨如得不到及时的处理与解决，就会极大地影响饭店的声誉与信用，从而影响到饭店产品在市场上的销售。对客户提出的抱怨，饭店首先，应本着"客人永远是正确的"这一宗旨，认真对待，正确处理；其次，切忌与客户发生争执；最后，要遵循一定的准则来处理客户的抱怨。只有处理好客户的抱怨，才能维护销售员自身和饭店的良好形象。以下处理客户抱怨的一些方法可做参考：

减少抱怨的数量。处理抱怨的最好方法就是事先避免抱怨的出现。大多数抱怨的产生并不是销售员的直接责任。销售员有责任保证客户正确使用饭店产品，有责任保证饭店产品在出售前应没有质量问题，有责任实事求是地介绍饭店产品。如果销售员能做好这些事情，他就能减少抱怨的出现。因此，销售员应善于将补救工作做在客户提出抱怨以前，并提供客户发表意见的渠道，从而减少客户的抱怨。

倾听客户意见。当客户提出抱怨时，销售员应给予关注并表示关心，尽可能站在客户的立场上来寻求解决问题的方法。客户的话没有讲完之前，千万别打断他，尽量让他去讲，打断可能会引起更大的愤怒。销售员真诚、虚心的态度会最终化解客户心中的不快，使客户的问题获得圆满解决。

了解事实。当客户提出抱怨时，暂且不论他是有道理还是没道理，销售员都应该进行调查，了解事情真相，仔细分析产生问题的原因，必要时应让客户再一次解释问题是怎样产生的，或者他是如何遇到这个问题的。通过调查了解事实真相，发现问题是由谁的责任造成的，这样就能找到最终令双方都可接受的解决办法。

迅速解决。客户提出抱怨时应立即着手加以处理，力争在最短的时间内找到解决问题的方法并快速解决。这样就能给客户留下好印象，至少可以减轻原来的不良印象。在处理问题的过程中，应始终让客户了解，并向他解释为什么决定用这种方法而不是那种方法，并认真听取他的意见。只有这样，客户的情绪才可能稳定下来，甚至转变态度。

第三节 饭店产品促销与沟通

促销，就是饭店为激发购买者去购买其产品或服务所进行的说明沟通活动。促销在饭店的最初经营活动中就是从信息传递开始发展起来的。所以，促销是一个沟通过程，可以把沟通视为促销活动的精髓。为了以最小的成本投入获得最大的经济效益，需要掌握饭店产品内部的沟通推销方法和外部的沟通推销方法，通过有效的沟通渠道和方法的灵活运用，促使饭店促销活动和计划的实现。

一、饭店产品内部的沟通推销方法

内部沟通推销是指通过饭店员工的优质服务以及他们提供给消费者的优质产品并通过他们主动灵活、恰到好处的示范讲解积极向消费者宣传饭店及其产品和服务、宣传饭店的产品和服务给消费者所能带来的利益与效用，从而影响并促进消费者购买饭店产品和服务的一种推销方法。对比外部推销来说，内部推销的特点是：第一，推销对象仅限于已经住店或在饭店消费的宾客；第二，内部推销的媒介是饭店的设施设备、装饰布置、产品服务、员工和管理人员等，不需借用外部的媒介；第三，内部推销的目的是为了增加饭店宾客的人均消费额，提高饭店的营业收入和利润水平；第四，内部推销是全员推销、全方位推销和全天候推销，涉及饭店全体员工和管理人员，涉及各个工种、岗位。

1. 组织全员推销的方法

全员推销就是饭店每一位员工都参加推销。美国饭店大王斯塔特勒（Statler）曾说："谁是饭店的销售人员？是所有员工。"这句至理名言影响着一代又一代的饭店经营管理者。

（1）推销意识。要求饭店每一位员工都能意识到自己是饭店的主人和代表，认识到饭店的每个岗位都是推销岗位。商场部搞国内外价格比较是推销，餐厅里为不同需求、不同档次的客人推荐相宜的菜肴是推销，员工把公共场所出现的一屑纸片、一个烟蒂及时地捡走，以保持饭店产品的美好形象也是推销。饭店营销观主张饭店推销的重点是服务形象和饭店形象，把推销过程看成是主动争取与客人心理沟通、情感沟通的过程。例如，一次，长城饭店有位服务员在打扫房间时，发现客人的床头摊放着一本书，他没有挪动书的位置，也没有信手把书合上，而是细心地在书摊开的地方夹进了一张小纸条，以起书签作用。事后，客人对服务员细致的服务倍加赞赏，并将此事告诉了她所认识的所有朋友。事实证明，良好的服务形象和饭店形象一旦在客人心目中树立起来，就会拥有稳定而长远的客源市场。因此，只要每位员工树立起优质服务的意识就是最有效的推销观念，全员推销就可以实现。

（2）推销动力。饭店的管理者应认识到，推销是要付出代价的。要提高员工推销的积极性，对员工进行精神方面和物质方面的沟通激励是十分必要的。精神激励采用的具体方法如对优秀服务员运用竞赛规则。因为优秀服务员本身具备内在驱动力，这种驱动力可以引导，但无法教授，因而巧妙地挑起他们之间的竞赛是最佳的激励方式。对优秀的团队成员采用目标激励法来激励他们推销会更有效。对默默无闻的员工良好的推销表现进行公开宣传或大会表扬，也会激励他们不懈地追求。物质激励方式如建立推销超额奖金制度；建立月份或年份评估奖励积分制度；与上座率、人均消费额的增加相联系的激励机制；定期举行推销能手评比活动，给予优胜者一定的奖金和旅游奖励等。

（3）推销知识。为促进内部员工推销活动的进行，需要让饭店员工了解营销，懂得销售知识，培养出一支既是管理和服务能手，又是宣传推销能手的员工队伍。例如，给每一位员工发一本有关饭店设施与服务项目的小册子，小册子中的内容包括饭店各种项目的经营时间、地点、价格、预订方式等，其内容越详细越好。此外，饭店还需要对员工进行推销培训，特别是要对没有推销经验的员工进行培训。推销培训注重饭店产品知识、消费者知识、推销技巧以及熟悉饭店产品和服务对消费者所具有的价值和效用等方面的讲解。培训也要让员工了解消费者心理和行为方面的知识，以便有针对性地开展推销工作。

（4）推销技术。要让员工掌握因人、因时、因地制宜的推销技巧，让他们了解推销中的注意事项，让他们掌握饭店规范化的推销语言。推销技术的推行很重要的一个方面是在日常的工作和管理中机动灵活地对员工适时进行点拨、指导，实施现场教学、现场培训，及时总结评估。例如，班前班后会上，布置一些要求员工记住的推销要点；店内刊物随时介绍一些推销技巧、案例；组织员工交流心得体会等活动。实际工作中的推销技巧有很多种，如第三者意见技巧、替客人下决心技巧、扳道岔技巧、高码讨价技巧与利益引诱技巧等。这些推销技术也可以通过培训让员工掌握。

2. 前台接待人员的沟通推销方法

前台接待人员是饭店的代表。前台接待人员和客人有比较多的接触机会，他们的服务过程实际上也是沟通推销过程，他们的促销意识、技巧、态度，对于饭店的销售额和利润具有很大的影响。

前台人员要做好沟通推销工作，首先必须对饭店的产品和服务十分熟悉，对诸如客房类型、朝向、面积、房内各种设备的价格，菜肴种类和价格，宴会、会议、健身、商务等设施应有较详尽的了解，这样与客人沟通或向客人推销才能得心应手。同时要善于观察不同客人的消费心理，针对不同类型客人的特点和需求，恰到好处地宣传、推销饭店的产品。如商务客人对提供快速、高效率的进店与离店服务手续，对客房的送餐服务和饭店的舒适气氛的需求会很强烈。对有价格意识的客人，在报价时，介绍客房的设施与服务是很重要的；而对一个尚未决定的客人经常要求给予比其他人更多的个人关心，因为任何冷漠都可能马上失去他。此外，前台接待人员作为饭店服务环节的员工，还要有全局的推销意识。不仅要推销好本部门的产品，还应积极主动地推荐其他部门的产品和服务。例如，前台服务人员在办理客人入住登记手续时，可顺便介绍餐厅、酒吧和其他服务项目。这些推荐和介绍，既是一种沟通推销活动，也是优质、热情和细微服务的体现。

前台接待人员除掌握以上沟通推销的要求方法外，还要掌握一些销售的基本技巧，其要点有：

（1）掌握报价方法。一开始不要报低价，除非客人要求你这样做，也不能只报一种价格，要提供一个可供选择的价格幅度。如果客人没有具体说明需要哪种类型的房间，可根据其特点有针对性地向客人推荐二至三种不同价格的房间，供客人选择。报房价时，不能只说金额而不介绍房间的特点，要做到报房价的同时说明其价值以及客人适合哪种类型的房间。如在与客人沟通洽谈价格的过程中，不能简单地说"一间300元，您要不要？"而应根据客人及客房的特点，加上适当的房间价值的描述，例如："具有民族或地方特色"、"能看到美妙景色"、"安静的、豪华舒适的、最大的、在顶层的"、"这种类型的房间独此一间"等语句。

（2）要观察客人，并努力对他们进行分类，然后将合适的客房销售给他们。一般说来，对观光客推销能看到四周景色的客房；对经商或追求安静休息的客人提供不与户外相连接的较安静的客房；对度蜜月者、知名人士或者是高收入阶层的客人提供套房。

（3）不要放弃对潜在客人的销售努力。对有住房需要又犹豫不决的客人，可以让他参观不同类型的客房。这经常能说服非常特殊的或犹豫不决的客人。接待人员还可以运用语言和行为来促使客人下决心购买。例如：递上入住登记表说："这样吧，您先登记一下"或"要不您先住下，如您感到不满意，明天我们再给您换房"。也可以这样说："李先生，您看是住套房还是标准房？"这时客人的思维往往被引导到套房与标准房之间的范围内，可能不会产生是否到另外的饭店去的想法。

（4）始终努力销售其他的服务。客人住店不仅仅是为了满足其休息的生理需要，往往还有其他方面的需要。所以，接待人员不应忽视饭店其他产品的推销。例如可以对正好在用餐时间前到达的客人介绍餐饮设施；对深夜办住房手续的客人介绍客房送餐服务等。

（5）介绍和客房有关的情况，为客人提供多种选择。说明每一种客房的优点，但不要有不利的比较。必要时可引领客人实地参观客房，或给客人看客房的彩色照片。有些饭店在大厅配备有电脑多媒体功能的设备，让客人在大厅就可对客房等产品的情况一目了然。

案例：浅谈前台"面对面"的推销技巧

良好的前台工作人员应具有"八爪鱼"的功能和"蜘蛛网"的本领，善于进行"面对面"的推销工作。能让每一位客人享受到热情周到的服务，并愉快地入住。

1. 善于察言观色，学会"以貌取人"

每一行都有本行的职业观察力，特别是服务性"窗口"行业。随着旅游业的快速发展，酒店每年接待数以万计的客人，前台人员要学会慧眼识客，分析判断。从客人步入店门走向前台那一瞬间起，通过留心观察、迎宾、简单对话，就可以迅速地判断出来访者的国籍、地区、职业、事由等初步客情资料，并进行分析定位工作。"面对面"的接触，还可以迅速对客人的消费层次进行分类定档，从而用职业的眼光和有效的推销技巧打开销售突破口。当然定级分档绝非意味着服务人员工作态度上的分水岭，只是更好地做到对客人一视同仁，以礼仪、礼貌、热情、周到的服务，去赢取客人，成功促销。

2. 研究客人心理，巧用报价技巧

灵活运用报价艺术，讲究报价技巧。一般先报基本价，再加报服务费，或者先报最高价再逐次降低报价档次。也可先报最低价再取"逐步上梯法"，通过介绍情况，提出合理建议，令客人逐步适应和接受，总之要尽力避免客人"闻价色变"、"望价兴叹"。在运用报价技巧时，有时也要直接明了，热情地为客人介绍情况，尽快使客人习惯环境，对酒店服务与设施心中有数，不至于入住时缩手缩脚或开房后又萌生"退"意。在适当的时候，服务员可说："在此房价基础上我们可给予您××折扣"、"这种优惠只在本季度生效"、"这已经是您所得到的最好价钱了"、"这种有特色的房间还不多见"等。让客人产生"怦然心动"的感觉。

3. 提倡"循循诱导"，事事为客着想

先顺藤摸瓜，再投其所好，通过简单的交流，洞察和推测客人目前的消费心理与趋势，并根据客人的愿望，向客人提出恰如其分、切合实际的选择与建议。像电脑"菜单"一样向用户循循诱导，详细解释。前台人员在推销中，应扬长避短，突出特色。可从为客人咨询开始，先介绍酒店的服务与设施，把各种特色服务展示于客人面前，培养客人"豪华客"、"物有所值"、"事事满足"、"心想事成"的感受。再转话题令客人感觉选择在此，是能获得超值服务、超级享受的，是他的明智的选择。再者为了不轻易放过每一位可能的客人，即使他决定不住和暂时不做出选择时，可能的话，亦可先安排客人参观一下酒店的设施，以争取一些消费水平较高、入住酒店经验较丰富的客人。当推销成功时，前台人员可真诚地感谢他们。如："多谢您"，"您能入住这里实在是令我们感到非常荣幸"，"希望有机会再次为您服务。"

资料来源：王大悟等著《新编酒店营销学》，海口：海南出版社，1998年。有改动。

3. 饭店内部推销资料的运用

宾客一到达饭店，饭店就应当开始进行内部推销。内部推销方式除了饭店设施和装饰、前台人员的直接推销、各岗位员工的全员推销以外，饭店内部推销资料的有效运用也是一种好的推销方式。

（1）大堂内推销资料。许多饭店的大堂陈列着饭店餐饮与豪华娱乐享受的彩色照片。大堂内的各种指示牌可以使客人了解各种服务的位置，如总台的接待处、问询处、收银处、行李服务处、盥洗室、大堂助理处、预订部等。大堂及其店内各处的指路牌可以清楚地向客人指出如商场、电梯方向、前厅部办公室、酒吧、餐厅、宴会服务台、健身房等出售商品和服务的场所。

（2）电梯内推销资料。由于在乘电梯前和乘电梯时客人有时间观察东西，所以在电梯门外两侧和电梯内陈设推销资料是一种很好的方法。在电梯内陈设资料时，考虑到客人进电梯后将转身面对电梯门，因此宜放在电梯门框上面或电梯内左右两侧。资料内容一般是餐饮和娱乐的设施及活动介绍，并写明它们的地点与服务时间。

（3）客房内推销资料。一是饭店服务指南。这是饭店内部最简单但最有效的促销宣传资料。它一般会列举饭店的各种服务和设施，以及这些服务设施所处的位置、行走路线、营业时间、电话分机号，使客人对饭店一目了然。目前，一些饭店还采用电子化的服务指南，如置放于大厅的电脑服务设施显示屏。二是服务项目卡。内容包括餐厅（包括客房供膳服务）、代客服务项目（洗熨衣物等）、商店（包括饭店内外的商店）等。三是其他宣传资料。如宾客意见征询表、房价单、明信片、房内用膳菜单、防火安全图等。此外，房内的客用品如浴巾、浴衣、火柴盒、杯垫、纸张、信封、信笺、圆珠笔等都应印上饭店名称和标记，使之成为饭店的无声推销物。

（4）餐厅内推销资料。菜单和饮料单不仅仅是菜名和饮料名的罗列，也是餐厅里重要的内部推销资料。在一本菜单簿里可以有多种菜单，如一般菜菜单、特色菜菜单、时令菜菜单、宴会菜菜单等。这样既可以让客人有多种选择，也可以宣传其他菜单。菜单设计中，必须考虑到图案主题（推销气氛）和食品目录（推销商品）两个方面。此外，在餐桌上，可用透明的插座，插入其他餐厅、酒吧、咖啡厅、娱乐设施的推销资料，饭店应努力做到当客人在一种设施里消费某种产品时，还要不断向客人推销另一种设施里的另外几种产品。

（5）店内其他推销资料。饭店可利用一切场合、地点进行内部促销。如接待会议客人时，饭店往往要发给每一位会议参加者一本会议记录簿。饭店可在会议记录簿里介绍饭店的有关设施与服务。如香格里拉饭店就在会议记录簿的记录纸底部边上，印了饭店各种餐饮与娱乐设施的地点与服务时间。饭店也可针对定期活动与特别活动进行宣传推销。由于饭店多是当地社会娱乐活动、欢庆活动和美食活动的中心，因此，许多饭店有定期活动的推销资料。饭店还可以利用各种社会资源和客人兴趣热点推出一些特别餐饮与娱乐活动，并用活页印刷资料进行推销。"地图"和"购物指南"也是很好的促销资料。地图上应表明来本饭店的线路、主要地名以及从机场到本饭店的路程或所需的时间。如果能在游览地图、出租汽车公司的地图上标明本饭店的地址，就能使更多客人知道本饭店。购物也是客人的重要需求，"购物指南"里应介绍饭店内外商店和商业中心，可使饭店在客人心目中的价值得到提高。印刷交通指南地图时，应在地图上标明饭店所在位置。

二、饭店产品外部的沟通推销方法

饭店产品价值再高，如果客人不知道它的存在，那么它也将无法吸引潜在的消费者。如何通过各种行之有效的外部沟通传播方法进行推销，是饭店营销中一种重要手段。

1. 饭店小册子与沟通推销

饭店小册子是饭店为了介绍饭店产品、服务及其他信息而印刷的宣传手册，它是饭店进行外部沟通推销的重要工具。为了能使饭店小册子产生魅力，吸引、招徕更多的宾客，饭店在设计和编制小册子时应注意以下要点：

（1）具备必要的信息。饭店小册子包括的信息有：饭店设施的名称和标志；饭店产品、设施和服务项目的描述；饭店具有竞争优势和对宾客有吸引力的设施图片；饭店地点、电话和传真号码；饭店所处地点的交通图，提示如何到达饭店以及地理位置的方便程度。小册子附页可以为消费者提供各种有用的资讯，如飞机、火车班次的时间，也可以注明饭店附近的风景点。

（2）选择精美的照片。照片具有真实可信和直观的特点。饭店需要销售的主要产品、设施和服务都可通过照片反映出来，同时也要有体现饭店品位与气氛的照片，如大堂概貌、游泳池等。照片最好展现客人正在使用饭店的设施，如在游泳池、舞厅、网球场、酒吧等场所享受的情景，展现设施品质和服务员做服务的情景，让宾客有身临其境的感觉。照片必须真实，并具有摄影专业的水准。同时将销售信息做成简洁字幕附于照片中，这样比附加文字解说效果更好。

（3）设计装订样式。小册子的设计既可以采用装订书本式，也可以采用折叠活页式。装订书本式的小册子会产生豪华高贵的感觉，其缺点是成本高，不能产生一眼就看完饭店全貌的效果。折叠活页式的小册子则可降低成本，并可在展开时让客人欣赏饭店的全貌，一般说来这种形式的小册子是比较理想的。

（4）编辑文字内容。小册子内容中对饭店历史和现状的文字介绍应力求优美、流畅，应对本饭店的经营特色做出概括的描写，如珠海白藤湖旅游点就以

"住湖边、食海鲜、玩水面" 9 个字来概括它的特色。不少饭店内容介绍时文字描述多而照片形象少，实际上应该加大照片的使用量。需要注意的是小册子不能编得太烦琐、太厚。此外，还应经常更换并不断充实新的内容和信息。

2. 广告与沟通推销

广告沟通推销是指饭店通过各种大众传播媒体如广播、电台、报纸、杂志等向目标客源传递有关饭店信息，展示饭店的产品和服务。通过广告与目标客源沟通，既可以帮助他们了解饭店，又可以辅助销售人员推销；同时，好的广告能够引起宾客的兴趣，激励需求，引导宾客购买。

常见的饭店广告按宣传媒介的不同，可以分成以下几类：

（1）大众传播媒介广告。包括报纸广告、电台广告、电视广告和杂志广告。大众传播媒介广告具有信息沟通传播迅速、灵活性强、覆盖率高、声誉好等特点。但费用比较昂贵。

（2）户外广告。通过户外的道路指示牌、建筑物、交通工具等进行宣传。其突出优点是费用低。要使户外广告有效，必须使它具有清楚、新奇独特、体现产品特点、反映饭店地理位置等特点。

（3）直接邮寄广告。通过饭店商业性信件、宣传小册子、饭店新闻信、明信片、客人调查表、免费小礼物、生日卡或圣诞卡等以指名的方式直接邮寄给潜在客户的一种广告形式，有时候也可以利用专门人员逐户投递或派发到潜在客户的手中。其优点是有选择性，比较简单、方便，容易引起客人注意。

在策划广告时，要明确广告的目的以及通过广告要传送的信息。饭店的广告宣传应主要围绕以下两种形式展开：公关广告，即饭店形象的告知广告；促销广告，即饭店某一产品或某一新开展的服务项目的特殊促销广告。公关广告的主要内容包括：星级标志、饭店的标识语、反映饭店形象的照片，加入世界著名酒店集团的情况、饭店的联系预订手段等。公关广告的形式丰富多彩。例如，假日酒店集团管理的上海银星宾馆曾举行了一次礼品广告活动，为这家新开业的宾馆提高了知名度。促销广告的目的是为了在短时期内促进销售，其内容包括：特殊促销活动的标题、特殊促销活动的照片、特殊促销活动内容的说明、饭店的名字和标识语。

饭店在利用广告进行外部沟通推销时，应注意广告媒体的选择。比如有的饭店推销目标是扩大销售额、增加客房出租率，这就需要媒介有较强的影响力和感染力，可以采用的较为理想的广告形式有户外广告、交通广告、礼品广告等。竞争性广告要能在维持老顾客的同时，积极地争取新的客源，将竞争对手的客源拉过来，此类广告的媒介主要有报纸、杂志、电视、电台、邮寄、礼品、户外广告等。另外饭店在选择广告媒体时，还要考虑其目标市场的定位。如果饭店的目标市场是全国范围的，应尽量寻求成本低、广告辐射面大的媒体，杂志、电台等是较为理想的媒体。

3. 展览会与沟通推销

展览即通过举办实物、文字和图表等的展示来展现饭店营销、服务成果的宣传形式，其类型有综合性与专题性之分，其规格也有大小之别。大的可以是全饭店范围内的商品服务展销，集宣传与产品制作、服务于一身；小的只是对某一类型菜点或服务项目的介绍和橱窗陈列。它们都属于经过微型化处理的综合传播活动。正是由于展览会所展现的是实物、图表，加上精心设置的牌面、动人的解说、优美的音响和造型艺术，因此对观众具有较强的说服力和感染力，能取得一般的文字和口头宣传所难以收到的成效。为使展览会能取得较好的宣传和传递饭店信息的效果，展览会的设计应注意以下要点：

（1）明确展览主题思想。一个展览会的内容可以很多，只有主题明确才能提纲挈领。在主题思想指导下去精心挑选、制作展览的实物、图表、照片、录像及文字，并对它们做出最有效的排列组合。

（2）精心构思展览框架。应有专业人员主编并构思整个展览框架，内容结构力求严谨。结构主要抓住六个环节：设计会标；设计好主题画或吉祥画；撰写简明、得体的前言、解说词、结束语；抓好各展出部分的衔接；展览会环境的布置和美化；设计不落俗套的会徽或纪念品。

（3）选好主持人和接待人员。根据展览会的主题、规模而选定的理想的主持人及主要接待人员应具备三个基本条件：懂得饭店业务及展览内容应具有的知识，能为参观者提供咨询；有端庄的仪表；懂礼节、善交际、会应酬。

（4）训练好讲解和操作人员。展品、图表、图画还需要配合生动的口头讲解，这样整个展览会才能给人一个切实而又深刻的感受。饭店要对解说员进行适当训练，要求她们正确流畅地讲解展览内容。讲解员既需要具有一定的知识、修养，同时也需要用生动的语言和丰富的表情来感染观众。

（5）准备其他宣传手段的配合。大型展览会要同时举行记者招待会；配合展览内容放映影片、录像等，以增强效果，活跃气氛。

（6）测定展览效果。测定展览效果最简便和最常用的方法是在出口处设置观众留言簿，征求观众意见。还可结合展览召开座谈会或会后登门访问或发出调查问卷，了解展出效果。这些展览效果的记录，是公众对饭店主办此次展览的意见和态度，是饭店和公众进行沟通、改进工作的不可缺少的信息源。

4. 主题活动与沟通推销

国外把主题活动称为特殊事件或特别节目。这些活动每次都有一个明确的主题和围绕这一主题的特殊活动，在每次活动中往往只能将饭店的某一方面展现在公众面前，与公众进行这方面的重点沟通。利用主题活动与潜在客源沟通和进行推销可以直接增加饭店的销售额，还可以产生良好的宣传效果，增进宾客对饭店的了解。主题活动的一般形式有：一家饭店独立承担的促销；一家饭店与有关单位共同计划并实施的促销；许多饭店与其他有关单位参加的旅游目的地的全面促销。

由一家饭店单独计划并实施促销的主题活动有多种形式，如电影和影星的主题活动（吸引影迷到饭店来看优秀影片集锦，同时邀请影星与影迷座谈，并为影迷表演和签名留念）。对饭店来说单独计划的、较重要的主题活动的策划有：饭店落成开张的开幕典礼，某个重要餐厅或新的重大服务项目的开业和推出，展览会、专项表演首次与观众见面，饭店举办的运动会，书画展开幕等，诸如此类的"第一次"都是饭店策划主题活动的好题材。

由一家饭店与有关单位共同计划并实施促销的主题活动关键是要找到合适的、乐于做出贡献的合作伙伴。如要搞美国文化节、加拿大文化节、法国文化节，饭店可以寻找美国、加拿大或法国大使馆里的文化参赞和这些国家的航空、食品公司，请他们提供该国的文化资料和奖品，而他们也可以利用这一机会宣传本国的文化和推销自己公司的产品。

许多饭店都参加整个旅游目的地的促销活动，如上海许多饭店都参加上海电影节、上海电视节、上海时装节等活动。这些活动举办得多了，上海就会逐渐成为全国乃至全世界的文化中心和贸易展览中心，这样，大多数饭店都可以获得好处。

饭店要把各种类型的主题活动办好，达到所需要的效果，应掌握以下要点：

（1）要认真地酝酿、准备。主题性的沟通促销活动，无论是定期的还是非定期的，都需要做充分的准备。

（2）要有明确的目的。尽管可以采取含而不露的手法，但作为主题活动的策划者和主持者对该活动究竟要达到什么目的、如何才能有效达标，一定要十分清楚明了，并让所有参与此项活动的人员都了解。

（3）要富有特色、引人注目。富有特色、先声夺人，才能吸引公众。在形式上可视需要，辅以文艺、体育、书法、时装等表演或者是有奖征答、比赛、赋诗、讲演等活动，使公众喜闻乐见，从而激起其兴趣。

（4）要富有人情味。主题活动应尽量淡化商业性、促销性的广告味道。比如饭店庆典和节日等主题活动的策划，主要是为借助喜庆和热烈的气氛渲染饭店形象，创造新闻价值，吸引传播媒介的注意。这种活动虽然不是直接为促销服务的，但都有深远的意义。广州花园酒店曾经以西方的"母亲节"策划主题活动，与广州妇联联合举办"母亲节征文比赛和表扬模范母亲活动"，从而给公众留下了花园酒店热心推动精神文明建设、热心于中西文化交流事业的良好印象。

附录

旅游产品销售员应遵循的基本原则

任何事业皆有其基本的法则。旅游产品销售员应遵循的基本法则为以下九原则：

1. 自我管理

小心谨慎地注意自己是否有"松弛散漫"、"吊儿郎当"、"马马虎虎"、"言不及义"的毛病。旅游销售员的工作方式依个人看法、观点而有所不同。但每一件事都想完全依照自己的想法来加以控制、刚愎自用、不听前辈的建议，这是万万不可的，若自我要求不够严谨，必定会走上失败之途。

2. 必胜心

应觉悟到"结果"才是评价的全部，如果认为"成绩虽不理想，但是已经尽了最大力量……应该会被原谅……"，那将永远不会成功，要知道任何评估不是在开始或中途，而是在最后做出的。

3. 设定目标

没有目标的行为，到最后一切努力必定成为幻影。所谓"目标"就是"执着既定的信念"；目标是不可缩水或打折扣的，如此一来，成功的基础才能稳固。

4. 责任

逃避责任是很可耻的行为，解决事情的最佳途径就是勇敢面对，一味地推卸或逃避只会增加解决事情的难度。如果无法面对一个"责任行为"，那就永远无法去担负另外一个责任。

5. 礼节

礼节除了包括外表的穿着与打扮外，应对进退的礼节与个人卫生也是重点之一。由于旅游销售人员是面对面与客户接触，因此如有口臭、头皮屑或狐臭等将不宜从事销售工作。

6. 成本意识

任何旅游销售员都要有成本的意识。成本包括抽象的与具体的，因为任何利益的计算必须依据成本。

7. 时间观念

现代人的时间观念非常强，"浪费别人的时间无异于谋财害命"，若无法养成良好的时间观念，就很容易被击败。

8. 报告

报告是一切活动的收据，也是上司进行判断的资料，更是合法的沟通渠道。报告是从事销售工作者的义务，并非"将在外，军令有所不受"。

9. 敏感的意识

旅游销售员若是反应迟钝，那是件伤脑筋的事。旅游行业的上司都喜欢天生具有"销售眼"、"销售感"、"销售细胞"的旅游销售员，因为旅游业是充满不确定性的行业，波动性大，很多销售的内容不是本身可以完全掌控的。

资料来源：黄荣鹏：《旅游销售技巧》，广州：南方日报出版社，2002 年。

思考与练习题

1. 饭店销售员应必备哪些信息知识？
2. 饭店销售员沟通推销的语言要求是什么？
3. 如何去搜寻饭店客户的信息？
4. 简述客户管理与沟通的途径与方法。
5. 与客户交流沟通的基本要求有哪些？
6. 如何与初次接触的客户进行沟通？
7. 如何与有抱怨情绪的客户进行沟通？
8. 简述饭店内部的沟通推销方法。
9. 简述饭店外部的沟通推销方法。

第五章

饭店冲突管理与沟通

【案例导入】

小张是一名酒店管理专业品学兼优的好学生，她很喜欢酒店管理这个专业，并且致力于在酒店管理领域能有所发展，所以毕业实习选择了学校所在地的 A 酒店的前厅部。

由于接受能力比较强，小张很快就适应了实习岗位，并且在同届实习生中表现格外优秀。但是在工作的过程中，小张发现有一项具体的工作流程是应该改进的，她也和主管包括部门经理提出过，但没有的受到重视，领导反而认为她多管闲事。

有一天，小张私自违反工作流程进行改变。主管发现后对她进行了严厉的批评；而她不但不承认自己的错误，反而认为主管有私心，于是就和主管吵翻了，并退出了工作岗位。主管反映到部门经理哪里，经理也带着情绪严肃批评了她，她置若罔闻，并拒绝接受惩罚。

于是在带队实习老师与人力资源部门经理的沟通下，公司人力资源总监与她进行了一次谈话。总监没有一上来就批评她，而是让她先叙述事情的经过，通过与她的交谈交换意见和看法。总监发现这位实习学生确实很有思路，她违犯的那项工作流程确实应该改进，而且还谈出了许多现行的工作流程和管理制度中存在的不完善之处。

总监的这种平等式交流，真诚地聆听她的意见，让她感觉受到了重视和尊重，反抗情绪渐渐平息下来，从而开始冷静地反思自己的行为，从开始的只认为主管有错，到最后承认自己做得也不对。在总监策略性地询问下，她也说出了她认为自己的错误应该受到的处罚程度。最后高兴地离开了办公室。

此后，总监与部门经理以及主管交换了意见和看法，经理和主管也都认同了"人才有用不好用，奴才好用没有用"的道理。

大家讨论决定以小张自己认为应受的惩罚来执行，即罚金减半罚款，在班前会上公开做自我检讨，并补一个工作日。小张十分愉快地甚至可以说是怀着感激之情接受了处罚。而且酒店也以最快的速度把那项工作流程给改进了。

事情过后，小张一下子改变了原来的傲气和不服的情绪，并积极配合主管的工作，工作热情大增，大家说她好像变了个人似的。

现代饭店是一个大团体，也是一个小社会。在饭店日常工作中，各个部门之间、员工与员工之间、员工与管理人员之间经常会发生意见、认识不一致的相互冲突行为，如员工对奖惩不公平的抱怨等。冲突的产生是不可避免的，也是正常的。冲突既具有消极的一面，也具有积极的一面。饭店员工冲突管理与饭店的计划、激励、决策等职能具有同等的重要性。许多管理者在和谐的状态下能够有效地进行沟通，但在冲突中的沟通能力较差，这样会失去影响他人的能力。因此，作为一名出色的管理者在冲突条件下，应具备较强的沟通能力。

第一节　冲突管理概述

冲突是指人们在利益、意见、态度及行为方式等各个方面不协调，相互之间发生的矛盾激化状态。一个成功的、高效率的饭店管理者必须善于处理冲突，化不利为有利，利用冲突带来的机会开拓创新，带动全体员工齐心协力实现饭店企业的目标。

一、冲突的作用

传统观点认为，冲突总是不好的事情，会威胁到组织或群体的内部和谐和团结，因此，任何事情都要尽量避免冲突。但是，现代行为学派认为，冲突是不可避免的，它是自然发生的，冲突不仅有负面作用，还有正面的影响。

1. 冲突的积极作用

由于冲突的消极作用比较明显，许多人都害怕冲突，因而在实际工作中总是设法回避冲突。然而，冲突也能带来正面的影响。冲突的产生和解决常会导致问题的有效解决。解决冲突的愿望会迫使人们寻找改变其做事的方法。例如，我们每个人都有一定的工作模式，只有当某人向我们的效率挑战时，我们才会考虑新的工作方法。有效的冲突能使我们远离常规。

企业中冲突解决的过程会促进积极变革和创新。1925年，西尔公司建立了零售店，直接向顾客销售，同以前通过向顾客邮寄产品目录等待顾客上门订购销售方式相比，这是一大变化。然而随着这一新的销售举措的出台，引发了大量的冲突。西尔公司具有高度集中的组织结构，在零售店这一层没有决定权。这一局限直接与零售店对顾客服务的目标发生了冲突。为了保证成功地达到其目标，零售店的管理需要更多的自主权。为了解决这一冲突，西尔公司产生了一个新的、分散经营的管理结构。显然，这一变革对西尔公司零售的成功发展起到了很大的作用。

因此，在决策过程中有意识地引入冲突机制将有利于饭店企业的发展。比如，在小组决策过程中，当小组一致的愿望与小组提出的不同的解决方案发生冲突时，小组成员就要进行思考和讨论，从而找出一个最佳方案。归纳起来，冲突的积极作用如下：

- 促进问题的公开讨论；
- 促进问题的尽快解决；
- 提高员工在组织事务处理中的参与程度；
- 增进员工间的沟通与了解；
- 化解积怨。

2. 冲突的消极作用

冲突造成的严重的消极影响会致使组织无法达到既定目标。冲突会消耗资源，尤其是时间和金钱。严重的冲突也会影响员工的心理健康，抵触的想法、观点以及信仰会导致憎恨、紧张和焦虑。这些情绪的产生是因为冲突给其个人的目标和信仰带来了威胁。冲突会分裂人际间的关系、群体间的关系，甚至会分裂整个组织的关系。归纳起来，冲突的消极作用如下：

- 影响员工的心理健康；
- 导致员工不能参与某些重要问题的研究与处理；
- 造成组织内部的不满与不信任；
- 组织内相互支持、相互信任的关系变得紧张；
- 导致员工和整个组织变得封闭、孤立、缺乏合作；
- 阻碍组织目标的实现。

表 5-1　冲突对于组织的利与弊

	消 极 影 响	积 极 影 响
对成员心理的影响	带来损害，引起紧张、焦虑，使人消沉痛苦，增加人际故障。	使坚强者从幻觉中清醒，从陶醉中震惊，从不能战胜对方中看到弱点所在，发愤图强。
对人际关系的影响	导致人与人之间的排斥、对立、威胁、攻击，使组织涣散，削弱凝聚力。	"不打不成交"，使人加强对对方的注意，一旦发现对方的力量、智慧等令人敬畏的品质，就会增强相互间的吸引力，团体间的冲突促进各团体内成员一致对外，抑制内部冲突，增强凝聚力。
对工作动机的影响	使成员情绪消极，心不在焉，不愿服从与之冲突的领导的指挥，不愿与相冲突的同事配合，破坏团结愉快的心理气氛，减弱工作动机。	使成员发现与对方之间的不平衡，激起竞争、优胜，取得平衡的工作动机，振奋创新精神，发挥创造力。

续表

	消 极 影 响	积 极 影 响
对工作协调的影响	导致人与人之间、团体之间的互不配合、互相封锁、互相拆台、破坏组织的协调统一和工作效率。	使人注意到以前没有注意到的不协调,发现对方的存在价值和需要,采取有利于各方的政策,加以协调,使有利于组织的各项工作得以开展。
对组织效率的影响	互相扯皮,互相攻击,转移对工作的注意力,政出多门,互不同意,降低决策和工作效率,互争人、财、物,造成积压、浪费。	反映出认识的不正确、方案的不完整,要求全面的考虑问题,使决策更为周密。
对组织自下而上发展的影响	冲突达到一定程度后,双方互不关心对方的利益和整体利益,有可能使组织在内乱中趋于解体。	冲突本身是利益分配不平衡的表现,它迫使人通过互相妥协让步和互相监督,调节利益关系,使各方在可能的条件下均得到满足,维持内部的相对平衡,使组织在新的基础上得到发展。

资料来源:王磊,《管理沟通》,北京:石油工业出版社,2001年。

二、组织管理中冲突的原因

充分了解工作中冲突产生的原因,然后采取恰当的方法来避免或解决冲突,对于任何负有管理责任的人来说都是非常重要的。工作中产生冲突的原因有:误解,个性差异,工作方式、方法的差异,缺乏合作精神,工作中的失败,追求目标的差异,欠佳的绩效表现,文化及价值观的差异,工作职责方面的问题,对有限资源的争夺,没有很好地执行有关规章制度等。

行为科学家杜布林对冲突的根源作了深入的研究,提出了引起冲突的八点原因:

1. 人的个性

个性的差异会造成冲突各方对相同问题的不同理解,如果这种理解的差异无法调和,势必会造成冲突。因此,个性的原因会导致相互间轻视、攻击和中伤等冲突。

2. 有限资源的争夺

在组织内部,企业的财力、物力和人力都是有限的,不同部门对这些资源的争夺肯定会导致部门之间的冲突。因为每个组织或部门甚至个人都希望自己能够拥有或有权支配、使用更多的资源,这样就会产生为争夺人员、资金、设备、原材料等而发生的冲突。

3. 价值观和利益

价值观的差异是产生冲突的一个很重要的原因，因为价值观决定了人们对外界事物进行判断的标准。利益更是个非常敏感的问题，任何人、任何部门都希望自己能够得到更多的利益，可是在一定的客观条件下，利益总额是有限的，于是，为了争夺利益就会产生利益冲突。利益冲突可以体现为直接利益冲突和间接利益冲突。比如待遇不公平就是直接利益冲突；而培训机会、发展机会等则属于间接利益冲突。

4. 角色冲突

由于组织的角色定位不准或员工本人没有认清自己的角色定位，也会引起冲突。比如，某部门经理未经授权去干涉其他部门的事情，自然会与该部门经理发生冲突。

5. 追逐权力

有些人权力欲旺盛，特别是某些管理者热衷于追逐权力，不能安分守已地去干好本职工作以内的事情，喜欢越职、越级去处理事情，这样会造成员工多头领导和企业的管理无序。这种情况下冲突就不可避免。

6. 职责范围不清

部门的职责不清或每个职务的职责不清，都会造成冲突。职责不清一方面体现在某些工作没有人做；另一方面体现在工作内容交叉。职责不清引起的冲突还表现在有利益的工作争相插手，无利益、责任重大的工作互相推诿。

7. 组织出现变化

当企业的经营方向、人员结构、管理模式发生变化时，原有的平衡状态就会被打破，自然就会引起新的冲突。

8. 组织风气不正

组织风气不正往往造成人际关系紧张，成为冲突产生的原因。特别是上层管理人员之间钩心斗角，最容易引发下层人员的冲突。

除以上所述外，对于组织来说，产生冲突还有一个很重要的原因是组织内部沟通渠道不畅通，部门之间缺乏正式沟通，也没有对非正式沟通渠道进行利用。

第二节　冲突管理中的沟通策略

当饭店组织工作运转过程中因各种因素产生冲突后，采取积极的、建设性的措施、策略进行沟通并处理好冲突是每一位管理者明智的做法。管理者对冲突处理的目的和任务应包括：抵制和防范破坏性冲突的发生，积极限制和消除冲突的破坏作用；充分利用冲突带来的创新机会和建设性冲突的有效能量，实现组织的进一步发展；保持或制造组织中适度的良性冲突。

一、沟通专家的策略与冲突的处理

沟通专家总结出各级管理者处理冲突的9种策略：按兵不动；粉饰太平；铁令如山；制定规则；和平共处；讨价还价；弃子投降；全力支持；携手合作。这9种策略可以单独采用，也可组合使用。

策略一：按兵不动。即维持现状，或是延续调整的时间。即面对不同意见，单方面决定维持现状，不采取任何行动。这种策略只能暂时使用，不是最终的解决办法。适用状况：当你需要时间收集更多资料、争取更多支持，或是暂时没有精力来处理这件事情时，可以考虑使用"按兵不动"的策略。这样做的好处是，使你能够较从容地协调不同意见，让彼此的情绪冷静。

策略二：粉饰太平。即强调共通之处，忽略相异部分。通过强调共同点、淡化差异点的方式，来"推销"你的观点。适用状况：当你对自己的想法很清楚，但缺乏决策者支持时，或是当你没有时间、精力组织长时间讨论时，都可以运用这个策略。此外，当你觉得你手上的资料可能会伤害到别人，或是别人没有能力去处理它，而你想要撤回时，也可以考虑用这一策略来化解。

策略三：铁令如山。即运用权势，强迫别人听从命令。单方面运用权势和影响力，使他人听从其意见。有些员工倚老卖老，不把上司放在眼里，如果上司表现得不够得当，也许反而受到来自他的压力。所以适当时候表现强硬态度，可以引导员工依照自己指令工作。适用状况：当你对事情有绝对自信，非马上去做不可时；当你相信别人的意见不太可能改变你的想法时，或是你认为事情没有重要到需要讨论时。

策略四：制定规则。即以客观的规则（如抽签、抽票、考试、选举等）作为处理不同意见的基础。适用状况：当决定的过程比结果更重要时；当任何进展都要比原状更好时。比如，小刘和小李都很优秀，在员工中都有一定的群众基础，安排谁做新一任的领班呢？部门经理可以采用让员工民主投票选举的方式来决定。

策略五：和平共处。即在彼此协议下，先维持各执己见、各行其是的状态。如果这样做花费太大，或容易造成混淆，则采用"中间"路线，以达到共同目标。适用状况：当争议双方都坚信自己的想法是对的时。可以这样说："我们先按自己的想法去做，试行三个月之后，再看看谁的办法最有效、最省钱。"

策略六：讨价还价。即通过协商、交易的方式，使双方都能得到自己所希望的。适用状况：当协议达成，双方都能从中得到较大好处时。

策略七：弃子投降。即放弃自己的想法，即使不同意对方的看法，仍然不表示意见，完全以对方的意见为意见，并按照对方的看法去做。适用状况：当你相信对方的专业能力的确高出你许多时，或是当事情对你来说无关紧要，而对对方却非常重要时。

策略八：全力支持。即在可容忍的范围内，给予对方最大的支持。虽然你不同意对方的看法，可你仍然愿意在一定的限度之内，支持并鼓励对方。适用状况：当对方能力不错但缺乏自信，而你又希望能帮助他时。

策略九：携手合作。即将大家的意见整合在一起。通过一连串坦诚的讨论，将所有参与者的意见系统地整合在一起。适用状况：事情非常重要却难妥协时；当所有参与者都非常值得信任，且有充分时间可以互相沟通意见时。

二、第三者解决冲突的策略

无论是个人之间冲突还是部门之间冲突，往往需要有第三方进行调解沟通来解决冲突，如员工之间冲突中的班组长、部门经理，部门之间冲突中的总经理。第三方解决冲突的基本策略有以下几种：

1. 回避

是指在冲突的情况下采取退缩或中立的倾向，有回避倾向的管理者不仅回避冲突，而且通常担当冲突双方的沟通角色。当其被要求对某一争论表示态度时，他往往推托说："我还没有对这一问题做深入的了解"或"我必须收集更多的资料"等。管理者采取这一态度并不能解决冲突，甚至可能给组织带来不利的影响，但在以下情况采取回避的管理方式可能是有效的：

- 冲突的内容或争论的问题微不足道或只是暂时性的，不值得耗费时间和精力来面对这些冲突；
- 当管理者的实际权力与处理冲突所需要的权力不对称时，回避的态度可能比较明智。例如，作为一名中低层管理者面对高层管理者之间的冲突时，采取回避的方式可能会好一些。

2. 平滑

是指在冲突的情况下尽量弱化冲突双方的差异，更强调双方的共同利益。采用这一方式的主要目的是降低冲突的紧张程度。当以下情况发生时，采取平滑的管理方式可有临时性的效果：

- 当冲突双方处于一触即发的紧张局面；

- 在短期内为避免分裂而必须维护调和的局面；
- 冲突的根源由个人的人格素质所决定，企业的组织文化难以奏效。

3. 强迫

是指利用奖惩的权力来支配他人，迫使他人遵从管理者的决定。在一般情况下，强迫的方式只能使冲突的一方满意。经常采用此种管理方式来解决冲突是一种无能的表现，经常采用这种解决冲突的管理方式往往会导致负面的效果。但在以下情况，这种方式具有一定的作用：

- 必须立即采取紧急行动的事件；
- 为了组织长期的生存与发展，必须采取某些临时性的非常措施。

4. 妥协

是指在冲突双方互相让步的过程中以达成一种协议的局面。在使用妥协方式时应注意适时运用，特别注意不要过早采用这一方式，如果过早会出现以下问题：一是管理者可能没有触及问题的核心，而是就事论事地加以妥协，因此缺乏对冲突原因的真正的了解，在这种情况下妥协并不能真正地解决问题；二是这样做也可能意味着放弃了其他更好的解决方式。妥协方式在以下情况下较适用：

- 对双方而言，协议的达成要比没有达成协议更好；
- 达成的协议不止一个。

5. 合作

是指冲突双方愿意共同了解冲突的内在原因，分享双方的信息，共同寻求对双方都有利的方案，采用这一管理方式可以使相关人员公开地面对冲突和认识冲突，讨论冲突的原因和寻求各种有效的解决途径。在下述情况下适合采取合作的处理方式：

- 相关人员具有共同的目标并愿意达成协议；
- 一致的协议对各方有利。

三、调解者的劝导性沟通

在冲突沟通中，调解者的劝导性沟通常常发挥着举足轻重的作用。劝导性沟通是以改变人的态度为目标的沟通。劝导沟通效果受以下因素的制约：调解者、调解方案、冲突者特征、沟通情境。

1. 调解者

调解者的可信度与吸引力是决定劝导效果的两个主要因素。一般来说，可信度高的调解者比可信度低的调解者更易于劝导人们改变态度。如果调解者在某一领域中有丰富的经验，受过较高层次的教育，有高水平的技术能力，则他能给人以较高的可信度。此外，调解者能否大公无私、处事公平，也是决定其可信度的关键因素。

调解者的吸引力也会影响到劝导效果。一般来说，调解者越具有吸引力，越讨人喜欢，其在劝导过程中的说服力可能越大。对冲突者来说，调解者的吸引力有两个方面：一是为冲突者所欣赏的品质特征（公平不偏袒、诚信等）；二是与冲突者之间有较大程度的相似性。相似性主要指在生活背景、宗教信仰、教育水平、思想方式、价值观念等方面有共同之处。因为人们倾向于喜欢与自己相似的人并易于接受其影响。

2. 调解方案

调解方案的内容对于劝导的成败有关键性影响。如果调解方案与冲突者的期望值差距过大，调解将可能失败。

3. 冲突者特征

如果冲突者人格特征中有较大的可说服性，则劝导易于成功。相反，若冲突的当事人脾气倔强、偏执和极端，则常常会导致激烈对立、僵持不下的局面。

4. 沟通情境

如果沟通情景令人欢快（如气氛愉快），会提高劝导效果；如果沟通情境令人不快，则会降低劝导效果。

第三节 管理者处理冲突的沟通艺术

饭店管理者面对利益冲突、矛盾冲突、心理冲突时，如何运用沟通艺术处理好下属之间的各种冲突，掌握与自己上司的交往技巧，从而与上司、同级和下属建立良好的人际关系，是每一位管理者做好管理工作的前提条件。

一、饭店不同性质矛盾冲突的处理与沟通

饭店管理者对不同性质的矛盾冲突应该采用不同的处理与沟通技巧，这样才能达到事半功倍的效果。

1. 建设性冲突的处理与沟通

建设性冲突是指饭店员工对饭店工作提出改进建议，这类冲突能加强饭店的服务气氛和凝聚力，提醒管理人员及时去解决存在的问题，从而防止严重后果的出现。这类冲突的处理宗旨是加以鼓励。具体来讲，对员工问题的处理有以下方法可做参考：

（1）欢迎员工提意见，并规定管理人员要认真倾听和及时解决。为了使对员工意见的处理既及时又有条不紊，对员工意见的处理也应规定一定的程序。如马里奥特旅馆公司有一个著名的《员工公平合理待遇的保证》声明。它是这样告诉员工的：如果有问题或抱怨的话，第一步告诉你的直接主管。一般来说，你的主管将能解决你的问题。第二步如果你没有从你的主管那里得到帮助，你的问题仍未解决，你可找你的经理或部门领导人。如果你仍不满意的话，他将安排你去见总监或总经理。第三步你的总监或总经理将与你和所有其他有关的人一起商议，仔细地再考察事实和各种情况。

（2）设立员工意见箱。设立员工意见箱，让员工畅谈其"怨"言，管理者对这些怨言予以解释，至少要做到有问必答，并注意把员工的抱怨或对上级的批评作为饭店机密予以保密，以避免泄露后使员工受到打击报复。

（3）人事部可经常对员工发放问询表，特别是对刚进饭店的新员工，了解他们与同事的关系，与主管的关系，对饭店有什么建议等。

2. 破坏性冲突的处理与沟通

饭店破坏性冲突是指造成员工士气低落的冲突。具体处理方法有：先说服或协商解决。如对拒绝服从工作分配的员工先进行说服，对有关责任方面的冲突先进行协商。如果说服和协商都不行的话，就要采用权威的解决办法，即通过行政主管运用行政纪律与指令来解决。

如由于个别员工偷懒、拒绝执行主管工作安排而引起的冲突，由于员工拿了宾客放在客房里的私人物品而引起的冲突等，对这类冲突协商说服行不通，就要采用权威的解决办法，即通过行政主管运用行政纪律与指令来解决。权威解决是饭店最常用的一种管理冲突的方法。它是按照下级服从上级、员工服从饭店、饭店服从企业法规的原则，强迫冲突双方执行命令，或进行组织人员调整。运用这种方法一般只能改变双方表面的行为，无法影响其内在态度，不能消除引起冲突的内在原因。因此，在一般情况下，最好不采用这种方法。

二、对下属之间矛盾冲突的处理

1. 处理下属之间矛盾冲突的原则

管理者或领导者在调解下属矛盾冲突之前，首先要做好全面周详的调查研究，要分清冲突的性质，摸清楚冲突产生的原因，是利益之争还是观点分歧，是误会还是感情纠葛，然后才能对症下药。具体应掌握以下原则：

（1）冷静公正、不偏不倚。管理者在对部下冲突进行仲裁时，应该以公平的面貌出现。对事实予以公正评价，对人要公平。如果过于偏袒一方，被偏袒者自然会拥护你；可是在另一方心里，你将不再有权威性，他对你的裁决将会产生成见，从而为将来的冲突留下隐患。所以，"一碗水端平"是管理者在处理下属冲突时最起码的原则，尤其是调解利益冲突时更需要如此。

有些下属因与某些管理者有很深的私交或特殊关系，如老同学、老朋友等，会利用这种感情来影响管理者，使其做出有利于自己的裁决。在这种情况下，管理者要冷静，绝不能带有感情色彩去看问题，否则将威信扫地，使自己的裁决永远丧失权威。在饭店员工队伍中，如果管理者对一个平时与自己关系疏远、甚至有矛盾的员工在处理冲突时，能做到公平处理，会让员工对管理者更加信任。

（2）充分听取双方的意见。在处理下属冲突时，最忌讳的就是只听一面之词，然后就武断仲裁。这种做法，很容易留下复杂的后遗症。即使偏听之后所做出的判断是正确的，未被听取意见的一方也会心怀不平，会认为管理者偏袒对方，这种不满很容易造成感情冲突。因此，要公正，必须兼听，从多方面听取各种不同意见。

所以，一个高明的管理者在处理部下冲突时，不要急于表态，要充分听取双方的意见。听取意见可以分别进行，也可以把对立双方召集在一起当面进行。一般来说，对于利益冲突最好分别了解情况，避免对立双方碰面，以致激化冲突。如果发现是误会，最好让对立双方碰面，当面阐述理由，以便双方有机会互相沟通信息。

2. 调解下属之间矛盾冲突的技巧

作为一名管理者，能否建立一个关系融洽、积极进取的团队，很大程度上取决于是否善于与部下进行沟通，取决于是否掌握调解下属之间矛盾冲突的技巧。以下几点调解技巧可作参考：

（1）换位思考，促进下属相互理解。在局部利益的冲突中，冲突双方所犯的错误多半是考虑自己，以自己为中心，而不能体谅对方。要想让他们相互了解、体谅对方的最好办法，莫过于让他们各自站在对方的立场上去考虑问题。换位思考是解决矛盾冲突的灵丹妙药。

（2）创造轻松气氛。在发生冲突之后，冲突双方之间均抱有成见和敌意，所以在进行调解时，首先要缓和气氛，这时选择场合与时机都很重要。真正解决冲突、调解冲突未必一定要在会议上，在餐桌上、俱乐部、家里的客厅等地方的效果反而会更好。前一种场合气氛比较严肃，冲突的双方都会处于紧张状态处带着防备心理，容易激化冲突。而在气氛比较轻松的场合中，冲突的双方不带防备心理，比较容易倾听双方及调解人的意见，也比较容易互相谅解。管理者作为冲突的仲裁者，也不应板着脸，用一副公事公办的口气说话，适当的幽默，在某些场合有利无弊。

（3）冷却降温。冲突发生的时候，冲突的双方都会很激动，立即调解往往收效甚微，搞不好还会火上浇油。在这种情况下，明智的办法是暂时将双方分开，不要接触，使双方情绪冷却、头脑清醒之后，再进行调解。这和军事上的道理一样，首先要停火，双方不要接触，在各自后退之后才开始谈判。其实有些感情冲突不需要调解，当事人头脑清醒后，冲突会自然缓和甚至消失。

（4）给双方留台阶。冲突中经常会发生如下的场面：冲突的双方均已知道自己的错误（或有一方意识到错误），但面子上拉不下来，只好死顶硬拼，互不让步。这时作为管理者或领导者要注意给双方台阶下，以免造成僵局。除了给双方台阶下以外，还有一个关键的技巧就是说话的艺术。有时候，一句恰到好处的话可以消除所有的冲突。不过谈话的技巧没有什么模式可循，没有什么经验可依，完全靠具体场合的临场发挥。

（5）加强制度建设。部门局部利益的冲突，以及摩擦引起的感情冲突，往往是由于无章可循而导致的结果。调解冲突，若能做到有法可依，有章可循，那么很多问题将简单得多。如果做到有法可依，管理者作为仲裁者就是公正的化身、权威的代表，不会有偏袒之嫌，同时也可采取比较强硬的手段来命令双方执行仲裁或调解的结果，而不必在"技巧"问题上过多地周旋。因此，建立和健全各种规章制度，明确工作关系，加强自律意识，强调执行纪律，并通过岗位责任制和监督系统，强化职责权限，才能防止矛盾和冲突的产生。

（6）事前预防，加强沟通。俗话说"防患于未然"，与其等到出现冲突再去调解，不如将冲突消灭在它出现之前。防止下属冲突的最有效办法就是使他们经常互相沟通信息。首先，可以使他们开阔眼界，了解到其他部门的情况，以克服狭隘的本位主义。其次，可以交流思想，取长补短，求同存异。最后，可以增进相互的了解，防止误会的产生和感情的隔阂。

案例：道德原则如何指导政治活动

商业作家罗伯特·杰卡尔（Robert Jackall）认为现代官僚机构是"道德迷宫"，在这里花言巧语、自我推销和纯粹的运气比努力和才智对成功的作用更大。

卡罗是一家小天线设计和制造公司的首席运营官，他正处于左右为难的境地。他收到两个关于新产品的竞争提议，但公司只能承担其中一个想法。第一个提议来自珍妮，她认为，公司现有的 CB 天线生产线急需更换机械设备以使用最新科技；如果该产品是公司收入的主要来源，并想要保持竞争力的话，她认为翻新是关键。另一个提议来自马克斯，他想发展一个全新的船用天线生产线，并且认为，只要有适当的投资，公司产品的竞争力就将提升一个档次并远胜竞争对手。

珍妮是卡罗的私交好友，二人基本上在同一时间来到公司并迅速建立起了友谊。为了推动翻新天线生产设备的计划，她花了比往常更多的时间和卡罗在一起，一起打高尔夫球、吃饭等。不论什么时候她都能切入话题，讨论翻新CB天线生产设备的好处。

另一方面，马克斯不善于与人交往。他认为建议的采纳与否不仅仅是基于他们的技术含量。尽管事实上，他比卡罗或珍妮在公司的时间都长，但他从未和任何一位建立私交，并且他不赞成把与家人相处的时间分出一些来与工作上的朋友"闲逛"。他担心卡罗的决定是基于政治关系而不是建议本身的价值。整个形势都使他意识到他有多恨这个组织的政治关系。

资料来源：南希·理雅格：《管理沟通：职场专业技能与商务技巧（原书第5版）》，北京：机械工业出版社，2017年5月。

三、管理者避免与上级冲突的技巧

对饭店各级管理者来说，所谓"上级"主要是指在工作中"管着自己的人"。为了搞好工作，管理者与其上级难免也会有意见冲突产生。管理者与各自的上级如何相处，不仅仅是人际关系的问题，还事关整个饭店正常的经营运转。因此，如何避免与上级冲突，与上级建立融洽的关系，有以下技巧可参考：

1. 与上级保持适度的距离

尊重上级，拉近和上级的距离，这是正常的人际关系。而与上级保持距离，关系适度是处理与上级关系的一门艺术。这里有两点很重要，一是等距外交；二是保持距离。

（1）等距外交。作为下级应该从工作和事业出发，对上级领导成员一视同仁。如果对某一位领导亲密过度，对另一位领导又疏远过分，往往会害多利少。如何做到等距外交呢？在具体行为方面主要包括如下要求：

在工作上一样支持。凡上级，都是下级的领导。作为下级都要对他们一视同仁，而不应因人而异。有些人往往从个人意气或好恶出发，对某些上级的工作给予积极协助和大力支持，而对另一些上级的工作则袖手旁观，甚至故意出难题、拆台，这是必须克服的。

在组织上要一样服从。下级服从上级是一条组织原则。这里的上级是就领导群体而言，而不是特指某一个体。有的下级把服从上级变成了服从合自己意的上级，而对不合自己意的上级，则说的话不愿意听，交办的任务不愿干，甚至公开对抗，拒绝接受。这是无政府主义的表现。

在态度上要一样对待。有的人对负主要责任的上级，对主管自己的上级，对认为对自己有用的上级，在态度上表现得十分热情。而对于非主管上级，对于认为对自己没用的上级，在态度上则表现得比较冷淡。一旦遇到事情，这些被你冷淡的上级就可能卡你，使你不顺利，不痛快。因此，作为下级对任何上级都要不卑不亢，同样热情，同样对待。

要按权限和程序汇报请示工作。领导成员是分层次、有分工的。处于不同层次和履行不同分工的上级，其职权是不一样的。因此，我们请示汇报工作，应按权限和程序办事。属于谁管就找谁，不要动不动就绕开具体负责同志，去找"一把手"。一般程序是，先找直接上级，找再高一级上级；先找主管上级，再找全面负责的上级。

（2）保持距离。良好的上下级关系，是有其度量界限的。保持距离是说下级在处理与上级关系时，既不要"不及"，也不要"过分"，而要使自己与上级的关系保持在一个有利于正常关系的适当限度内，形成和谐愉快的工作环境。具体做法要点如下：

与上级的心理交往要适度。这里的心理交往是指交往积极性。交往积极性要适度。如果存在着"缺度"或"过度"，都不利于与上级建立和发展良好关系。有的人由于自卑心理、蔑视权势心理、清高心理等，与上级心理距离过远，与上级心灵不能相通，自己很难被上级感知和理解。相反，如果上级认为你的交往积极性是过分的，他也会持观望和回避的态度，在这种情况下，你就应该抑制和削弱自己的交往积极性，调整角度，端正态度。

与上级的角色交往要适度。这里的角色交往是指下级以被领导者的角色身份与上级进行的交往，这种交往的特点一般是感情成分较少，工作成分较大。在这种角色交往中，下级的交往频率也不能过低或过高。交往频率过低，如有些工作该请示的不请示，该汇报的不汇报，往往会使上级感到恼火，认为你目中无人；相反，交往频率过高，如工作中的大事小事，动不动就找上级，非得上级表态不可，这样，短时期内上级可能会认为你这是对他的尊重，但时间长了，他会认为你缺乏独立工作能力，遇事没有主见。

与上级的非角色交往要适度。非角色交往，指下级以个人的角色身份与上级进行的交往，即私下交往。这种交往的特点正好与角色交往的特点相反。一般是感情因素居多，工作因素较少。有的上下级之间结为朋友，进行大量非角色交往，这种非角色交往，对于上级掌握下情、密切上下级之间关系、有针对性地实施领导往往是很有必要的，但不能过度。也就是说不能达到取代或排斥角色交往的程度，即不能以感情为中心的交往来取代以工作为中心的交往。不能只讲感情，不讲原则。

2. 如何向领导提出批评意见

与领导发生分歧时，不宜正面冲突，但这并不意味着我们对领导有意见不能提，对领导的错误不能批评。只是要注意提意见的表达方式和时间地点，否则将会事与愿违。一般来说，有下列几个原则值得注意：

（1）选择非正式场合提意见。非正式场合是相对正式场合来说的。所谓正式场合是指在会议上、讨论会、研究工作时等场合。非正式场合提意见，显得比较随便，有较大的回旋余地。如果领导认为应该接受自然会认真对待，若难以接受，则可置之不理。但如果在正式场合，他必须面对意见表示态度，或者认错，或者反击，基本上没有回旋余地，并且还将置领导人于非常难堪的境地，即使不发生正面冲突，对以后双方保持融洽的感情或沟通也毫无益处。

（2）以个人身份提意见。以个人身份提意见也是为了创造一种比较亲切的气氛，为领导留下较大的回旋余地。同时，当批评者以个人身份出现时，可以消除对方的戒备心理，令对方感到一种真心帮助自己的诚意，而并非带有权利争夺的意味。在这种没有戒备心理的融洽气氛中，意见被接受的概率比较大。

（3）个别提意见。个别提意见是指两人私下交谈，而公开提意见则指有第三者或更多的外人在场的情况。显然，在个别交谈中，领导没有丢面子、丧失尊严与权威的顾虑，即使有，这种面子也丢得有限，所以比较能够心平气和地听取意见，接受批评。而在人多的场合下，领导总会有一种维护尊严的本能；而当众批评又很容易触动这种本能，引起抵触情绪，甚至恼羞成怒。

（4）在上级心情舒畅时提意见。人在精神紧张、身体疲劳或心烦意乱时，往往耐心大大降低，脾气暴躁，此时提意见十之八九要碰壁，这是一般常情。如果下属恰巧在此时提意见，上级往往大发其火，不但批评听不进去，而且对批评者会产生成见。但是在心情舒畅、一帆风顺时，领导的气量和耐心会随之增加，此时不但容易从善如流，甚至对提出意见的方式及态度也不会计较。

（5）以间接的方式提意见。以间接的方法表达意见有很多形式，如含沙射影、借古喻今、以物喻人等。即批评者可以不直接针对所议之事，而是用比喻、暗示等方法达到批评的目的，这样做可以给予被批评者一个回旋余地，如果他愿意接受批评当然好，若他不愿意接受批评，只要表示不解其意便可。

第四节　劳动争议的处理与沟通

劳动争议又称劳动纠纷，是指员工与企业之间在履行劳动合同的过程中所发生的因权利与义务导致的纠纷（或称摩擦、矛盾、冲突）。其主要表现是企业（雇主）与员工（受雇者）之间所发生的冲突。

无论在任何劳动形态中以任何方式出现的劳动争议都会造成劳动过程中人际关系的紧张，削弱员工的积极性和创造性，从而导致劳动效率的降低。

我国的劳动争议处理制度开始于 1950 年，后来中断了 30 年。1987 年 7 月 30 日国务院发布了《国营企业劳动争议处理暂行规定》，标志着我国的劳动争议处理制度正式恢复。

一、劳动争议处理的主要法规和原则

1. 劳动争议及其解决的主要法规

- 《中华人民共和国劳动法》（1994 年 7 月 5 日通过）；
- 《企业劳动争议处理条例》（1993 年 6 月 11 日颁布）；
- 《（企业劳动争议处理条例）若干问题解释》（1993 年 8 月 1 日实行）；
- 《企业劳动争议调解委员会组织及工作规则》（1993 年 11 月 5 日颁布）；
- 《劳动争议仲裁委员会组织规则》（1993 年 11 月 5 日颁布）；
- 《劳动争议仲裁委员会办案规则》（1993 年 10 月 18 日颁布）。

2. 劳动争议处理的原则

《企业劳动争议处理条例》第 4 条规定了若干处理原则：

（1）着重调解，及时处理。从大多数劳动争议看，往往双方各有对错，因此，只有当事人双方相互谅解，才能使争议得到圆满解决。通过调解劳动争议，及时处理事端，可以消除企业与员工之间的敌对情绪，有利于融洽企业与员工的关系。

（2）事实清楚，依法处理。也就是在查清事实的基础上依法处理。有关部门在调解处理劳动争议时，要对争议双方的事项给予充分的调查。事实是分辨是非、确定责任的前提。只有分清是非，确定责任，才能做出正确的处理。在审理劳动争议时，要严格按法律规定的办法进行，依据法律的规定，对争议双方的责任做出判断、处理，绝不凭主观意志行事。

（3）法律面前，一律平等。劳动争议当事人双方在法律面前具有同等的地位，任何一方都不能享受特权。无论是劳动者还是用人单位，都有权就争议问题依法申请仲裁、起诉。在劳动争议的处理过程中，当事人双方享有平等的权利，无论是哪一方，只要违反有关法律，就必须加以追究；只要法律认为其权利受到侵犯，就坚决予以保护。

二、劳动争议的主要表现

1. 终止劳动关系的劳动争议

是指企业开除、除名、辞退员工或员工辞退、离职而发生的劳动争议。

某酒店女员工陈某于 1995 年 5 月 21 日由一家合资企业调到某合资酒店从事公关部秘书工作，5 月 25 日经妇科检查发现已怀孕 2 个多月，5 月 27 日即向本部门经理如实汇报了情况。同年 7 月 4 日，酒店与陈某正式签订了为期 3 年的劳动合同。1995 年 9 月 12 日，酒店以"陈某上班时间在洗手间洗葡萄；下班委托别人代打卡；试用期间的表现不符合酒店要求"为由，解除了与陈某的劳动合同。陈某则认为：酒店列举上述事实是对一个怀孕女工的极苛刻的要求，酒店借口"表现不符合要求"，强制解除合同，其根本目的是想甩掉包袱。陈某对酒店的决定不服，于是向劳动争议仲裁委员会提出申诉，要求继续留在酒店工作，并享受国家规定的女工"三期"内应享有的各种待遇。

2. 执行劳动法规的劳动争议

是指企业与员工之间因执行国家有关工资、福利、培训、劳动保护规定而发生的争议。

无锡市某餐馆合同制工人黄某手术后不久上班，单位领导安排她到厨房洗碗。一天餐厅长突然叫她去倒痰盂，她不服从，当即就与餐厅长发生争执。餐厅长扬言："你不倒痰盂就滚蛋！"使双方矛盾激化。之后，虽然黄某仍坚持每天上班，而且干原来的工作，但却两个月没拿到工资，单位为每个职工发放的福利项目也没有她的份。黄某向有关部门书面反映情况，又遭到餐馆领导的辞退处理，由此，使劳动争议进一步发展。

此外，员工因自身行为不当也会引起争议。常州市某单位合同制工人谢某与单位签订了十年的劳动合同。之后，单位送谢某到市厨师培训中心培训，并支付培训费 950 元。培训期满后，谢某取得部颁三级厨师证书。谢某本应按规定回单位上班，但却从此人影不见，使得原单位人财两空，由此引起劳动争议。

3. 履行劳动合同的劳动争议

是指企业和职工之间因执行、变更、解除劳动合同而发生的争议。

2001 年 7 月 30 日的《家庭文摘报》曾登载这样的报道：广西水电工程局的 10 名年龄在 33 岁至 44 岁的女职工，向法院提出集体离婚的诉讼请求，她们说：

"工程局文件规定，合同制工人中，没有配偶的可以继续与企业签订劳动合同，为了生存，我们决定忍痛割爱，集体与丈夫离婚。"据了解，与这批女工同时被解除劳动合同的职工共有 108 名，95％为女性。1996 年工程局下文要求实行全员劳动合同制，许多员工连合同的内容也没有看到，后来才知道签订的用工期限为 5 年、8 年不等。签合同的时候领导说这只是一种形式，到期后还会续签。可没有想到，2001 年工程局下发文件要与部分职工终止劳动关系，与此同时，公司却在大量招进新职工。一位法律工作者认为：广西水电工程局与职工们签订的劳动合同违反了《劳动法》的规定，即劳动者在本单位连续工龄 10 年以上，提出签订无固定期限合同的，单位应予同意。工程局的十多名工人都是连续工作十多年的老职工，属于优先安置续延合同的对象，可工程局在经济效益较好的情况下，一方面把老职工推向社会失业保险所；另一方面又大量招收新工人，违反了有关规定。

4. 其他劳动争议

除以上各种因素外，有时领导与员工之间产生隔阂后，相互不信任同样会引起争议。常州市医疗器械修配厂生产科负责人刘某，平时工作尚可。但当同事周某被上级宣布为厂长后，刘某采取不合作的态度，不仅对周某上任后采取的治厂措施说三道四，而且在群众中散布周某个人的问题，并且还到有关领导机关反映。周某十分恼火，令刘某下车间劳动。刘某不服，要求调离，但又未办妥调离手续。此时周某又报请上级机关口头同意对刘某作除名处理。由此，争议越闹越大。

案例：沟通劳资感情的妙招

在日本，企业的经营管理体系呈倒金字塔形。排在第一位的是顾客，第二位的是职员，第三位是中间管理人员，最后才是经营管理者（高级管理人员）。日本的经营者已经意识到建立和睦、友善的劳资关系对企业的发展具有十分重大的意义。曾被誉为世界水平的企业管理天才的松下幸之助强调要体恤下属，他说："凡身为上司者，必须有一颗体恤的心，尤其是站在领导者立场的人，更需要这种素质。"

日本的一些大公司也纷纷推出新花招来沟通与职工的感情。群马汽车制造厂向每一位职员赠送价值 60 万日元的轻便小轿车一部，条件是至少要在工厂服务 3 年。许多公司还在改革休假制度方面别出心裁，以调动员工的积极性。现今日本职工的休假意识已经发生变化，他们不再把休假时间仅仅花在旅游上，而是利用休假去学习、充实和提高自己。日本有的企业开始实行每周 3 天休息制，但每个工作日要比以前多干一个半小时。职工在 3 天连休中，可以 1 天休息、1 天学习、1 天做自己感兴趣的事情。管理人员每周仍休息 2 天。

一些发达的工业国家还把职工教育作为沟通劳资感情、缓和劳资关系、促进企业生存和发展的一个"秘密武器"。企业办学是日本职工教育的一大特色。近年来，在日本各企业的职工正在兴起学习和进修高潮。学习的方式多种多样，但费用均由企业承担。富士通公司实行"45岁进修制度"便是典型一例。富士通公司认为，45岁对于一个职工来说，就如同人生历程中的一个歇脚点，在这个时刻停下来休整一下，思考今后15年大有必要。只有使这批中老年职工焕发活力，才能提高工作效率。

资料来源：宋立刚：《成功企业CEO领导与领导力》，北京：中国石油出版社，2001年9月。

三、劳动争议的沟通处理方法

劳动争议是客观存在的，为了提高劳动效率、消除劳动争议，缓和企业与劳动者之间的矛盾、加强相互之间的合作是不可忽视的问题。

按照国务院颁发的《国营企业劳动争议处理暂行规定》和《中华人民共和国劳动法》第77、78、79、80条规定，我国把劳动争议的处理程序分为调解、仲裁和诉讼（法院审理）三个阶段。当然在依法进入正式处理程序之前可以通过协商的方式解决，协商不成的可申请调解。

1. 调解

企业可以设立劳动争议调解委员会，负责调解本企业的劳动争议。调解机构是用人单位内部的群众性组织，既非司法部门，也非行政机关。调解委员由员工代表、企业代表、企业工会代表组成。

调解是促使争议当事人在法律法规和相互谅解的基础上达成协议的处理方法。其特点是：以双方当事人自愿为前提，不得强行调解。调解的大体程序：首先，由劳动争议当事人口头或书面提出调解申请，申请必须在发生劳动争议之日起30日内提出。其次，调解委员会受理调解申请后，进行事实调查，然后公布调解意见，听取当事人双方对调解的意见和看法，如果同意，即可达成调解协议。最后，未达成调解协议的，可向仲裁委员会申请仲裁。无论达成协议还是未达成协议，都是调解终结。

调解期限应当从当事人申请调解之日起30日内结束，到期限未调解结束的视为调解不成。

2. 仲裁

劳动争议必须坚持"先调解，后仲裁"的原则，尽量以调解的方式解决。

调解不成才进行仲裁。当事人可以自劳动争议发生之日起 60 日内，向仲裁委员会申请仲裁。只要劳动争议一方当事人提出仲裁申请就能引起劳动争议仲裁程序的开始。

劳动争议仲裁机关是各县、市、市辖区所设立的劳动争议仲裁委员会。《劳动争议仲裁委员会组织规则》第 2 条规定："仲裁委员会是国家授权、依法独立处理劳动争议案件的专门机构。"

根据《劳动法》第 81 条规定：仲裁委员会由劳动行政部门代表、同级工会代表、用人单位方面的代表组成。仲裁委员会主任由劳动行政部门代表担任。劳动争议仲裁程序：

- 提出仲裁要求的一方应当自劳动争议发生之日起 60 日内向劳动争议仲裁委员会 提出书面申请；
- 仲裁委员会在收到申请后 7 天内做出决定是否立案审理；
- 仲裁委员会立案后组成三名委员会的仲裁庭→调查取证→仲裁庭做出仲裁调解书，送达双方；
- 如不能达成仲裁调解协议，则进行仲裁庭辩论，最后做出裁决。

对仲裁的期限要求，《劳动法》规定：仲裁裁决一般应在收到仲裁申请的 60 日内做出。对案情复杂而需要延期的，经报仲裁委员会批准后可适当延长，但不得超过 30 日。

3. 诉讼（法院审理）

劳动争议仲裁没有解决的劳动争议，最后由人民法院做出判决，审判是劳动争议的最后解决方式。《劳动法》第 83 条规定，劳动纠纷当事人不服裁决，可在收到仲裁裁决书之日起，15 日内向人民法院提起诉讼。一方当事人在法定期内不起诉又不履行仲裁裁决的，另一方当事人可向人民法院申请强制执行。若期满不起诉的，裁决即发生法律效力。

人民法院对劳动争议案件的审理，适用《民事诉讼法》规定的程序，分为起诉和受理、调查取证、调解、开庭审理等几个阶段。

法院做出判决后，向当事人发送判决书。当事人不服一审判决，有权在判决书送达之日起 15 日内，向上一级人民法院提出诉讼。到期没有上诉的，判决书自动产生法律效力。

附录

自我测试冲突的解决风格

此问卷可以帮助你了解在处理人际冲突时你可能会选择的战略以及你在面临压力时处理冲突的风格。本问卷包括 35 个问题，表明人们处理冲突的方式，选择一个参照框架（如工作冲突等），回答问题时以此参照框架。

打分标准：

1 = 完全不同意；2 = 不同意；3 = 有点不同意；4 = 无所谓；5 = 有点同意；6 = 同意；7 = 非常同意。

当与他人发生冲突时，一般会做出以下举动：

1. 回避对方；
2. 换一个中性的话题；
3. 试图理解对方的观点；
4. 试图将冲突变成一次玩笑；
5. 认真倾听对方的谈话；
6. 即使不认为自己错了，但也承认自己错了；
7. 退让；
8. 要求得到比预想还多的东西；
9. 运用自己的支配力不让对方达到目的；
10. 试图找到与对方的异同点；
11. 试图达成妥协方案；
12. 假装同意；
13. 尽量向解决问题的方向努力；
14. 请另外一个人来决定是非；
15. 提出一项双方都各有所得的方案；
16. 威胁对方；
17. 奋战到底；
18. 试图弄清对方的目标；
19. 抱怨，直至随心所欲；
20. 退让，但要让对方知道我的苦衷；
21. 道歉；

22. 放弃某些观点以换取其他的东西；

23. 争取最好的结果，不管这个结果是什么；

24. 推迟讨论问题；

25. 寻找中间地带；

26. 避免伤害对方的感情；

27. 把一切问题都摆到桌面上；

28. 牺牲自己的利益以维持与对方的关系；

29. 折中双方的立场；

30. 放弃某些观点以换取其他的东西；

31. 让对方提出解决办法；

32. 试图强调我们的共同点；

33. 试图让对方提出妥协方案；

34. 试图说服对方信服我的论证逻辑；

35. 试图满足对方的目标。

处理冲突的风格得分：

合作型：选项3，5，10，13，18，27，32。总分：_____

妥协型：选项11，15，22，25，29，30，33。总分：_____

顺从型：选项6，7，20，21，26，28，35。总分：_____

控制型：选项8，9，16，17，19，23，34。总分：_____

避免型：选项1，2，4，12，14，24，31。总分：_____

处理冲突的风格特点分析：

合作型。他们对待冲突的立场是：维持人际关系，确保双方都能达到个人目标。他们对待冲突的态度是：一个人的行动不仅代表自身利益，而且也代表对方的利益。当遇到冲突时，他们会运用适当的冲突管理方式来控制局面。这种合作方式要求冲突双方都采取"双赢"立场，而且需要时间、毅力和创造力。

妥协型。他们对待冲突的立场是：既要考虑目标又要考虑双方关系。这种风格以说服和运用技巧为特点，其目标是找到某种权宜性的、双方均可接受的方案，使双方利益都能得到满足。

顺从型。他们对待冲突的态度是：不惜一切代价维持人际关系，很少或不关心双方的个人目标。他们把退让、抚慰和避免冲突看作是维护这种关系的方法。这是一种退让或非赢即输的风格，其特点是：对冲突采取退让的立场，容忍对方取胜。

控制型。他们对待冲突的方式是：不考虑双方关系，采取必要的措施，确保他们的个人目标得以实现。他们认为，冲突非赢即输，只有顺利才能体现他们的地位和能力。这是一种支配导向型的方式，即可以使用任何支配力来维护一种自认为是正确的立场。

避免型。他们对待冲突的立场是：不惜一切代价避免冲突。其中心思想就是逃避，因而会使各方都很沮丧。个人目标通常不能满足，人际关系也不能维持。这是一种撤退的风格。

资料来源：希尔特洛普·尤德尔著，刘文军译：《如何谈判》，北京：中信出版社，1999年2月。

思考与练习题

1. 谈谈你对冲突作用的认识。
2. 试述冲突管理中的沟通策略。
3. 简述饭店不同矛盾冲突的处理与沟通。
4. 管理者如何有效地调解下属之间的矛盾冲突？
5. 简述管理者与上级保持适当关系的技巧。
6. 管理者如何向上级提意见才有效？
7. 劳动争议的处理应遵循哪些原则？
8. 请说明我国劳动争议处理的程序、方法。

第六章

饭店实务活动与沟通

【案例导入】

阴差阳错

某市人大会议代表入住 A 酒店的第一天，该酒店总台显得特别忙碌。为此，总台临时增加了两名帮手，分别协助接待和收银。这时，在散客接待窗口来了两位客人，接待员小王主动接待，分别为他们安排了各自的房间，协助小王工作的小叶在旁为他们制作了房间 IC 钥匙卡。

23：00 左右，其中一位住在 1101 房间的客人吴先生向总台打来投诉电话投诉称，刚才有一位陌生人突然打开他房间的门，还好房门已经上了保险栓，门才没有完全被打开，但他受到了极大的惊吓，要求酒店给一个说法。

几乎与此同时，住 1110 房的刘先生怒气冲冲地向总台走来，朝着总台服务员大声问责："我房间的门为什么打不开，反而因走错房间，打开了 1101 的房门，莫名其妙地被 1101 房客人责骂。"

值班经理小唐接手此事后，了解到了事情的原委：原来安排 1101 房和 1110 房客人的入住，都是总台接待员小王写的房卡和输入电脑资料，而协助小王工作的小叶误以为两位客人是一起的，两人该是合住一室，于是在制作两张房门钥匙卡时用的是同一房间即 1101 房的信号。本来入住 1110 房的客人刘先生办好入住手续后直接外出办事，直到半夜才回酒店，而且误将 1110 号看成了 1101 号，因而开错了房门。

最后，虽然值班经理分别向两位客人解释了事情发生的原因，也取得了两位客人的谅解，但他们却对酒店留下了不好的印象。

酒店会接待各种各样的客人，因此也有可能会面对各种的投诉。对待客人的投诉要有正确的态度，客人有时只是想解决他们的问题，并非刻意为难你。所以尽你的能力帮助他们解决困难就好，他们会十分感谢你的。如果确实是客人无理取闹，也要委婉应答。灵活运用语言技巧，把"对"让给客人的同时也要维护好酒店和自己的利益。

资料来源：笔者依据相关资料整理。

饭店管理沟通既具有一般人际关系中的沟通特点，同时又是管理工作任务和要求的体现。饭店管理的侧重面在于饭店内部，主要是针对饭店具体的业务活动，即饭店管理者通过计划、组织、督导、沟通、协调、控制、激励等管理手段使饭店人、财、物等投入最小，却又能完成饭店的预定目标。在这个过程中，对饭店各层次的管理者来说，管理实务活动中的沟通协调的能力和与人相处的能力都非常重要。

第一节　饭店员工招聘面试与沟通

饭店员工的招聘是一项招徕申请人并从中选择合适人员的艺术。员工招聘与选择应包括 6 个步骤：发布信息、初步面谈、审核材料、正式面试、复查与体检、录用。在整个招聘过程中面试是最重要的一个环节，因为面试是一个互相联系的双向沟通渠道，提供了一次双方相互沟通了解的机会。可以使招聘者直观了解和直接判断应聘者，可以评价应聘者是否适合应聘岗位和其所具有的潜在能力。

一、面试的设计和组织

由于面试是一种主观性评价方法，主持面试者难免将自己的思维定式带入面试过程，影响面试的实效。但是，经过科学、严格的设计和组织，能大大提高面试的有效性与可信度，面试的有效性与可信度很大程度上取决于主持面试者的经验与沟通技巧。

1. 面试场所的选择

要使面试工作取得满意的结果，地点极为重要。选择面试场所需要考虑如下因素：

（1）根据面试的类型和方式确定面试场所。如个人面试可选择较小的空间，小组面试则要有较大的空间。

（2）面试的场所要求安静、整齐、舒适。如果面试场所混乱、嘈杂或拥挤不堪，一定会影响面试的效果，同时面试场所也是应聘者认识饭店企业的第一印象场所，不理想的面试场所会给应聘者留下对饭店企业的不佳印象。

（3）面试场所的布置既要考虑到减少对应聘者的心理压力，使之摆脱过多的心理负担，同时，又要注意适度的环境压力是必要的，这也是考验应聘者的一个方面。面试场所要将窗帘拉上，避免强光；面试过程中要将电话线断开；要将手机关机；要确保面试房间通风良好，室温适宜。此外，不要让应聘者看到你的面试记录或文档内容；不要在墙上悬挂分散注意力的东西；不要打开桌上的电脑屏幕。

（4）安排好座位。面试时座位的安排应传递出正式、随和、正规的信息。面试的座位安排有几种不同的方式。面对面的座位比较正式，而肩并肩的座位会创造一种更随意、合作的气氛。如果是面对面的面试，中间最好放一张桌子，因为应聘者的膝部暴露在你的视线之内会使他们感到尴尬。

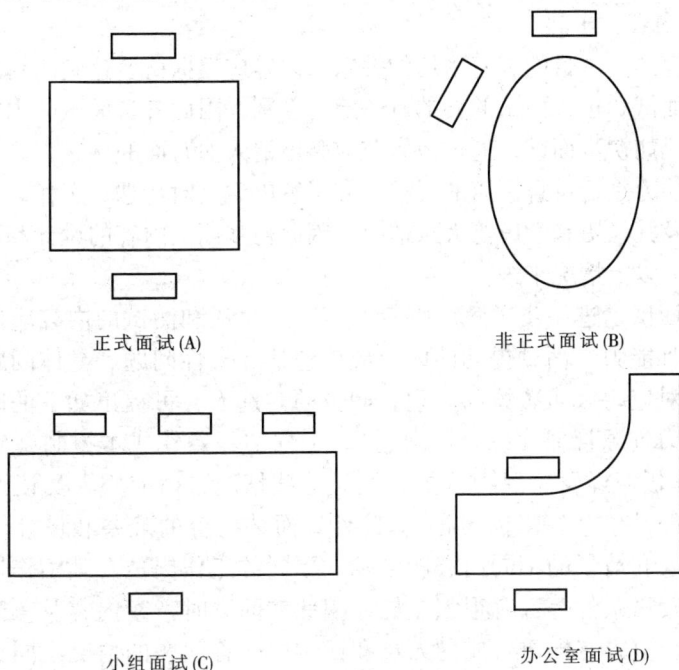

正式面试(A)　　　　　　　　非正式面试(B)

小组面试(C)　　　　　　　　办公室面试(D)

A：大方桌或长桌、小圆桌更正式。B：与应聘者挨边而坐的面试座位安排，意味着协作。围着一张大圆桌面试可创造随和的氛围。C：让应聘者隔着长方形桌子与面试小组相对，比较严肃，这种面试座位安排比较正式。D：安排在工作地点办公室面试也属于非正式面试，这样让应聘者感觉放松，对内部应聘者一般采取这种安排。

图6-1　面试座位安排形式

2. 良好气氛的保证

为了使应聘者能在最短时间内调整心理，缓和其紧张情绪，招聘主管人员应将应聘者亲自接引进来，首先同应聘者握手表示欢迎，并称呼对方姓名。主考人应避免严肃地端坐在自己办公桌前，阅读应聘者的资料，而由秘书引领应聘者来参加应聘，这虽然使主考官显得很有威严，但破坏了面试气氛，会造成应聘者紧张的心理。然后，招聘者进行自我介绍，并开始就一些小问题进行交谈。花几分钟时间问类似交通、家庭简况来开始面试可极大地降低应聘者的紧张情绪，切忌采用"单刀直入"式的提问。为了保证面试的良好气氛，作为招聘者不应有匆忙、焦急和不耐烦的表情，并且不要用高人一等的姿态同应聘者讲话或给予忠告，不要显示权威或进行说教，更不要同应聘者争论，因为招聘者的态度和说话的语气、腔调都会对应聘者产生影响。

3. 面试内容、步骤

面试内容和面试目的有着密切的关系，内容应根据所要达到的目的来设计和准备。初步面试和正式面试的目的有一定的区别，因此各自面试的内容侧重点也有所区别。比如初步面试，通过饭店与应聘申请人面对面的接触以确定申请人的仪表、表达能力是否符合饭店的要求，并了解申请人对待遇、工作环境、工作时间的要求以及其经历和学历等大致情况。因此初步面试内容的设计和准备应围绕着所要了解的以上情况来进行。

而正式面试是进一步了解应聘者的情况，面谈和测试的内容应侧重于了解应聘者的各种能力。面试提问的内容应该包括综合性问题、具体问题和探索性问题。比如对应聘饭店餐饮部管理者职位的候选人，可提出如下的问题：怎样搞好饭店人力资源管理（综合性问题）；怎样加强餐饮成本控制（餐饮部具体问题）；以本饭店经营状况为依据，假设一些情况，由应聘人员谈谈有关餐饮发展或管理的设想（探索性问题）。此外，面试内容的准备和设计应根据工作岗位、应聘人和情景的不同而有所区别。不同的工作岗位，其工作性质、职责范围、任职资格条件等都有很大差异，因此在面试时考察内容及考察形式不能做统一规定，应各有侧重。应聘人员在面试中回答问题的情况不同也会使面试内容无法固定，一般主试官要根据应征人回答某一问题的情况来决定下一问题怎样问，问什么。总之，面试内容要事先拟定，做到既要有的放矢，又要因人而异，灵活掌握。

理想的面试应包括以下步骤：

（1）面试准备。招聘主试人员对应聘人的有关背景资料进行审核，力求掌握其基本情况，对将要进行面试的程序和提问、对答的主要内容列出提纲，对在审核资料中发现和需要澄清的问题做出重点标示，同时亦应对饭店的经营方针、存在的问题、今后的发展方向、空缺职位各方面的情况等进一步熟悉，做到心中有数。此外还应准备合适的面试地点。

（2）提问。提问的方式可以是一对一的方式、小组方式或由一系列招聘人员提问。提问时应避免出现以下情况：一是避免以"是"或"否"进行回答的问题，要提那些需要应试者更详尽做出回答的问题。二是不要传递所期望的答案的信息，例如当应聘人回答正确时点头或微笑。三是不要像对待囚犯那样审问应聘者。四是不要采取讽刺或漫不经心的态度。五是不要让漫谈垄断整个面试，也不要让应聘者支配整个面试，而尽量问开放性问题，并倾听候选人的回答，鼓励他们充分表达自己的想法。

（3）提供资料。面试提问结束后，接下来应解答应聘者的问题，诸如询问工资和福利情况、发展机会等，招聘者以组织的立场回答应聘者问题时应该实事求是，切忌隐恶扬善，尽力为组织树立积极的形象。

（4）结束面试。面试一般不超过1个小时。面试结束后应当告知应聘者是否对其感兴趣，拒绝应聘者时要讲策略。如果感兴趣，应告诉应聘者何时可以得到答复。如果正在考虑但不能马上做出决策，则应当告诉应聘者饭店将尽快通知面试的结果。

二、面试提问的沟通技巧

招聘面试一般限制在窄小的范围、专业内，应聘的人数一般不多，因此面试中提问技巧性很强。面试提问技巧有两点是重要的：一是避免空洞的问题，注重务实；二是要给应聘人设计角色，当应聘人进入了角色，就会展开他的思路和才能。面试提问一般采用以下方式和技巧：

1. 封闭式和开放式提问

封闭式提问只要面试应聘者做出"是"或"不是"的简单回答，无须应聘者进行深入的回答，至多加一句简单的说明。这种提问方式只是为了明确某些不很确切的信息，如核实细节或充当过渡性提问。如"你是1982年出生的，对吗？""你有5年管理工作的经历是吗？""你会说日语吗？"

而开放式提问，是一种鼓励应聘者自由发挥的提问方式。在应聘者回答问题中，主考官可以对应聘人的逻辑思维能力、语言表达能力等进行评价。

开放式提问问题一般以"什么"、"何时"、"为什么"和"如何"之类的疑问词开头。如"你一开始是如何对我们这家饭店感兴趣的？""你长期的发展目标是什么？""你认为你的优势是什么？""在解决问题方面有何经验？""你职业发展中的不足之处或遗憾是什么？"

2. 引导性提问

当涉及工资、福利、工作安排等问题时，应通过引导性提问方式征询应聘人的意向、需要和一些较为肯定的回答。比如应聘人各方面条件均十分理想，很想录用他，只是应聘人提出月工资要3000元，而主考人没有那么大的权力，最多只能给2500元。主考人应说："以你的能力每月要3000元一点也不过分，问题是每家单位都有一定的工资制度，我的权力只有那么大，按我们的工资制度，每月只能给 2000~2500 元，你是否会接受？"应聘人也许会说："好吧，就每月 2500 元。"主考人千万不能直截了当地说："月薪 2500 元，干还是不干。"

3. 连串性提问

主要考查应聘人的反应能力，思维的逻辑性、条理性及情绪稳定性。比如主考官可以对应聘人说："我问三个问题：第一，你为什么离开原来的单位？第二，你若到我们单位来，有什么打算？第三，如果你到我们单位，发现新工作和你所设想的有距离，你会怎么办？"

4. 假设性提问

是一种采用虚拟句式的提问方式。如"你现在工作不错，福利也很好，如果我是你，会留在原单位工作，你认为呢？"假设性提问有时会收到很好的提问效果。

总之，面试问题应事先拟订，准备好一份问题清单，做到有的放矢。有一份问题清单的好处在于它给你安全感，有它在身边，你会感觉到已考虑周全，必要时可以参考。但提问又要因人而异，灵活掌握，不一定拘泥于问题的次序，也不一定将每一个问题都问到，因为面试毕竟是一个双向的沟通。在面试过程中，既要让应聘者充分表现自己的水平，又不能让他海阔天空、无限制地自由发挥，整个面试过程应在半控制、半开放状态下进行。

第二节　饭店员工激励与沟通

通过各种方式激励员工，调动员工的积极性，激发员工的工作热情，促进员工的工作行为，是饭店人力资源管理的中心内容。随着社会的发展，饭店员工已不再是单纯的"经济人"，而是由"经济人"向"社会人"、"文化人"的角色转换。员工不再是一味追求高薪、高福利等物质待遇，而是要求能积极参与饭店实践活动，满足自我实现的需要。激励的每一个因素都必须与沟通结合起来，才能取得预期的效果。而沟通本身也具有激励作用，因为沟通所传递的不仅仅是信息，还有感情——包括信任、关爱、激情、忠诚等。感情的传递有利于在组织中营造一种家庭氛围，这种氛围有利于激励员工付出努力和保持工作热情。

一、充分沟通是有效激励的前提

对饭店来说，良好的组织沟通，尤其是畅通无阻的上行、下行沟通，可以起到振奋员工士气、提高工作效率的作用。在信息时代，所有员工都是饭店信息链上的重要环节。当员工得不到应有的信息时，他们便会产生一种自己被排斥在外的感觉。

1. 沟通——满意度高——产生激励

饭店组织沟通有效与否不是唯一的、可能也不是最重要的决定员工工作满意程度的因素，但是对很多组织来说，沟通是预测员工满意度很有意义的变量。上下级的沟通关系与工作满意度的关系非常密切，即沟通开放性与组织绩效、工作满意度、角色明确性呈正相关，组织成员之间的沟通越开放，员工的工作满意度越高，组织的绩效就越好。开放性沟通行为包括询问信息、倾听信息及对接收到的信息采取行动。总之，沟通满意度是影响员工工作满意度的重要因素。上司管理沟通的风格越民主，组织沟通越开放，员工对工作和对上司的满意度就越高。

沟通带来的满意度可以使员工确切知道自己应该干什么，而且有利于他们采用更有效的方法来做。美国沃尔玛公司总裁萨姆·沃尔顿说："如果将沃尔玛体制浓缩成一个思想，那一定是沟通，因为它是我们成功的真正关键之一。"沃尔玛公司以各种方式进行员工之间的沟通，从公司股东大会到极其简单的电话交谈，乃至卫星系统。沃尔玛公司从不像其他公司那样只把公司业务指标告诉少数几个管理者，相反，他们向所有员工公布这些指标，他们认为只有员工知道自己业务的进展情况，他们才能最大限度地干好工作。每一个员工都知道自己应该干什么，以及自己的工作成绩将会怎样影响公司的业绩指标。良好的沟通对员工产生了极大的激励作用，使他们感觉到自己对公司的重要性，进而取得最佳的工作业绩。

2. 沟通——信息流动——提高效率

充分沟通有利于饭店内部信息流的快速流动，从而提高工作效率，降低成本。随着饭店信息化的建设，饭店集团和组织内部出现了纵横交错的网络结构的信息交流渠道，为加快信息流动提供了可能。通过饭店内部的面向饭店员工的因特网，面向饭店顾客以及合作企业如旅行社、航空公司、旅游景点、新闻媒体等的因特网，以及面向饭店外部世界的因特网，饭店信息化步入网络化的时代。借助三网，饭店内部的成员可以同时同地、同时异地、异时异地进行大量的信息分享和沟通活动。

特别是饭店内部网，使饭店员工可以快捷方便地了解到自己所需要了解的饭店信息和有关自己利益的信息。通过网络，饭店内部的一些文件、报告等信息发送到各个部门。比如，有关福利条款的修订、关于节假日的日程安排等信息，不论是常规的还是非常规的，都可以快捷地传达到每个员工手里。而因特网提供的电子邮件成为内部员工相互通信的快通道。与因特网上提供的电子邮件相比，公司内部网提供电子邮件服务更具有针对性，不仅可以用于一对一，或实现单对多的通信，而且可以采用标准的通信格式。

尽管互联网为饭店提供快捷、发达、高效的电子沟通信息的介质，但饭店不应该抛弃传统的非正式沟通的形式和面对面的交流。因为，电子沟通并不能替代上级与下属的直接交流信息，在直接交流中，上级还可以观察到下属的面部表情等肢体言语，并确保沟通的有效性与反馈的及时性。

3. 沟通——理解决策——执行决策

充分沟通有利于员工理解饭店的决策，不但有助于他们更彻底地执行饭店的决策，还可以使员工从被动地位转变为主动地位。

饭店的决策有程序性决策和非程序性决策。程序性决策如经常发生的物料物品的购买、每周工作计划的制订、具体工作的分派、员工班次的排列等。非程序性决策属于受变动因素影响而不能控制的决策，如饭店组织机构的变革、人事变动调整、投资、利润分配、员工的聘用与解聘、授权、工作环境和工作程序的改变、员工收入的变化等。无论是程序性决策还是非程序性决策，都是事关饭店员工切身利益、事关饭店正常运转的大事情。因此，通过有效的、广泛的沟通，真正做到让员工了解和理解决策，并为决策出谋划策，才能使员工执行决策。

所以，员工们能否彻底地执行新的决策，在相当大的程度上取决于管理者是否与他们进行了充分和有效的沟通。只有他们对这一决策有了相当程度的理解，他们才知道如何去改变和执行。与员工进行充分的沟通，同时也是对员工的尊重，是饭店注重人性的表现。

案例：肥皂水效应

美国前总统约翰·卡尔文·柯立芝（John Calvin Coolidge）曾提出肥皂水效应。这一效应源于他对批评下属提出的锦囊妙计。

柯立芝身边有一位漂亮的女秘书，工作总是粗心大意，出现很多疏漏。于是，当秘书打扮精致过来工作时，他立刻夸赞道："你今天这个装束真好看，和你简直太般配了！"秘书听后非常高兴，柯立芝接着说："你最近工作中总出现一些小失误，要是能跟你的形象一样漂亮就完美了。"秘书频频点头，之后的工作中，失误率直线下降。

后来，有一位朋友问柯立芝为何要这样做，柯立芝却反问："你知道为什么理发店的理发师在给客人刮胡子的适合要先打上一层肥皂水吗？"朋友立刻

明白了。刮胡子的适合先打上肥皂水就是为了刮起来不会感到疼痛，而先表扬后批评就是为了不让被批评的人受到伤害，更易于接受这种批评，从而是批评更有效地实现改正错误的目的。

资料来源：窦令成：《沟通力：管理者快速成长的六项沟通艺术》，北京：人民邮电出版社，2017年10月。

二、员工的需要与激励

激励的目的是调动员工的积极性。但是在饭店中员工产生行为往往受精神、体力、环境等方面的影响，因此员工在接受任务时的动机是十分复杂的，甚至是互相冲突的。只有与员工不断进行沟通，才能真正明白他们需要什么，从而满足他们的需要，激发他们的工作动力。

1. 需要是激励的基础

心理学认为，人的需要是行为动力（积极性）的源泉，也就是说一个人只要有尚未满足的需要，就会有积极性，那么员工的工作积极性当然也来源于他们的需要。行为科学认为，人们的各种行为都是由动机支配的，而动机又是由需要引起的。只有使人们的需要或动机得到某种满足，才能产生某种行为。例如，一个人感到冷了，他就想买衣服穿，这就产生了需要，就有了购买衣服的动机。随之，就要采取行动，到市场上去找自己所要买的东西。买了衣服，穿暖了，需要和目标得到了满足。当原来的需要和目标得到满足之后，人们还会产生新的需要和目标，比如要求学习、文化娱乐等，这时就进入了新的"需要→动机→行为→目标"的过程。这种过程就是激励过程。它是一个不间断的、反复的运动过程。

所以，我们可以得出结论：需要是激励的基础，是动力或积极性的源泉。一个人有需要就会有积极性。从这个意义上来讲，积极性本来是不需要调动的。但是有积极性并不等于有工作积极性。所谓调动工作积极性，其实质是把员工满足个人需要的积极性引导到做好本职工作上来。

2. 沟通才能了解员工需要

有效激励的基本原则是给予员工他们真正想要的东西。为了有效地调动员工的积极性，管理人员应当了解他们所期望的是什么。要了解员工的真实需要，只有依靠沟通。管理者和员工所处的地位不同，往往出现认知差别。例如，员工认为工作受到赞赏以及个人问题受到同情了解与合理解决是最重要的，而有的管理者却认为这是微不足道的，甚至根本没有这些观念。

对于员工真正需要什么，经理或管理者是否真正了解呢？表6-1可以回答这个问题。

表6-1　各层次的人员对自己与他人的需要激励因素比较表

高级主管		中级主管		基层主管	
看自己	看中级主管	看自己	中级主管看基层人员	看自己	基层人员看高级主管
1. 成就感	薪金	成就感	薪金	成就感	薪金
2. 进步	进步	工作兴趣	进步	工作兴趣	与上司关系
3. 工作兴趣	被赞赏、肯定	进步	被赞赏、肯定	薪金	地位
4. 薪金	工作兴趣	薪金	安全感	进步	安全感
5. 责任	安全感	责任	工作兴趣	责任	公司政策
6. 职务成长	地位	职务成长	地位	职务成长	进步

从表6-1中"高级主管→看中级主管→看基层主管→看高级主管"的内容中可以看出，高级、中级、基层主管对于激励自己的因素，其看法基本一致，但对于激励他人的因素，三者之间的看法则相当悬殊。所以管理人员对员工们想要满足的具体需要并不一定完全了解。

有人曾经在美国的一家工厂进行了一次调查，要求管理者和工人们分别回答下面的问题：

表6-2　员工们想从工作中得到什么

需要的内容	对员工需要的看法	
	管理者认为	员工自己认为
高的工资收入	1	5
工作的安全	2	4
随着企业的发展而提升	3	7
好的工作条件	4	9
感兴趣的工作	5	6
管理者对工人的真诚	6	8
得当的奖罚	7	10
对所做工作给予高度评价	8	1
对个人问题表示同情和理解	9	3
对所做的事情有感情	10	2

从表6-2中可以看出，管理人员对员工需要的主观看法与员工自己的实际看

法并不一致。管理人员认为"工资"、"安全"、"提升"是位于第1、2、3位的需要；员工们列为1、2、3位的需要是"评价"、"感情"、"理解"。

饭店管理者运用需要激励的方式来激励员工努力工作时，首先应该进行深入的沟通，对员工的需要有一个正确的认识，要了解每个人不同层次的各种需要。其次要创造条件满足不同人的需要。饭店中员工职位不同、经济状况不同、文化程度不同、性别不同等，决定了各种人都有其与众不同的需求：既有对金钱、物质的需要，也有对事业、成就等方面的精神需要。例如，饭店的清洁工和部门经理的需求就很不同。清洁工这一工种本身不需要很高的技巧和资历，因此该工种的工作稳定性就不那么牢固，清洁工有不安全感，怕工作中出差错而被解雇。而部门经理这一职位本身需要相对的稳定性，因此部门经理的工作安全感就要相对好一点，但部门经理渴望别人尊重自己，取得巨大成就，得到升迁的需要就很强烈。所以管理者应针对员工各自不同的需要层次去进行奖励，投其所好，以达到最大限度地激励员工的工作积极性的目的。

第三节　饭店会议的组织与沟通

会议是饭店管理工作中常用的一种工作方式和工作方法，也是一种很有效的沟通手段，因为面对面的交流可以传递更多的信息，了解局部与全局的工作关系，避免各项工作的重复和遗漏，尤其是很多需要各部门协作的工作，就更需要会议这一纽带来协助运作。会议还是决策的重要方式，是集思广益的重要场所，与会者经过意见交流后，会产生共同的见解，可以使与会者更好的合作。会议的目的是收集众人的意见，以最佳的方式处理有关问题。然而会议是否有效、能否达到预期目的，就离不开会议组织与沟通的技巧。

一、会前的准备工作

会议是有组织、有领导地商议事务的集会，也是有组织、有计划的行动，不是漫无目的、偶然的聚会，因此会前必然要做一番精心的准备工作，准备得越充分，会议就越顺利、越成功。

1. 明确会议的必要性

在尚未拟订开会计划之前，应先考虑是否有必要开会。就设定的议题而言，如果通过其他方式能使问题有效地获得解决就尽量不要开会。若不经多方讨论协商不足以解决问题，就有必要开会。一般来说，工作中需要开会的原因有两类：

其一，工作中出现了问题，需要开会研究解决问题的方案。其二，解决将来工作中可能发生的问题。只有当较大量的信息需要在短时间扩散到较大范围，并且需要多方协商时，才有必要召开会议。

2. 确定议题和准备文件

会议准备的重要一环是拟妥相关的议题。在拟订议题时，有三点值得注意：一是议题必须紧扣会议目标；二是各项议题之间最好存在有机的联系；三是清楚地指出各项议题所需讨论的时间。此外，会议主持人在会前应该明确哪一项议题必须在会上由与会者做出决定；哪一项议题只需要与会者表明意见即可；哪一项议题需要当事人在会上报告背景、介绍情况等，以提高会议的效率。会议的议题要集中、适量，一般可安排一个主要议题和一个至二个小议题，多了不便于深入讨论，少了不能有效地利用时间。

为了顺利地召开会议，有关人员会前应收集和整理与议题相关的信息，一般来讲，在开会之前，尽可能准备有关议题的背景材料、调查报告和有关的数据，使与会者做到心中有数，对全局情况有大致的了解。有必要的话，对有关内容应装订成册。如果内容太多，可将其要点摘录出来。起草会议文件要注意内容上言之有物，信息量充足，形式上短小精悍，讲求效率。

3. 制定会议议程

会议议程即指按会议中所讨论问题的重要性和类别依次排序，并限定各项内容商议的时间。会议的议程应由组织者精心考虑。每一次会议都应该有某种形式的议程，理想的议程应包括以下程序内容：

- 会议的宗旨、日期、时间、地点；
- 与会者姓名；
- 例行公事的讨论；
- 比较难解决或有争议的问题；
- 其他事务；
- 下次会议的日期。

议程涉及的问题不应该太多，否则开会时间过长，会使与会者感到疲倦。如果确实需讨论的问题较多，可以分成若干个会议。议程表上的内容不能写得太简单，让会议参与者不知道将要干什么。应将要讨论的部分重点标出来，并有条理，让与会者事前有所准备。比较重要的议题要先进行讨论，因为这样与会者的精力较旺盛，并且有较充足的时间安排。议程应该在会议前发放与会者。

4. 辅助性准备工作

辅助性准备工作包括选择会议时间、发放会议通知、布置会议场所和其他一些物质准备工作。

（1）确定会议时间。确定会议时间应该考虑与会者的工作时间及协调，尽量让所有与会者都能参加会议。如果希望就某一问题迅速达成协议，那么最好把会议时间安排在下班前一个小时。早上及星期二、三比较适合开重要会议。一般来说，下午人们的注意力没有早上集中，特别是在夏天的下午。除非特殊情况，会议的时间应控制在两个小时之内。明确规定会议的起止时间，在会议通知书上说明，并提醒与会人员准时参加。

（2）发放会议通知。会前要尽可能及早发会议通知，以使与会者有一定准备，从而提高会议的质量。会议通知应简明扼要，一般应包括：会议名称，主要内容，开会时间、地点，参加人员范围，入场凭证及报到时间等，如有特殊要求（如携带文件等）应在通知中一并写明。通知发出后，还可根据有关情况的反馈进行适当的催促，保证出席人数的齐全。重要的会议，可以先寄发会议通知，对方答复后再寄发精美的请柬，这样可以表示对他们的尊重。

（3）布置会议场所。会场的布置要根据会议内容来确定，可庄严、隆重，也可活泼、简朴，总之要创造出相应的气氛。要提高会议的效能，应有一个理想的会议室，它所具备的条件包括：第一，必须保证会议使用时间，避免在会议尚未结束时，会议室又有其他安排，致使会议中断或转移地点。第二，会议室位置必须让主持人和与会者感到方便。第三，场地大小须适合会议规模，避免过大或过小。第四，有必要的实施条件。一般条件的会议室有桌椅、照明、通风、通讯、茶水等；高级的会议室还应有视听、投影、音像器材等。第五，不受外界干扰。

因会议性质与人数的不同，会场可有各种不同的布置（见图6-2、图6-3、图6-4）。

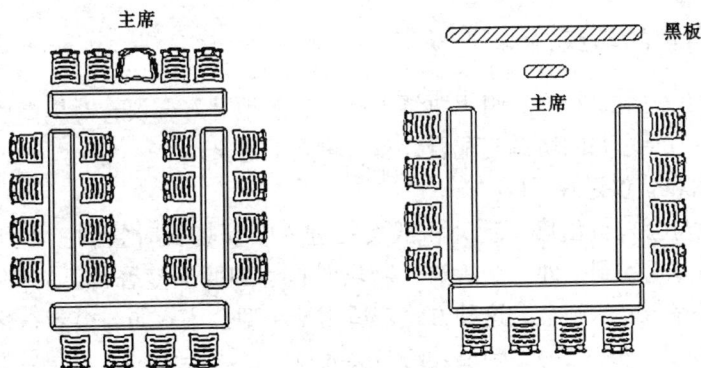

图 6-2　口字形、U字形

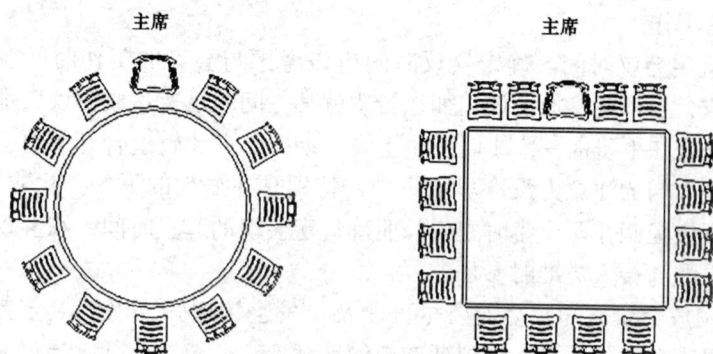

图 6-3　圆桌式、方桌式

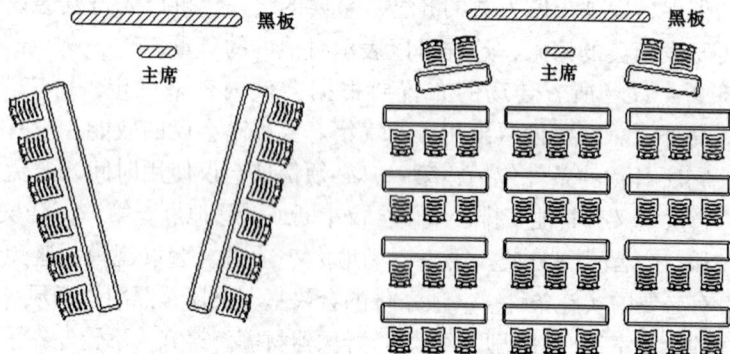

图 6-4　V 字形、教室形

二、会议的组织

做好会议的组织领导和组织协调工作，有效地开好会议，对提高管理工作效率、加强各部门之间的协调与配合，有着重要的意义。

1. 签到和会议记录

为掌握与会人员出席情况，一般要在进入会议场所时签到。签到有两种方式：一种是簿式签到，即与会者进入会场时在签到簿上签署自己的姓名、职务、单位或部门等，表示到会。这种方式较适用于小型会议。如与会者很多，则要采用证件式签到，即事先将签到证发给与会人员，进入会场时，与会人员将签好的签到证交回，表示到会。与会人员入场完毕，要及时、准确地把出席人数及缺席人数统计出来，报送大会主持人。

正式的会议，不论大小都应做好记录。会议记录有两种方法，一种是摘要记录；另一种是详细记录。摘要记录是着重记录会议议题、发言要点、结论、决定等。详细记录即有言必录，尽可能地完整，这种方式适用于某些重要会议、领导的重要讲话及系统发言，有时要借助于录音或速记等其他手段。会议记录有固定的格式，一般在前一部分要记清会议的组织情况，有会议名称、届数或次数、时间、地点、主持人、出席人、列席人、记录人等项。

2. 会议的组织领导

首先，要明确会议的组织领导。这是会议顺利而有效进行的组织保证。组织中的研讨会、工作性的会议，一般都不设主席团，而由主办会议的各有关方面的负责人组成会议领导小组，负责会议的组织领导工作。一般单位部门的会议，则由单位、部门的负责人负责组织指挥。

其次，是对会议集中活动的组织。主要工作有：按会议议程掌握进度，事先需了解每个讲话或发言占用的时间，并在会议的开场白中说明预定要完成的议程内容，公开预告议程完成所需的时间。如有必要，还可规定或暗示讲话时间、明确是否可以录音录像、要求组织讲话人之间的衔接、收集会场反映、组织维持会场秩序等。会议主持者要有驾驭会场、掌握会议动向的组织领导技能。

最后，是对会议分散活动的组织。一般会议都有分组活动或小组讨论，或分组交流、审议、酝酿等分散活动。分组活动每组人数的多少视划分小组的区域、业务等要求而定。同时，要考虑分组活动时间的长短，目的是给每个人提供发言的机会。分组活动要明确召集人、记录人和联系人。要明确讨论的题目、要求，必要时需召开召集人会议，讲明分组讨论的重点并对可能出现的倾向做出估计及引导对策。

3. 会议活动的组织协调

会议活动是一个综合性的工作。由于会议时间短、任务大、要求急、人员集中、内容重要、头绪繁多，要在限定的时间之内完成会议任务，就要做好会议活动的组织协调工作。

会议的组织者需要做到：

- 要协调好秘书工作、生活管理工作等，按照会议安排，使各部门各司其职，相互配合，当好"乐队"的指挥，使会议有条不紊地进行。
- 要及时协调会议以适应事先未预料到的变化，具有及时的应变性。如会议地点的临时改变、就餐时间的提前或推迟、参观地点的改变、会议议程的改变等。如不能及时协调这些变化，将给会议带来混乱，使与会者无所适从，给会议带来不良的影响。

- 要有果断的决策性。在会议的会务、秘书、生活管理等环节中出现职责不明、相互推诿、影响会议正常进行的情况时，要果断决策，立即拍板，迅速协调各部门的工作。
- 要有适当的灵活性，只要不是原则问题，可采取灵活的办法予以通融，协调好方方面面的关系，使会议各项活动正常进行。

三、有效会议沟通的实用技巧

不少组织的会议往往达不到预期效果，影响会议成效的因素是多方面的，但主要是因为会议目的不明确、会议持续太久、简单问题复杂化、发言者过于健谈等原因造成的。因此，除了必要的事先准备和组织外，还要掌握一定的技巧才能保证会议的成功、高效。

1. 会议的主持技巧

主持会议的角色通常被赋予"主席"之称。会议是否能顺利举行，会议主持人担负着十分重大的责任。主持人应当发挥他的智慧，控制会议的节奏和方向，确保会议结束时能对所有议题进行讨论，取得令人满意的会议成果。

（1）介绍与活跃气氛的调动。会议应当在和睦活跃的气氛中开始，好的开端等于成功了一半。会议开始时，主持人应尽力吸引与会者的兴趣，满足与会者的需求，调动与会人员的积极性。有时会议成员之间并不相识，因此会议开始时的介绍技巧十分重要。大部分会议先由主持人介绍与会人员，也可以由与会人员做自我介绍，这样可以调动会议的气氛，提高与会者的参与意识。对与会人员的介绍可以按照各人职务的高低或者是简单地依据座次进行。在介绍了与会者的情况之后，会议须进入正题，其方式有两种：一种是比较正式的会议，可以由主席或其他重要人物的正式讲话开始；另一种是非正规、非正式的场合，可以由主席用一个与会议主题有关的故事或幽默玩笑引入正题。

（2）会议讨论与辩论的控制。讨论是达成会议结论的必要途径，也是与会者进行交际沟通的主要形式，主持人的基本责任之一就是鼓励和促进讨论。对于要讨论的问题，不要在讨论之前就规定某种答案，应允许各种不同的意见充分表达出来。主持人在主持会议时，应注意让每个成员都有发表意见的机会。讨论中虽然常有主要发言者，但不能被某几个人垄断，必要时可以限定发言时间。主持人还应随时把握讨论的方向，使之不偏离主题。主持人在这中间可以通过一些必要的插话、简短的小结使讨论问题集中在某一点上。

会议进行中常会出现这样那样的不同意见，甚至出现辩论，这也是不可避免的。有时有的与会者情绪比较激动，以至于偏离会议主题，变成为辩论而辩论。这个时候，主持人不能忘记自己的职责，要尽快结束这种争论，重申会议的主题，要求大家重新围绕着主题发表意见。

（3）会议主持人实用经验。会议是否能得以顺利进行，是否能提高会议效率，与主持人是否掌握一套行之有效的经验策略密切相关。

控制会议进程。控制会议进程的大致步骤是：第一，宣布会议的主题和目的。第二，根据会议议程顺序展示出每个项目，然后征求有关与会者的意见。第三，给每个人表述自己意见的机会。第四，控制讨论进程。如果发生与议题无关或深入到不必要的细节上时，应及时引导到议题本身。第五，如果会议上出现各种不同的见解时，主持人应根据自己的理解将各种观点加以概括。第六，遵守预定的时间，不要拖延。第七，在每个问题讨论结束后加以概括，以便达成共识或做出决策。第八，在会议结束时，对已取得的结果进行概括。对于部分问题如果确有必要做进一步讨论，可以安排在下一次会议进行讨论。第九，确定下一次会议议题和时间。

时间和座次的安排。会议开始时，一般与会者精力旺盛，注意力较集中，此时可以讨论一些复杂的、关键的问题。会议节奏可以稍快一些。在会议的后半段，与会者可能略显疲劳，这时候可安排一些例行的、易于达到目标的活动，会议节奏可以相应降慢一点。会议座次的安排要有利于沟通，可以主持人为中心依次排列。通常坐在主持人旁边的人地位较高，并且易受重视，发言机会也较多。这些人由于靠近主持人，常常是主持人拉拢的对象。性格内向、柔弱的人应该安排在主持人的直视范围内，主持人可掌握适当机会邀请他们发言。性格外向、能言善道的人则应安排在主持人直视范围外，以免这些人大谈特谈，以致其他人无法发言。

善于提出问题。主持会议的一项重要技巧是善于提出问题。利用提问可以吸引全体与会者的注意力，将话题逐步引向深入，有助于人们深入思考。提问也可以鼓励那些保持沉默者多发言。提问可以在主持人认为发言者表达不清楚时，要求对方将他的观点表达清楚。提问时，要注意把握时机，提问时间应该是在对方把一个问题说完之后，并在讲下一个问题之前。如果对方还没有表达完，就断然插进去提问，会显得很冒失。所提的问题要明确具体，切忌语言含糊。

恰当的会议总结。总结是对会议成果的概括。不善于总结的主持者往往会将会议的宝贵成果丢掉或错过宝贵时机。如果会议的目标已经达到，即应尽快总结并结束会议。主持人应将与会者的意见分类整理和归纳，从而得出比较清晰的若干条结论。在会议进程中，每个议题结束时，主持人都可以简短地做一下总结，这样既可确认大家都同意对这个议题的解决方案，也可方便记录员做简短的记录。

2. 会议的参与技巧

会议主持人的成功取决于他对会议的控制力。但是，如果参与会议的人不予以配合，那么，再高明的主持人也是无法开好会议的。这里需要会议参与者掌握一些参与会议的技巧，包括遵守会议的规则、礼节，以积极的态度参与会议等。

（1）遵守会议规则。会议是一项群体性的活动，其中当然也有许多基本的规则必须遵守。比如，遵守会议时间，不迟到，不早退；尊重主席，听从主席的指示，互相配合；虚心听取、分析他人的意见，不固执己见；不讨厌他人提出的质疑；尊重会议的结果等。

（2）懂得会议礼貌礼节。会议中所有参与者都必须遵守会议中的礼貌礼节。参加会议时应当穿戴整齐，按时到会，这是起码的礼貌。会议中的一切小动作都应当尽量避免。例如敲桌子，摇椅子，打瞌睡，嚼口香糖等。如果会议禁止吸烟，那么爱吸烟的人应当尽量克制一下。不要随意打断别人的发言。如果不同意对方的见解，不应牵涉到对方个人，不搞人身攻击。发言时，要准备充分，将自己的观点整理成简洁的若干条，并阐述理由，不要多说与主题无关的话。

（3）慎选座位。除非位置早已被安排，否则会议室的座位应当审慎选择。假如会议桌是长方形的，则最好是坐在面对主席的另一端或坐在接近主席的左右两旁，以便增加跟主席沟通的机会。如果会议桌是方形或圆形的，可坐在面对主席的位置。切忌选择令人忽视你存在的位置。因为能令人看见才能引人注意，能引人注意才能受人认知，能受人认知才能发挥影响力。

（4）态度积极。应以积极的态度参与会议。积极参与会谈，对所讨论的问题充满兴趣。对别人的发言要认真倾听，人们都不喜欢不愿倾听他人意见的人。聆听他人意见时，明知其中有若干个人色彩，仍然要虚心吸收其精华部分，这样对个人及会议质量的提高才能有所帮助。人们对于情绪激动的人欠缺信心，而对态度冷静、善于逻辑推理的人寄于信心。参加会议不要出现消极的表情、情绪、反应等。

第四节　饭店服务信息与沟通

饭店在提供服务、内部资源配置和对外交往过程中，必然会生成、接收大量信息。了解饭店服务信息的内容，掌握收集饭店服务信息的方法以及如何利用服务信息培育员工的信息接受、增值、人际沟通的能力，对饭店能知己知彼、有的放矢地面向市场，具有十分重要的作用。

一、饭店服务信息内容

饭店服务信息的传递和交流对于改善宾主关系、开展内外沟通、强化内部控制和监测评议饭店服务管理质量等具有重要意义。饭店服务信息主要包括客户信息、供方信息和服务市场信息。

1. 客史信息

客史信息是指宾客在饭店消费或进行业务活动时所表现出的个体和群体行为特征、爱好和期望的总和。在饭店，前厅部是客史信息的主要分管部门，餐饮、客房、营销等部门有时也独立收集与储存客史信息。在用电脑联机方式构成内部网络或局域网络的酒店，完备的客史信息通常包括以下几类内容：

（1）常规信息。包括客人的照片、姓名、曾用名、笔名、别称、性别、年龄、民族、籍贯、宗教信仰、职业、职务、来自何地、工作单位、住店日期、房号、消费能力、支付方式及以后每次入住的时间等。除个体信息外，对一个旅游团队、公司、机构、社团组织而言，还应建立群体信息。

（2）个性化信息。包括客人的言谈、举止、外貌特征、服饰、性格、爱好、性趣、经历、人际交往等。个性化信息的收集对性格孤僻、习性反常、有独特癖好的客人尤为重要。同时对情况特殊的客人，如身高2米、体重100公斤、穿宗教服饰、患特殊疾病的信息也应收集并进行归纳。

（3）消费特征信息。主要包括食、宿、行、游、购、娱6个方面。比如在住宿方面，客人对客房档次、类型、楼层、朝向、房号的要求。这类信息还应包括客人及访客的支付习惯，是及时支付，还是习惯拖延。如果客账是由当地政府机构或公司企业结算的，他们的支付习惯也是消费习俗信息的一部分，因为他们可能只承担客人的食宿，其他费用由客人自理。

（4）宾客评价信息。包括对饭店、员工、硬件设施和服务方面的正面、负面与中性的评价，其形式有投诉、表扬、建议、填写意见表、送锦旗或匾额字画礼物、要求赔偿、向有关部门申诉等。其中，最常见的是投诉、表扬和向他人诉说。

在客史信息中应特别重视选择重点信息建立客史档案：一是VIP信息，即贵宾客史信息。贵宾与普通宾客有明显的区别，他们应是知名人士、经常光顾的中高档客人或是对本地区、本店有重要意义的人与群体。二是长住客信息。长住客是饭店生存的重要支柱之一，是饭店经营保本、收支平衡的重要基础。饭店要以更多的服务项目、更高的服务质量留住和吸引长住客，而完整和准确的长住客信息的收集则是其基础工作。三是忠诚客户（黄金宾客）信息。他们经常购买、使用饭店产品，为这些宾客建立的专门的信息资料库，将成为饭店开发新产品、设立新项目、质量上等级的重要依据，也是改善饭店与客户关系的重要依据。四是黑单客人信息。有些客人因为逃账、欺诈、损坏设施、损害店誉、犯罪嫌疑等劣迹而上了饭店"黑名单"。收集与储存黑单客人信息，既可以保护绝大多数正常客人的权益，也有利于兄弟酒店的及时防范。

2. 供方信息

供方就是提供产品或服务的个人或组织。在酒店业，还应包括根据合同向供方提供服务的个人或组织，成为分供方、供应商，他们均是服务产品的生产者和提供方，但承担的责任与义务不同。从传播角度看，以服务产品为核心的供方信息至少应包括两个方面：

（1）面向外部的有形展示。这里的外部是指宾客或潜在的需求者。展示的目的是传播饭店产品信息，显示饭店产品特征，刺激消费欲望，确立饭店的声誉和品牌。有形展示的方式有：

常规方式。包括大众传播媒体广告、户外广告牌、告示牌、招贴画、大横幅、广告传单、广告衫、专题宣传册等。值得注意的是，饭店店堂内的有形展示往往以更直观、更具体的方式传播产品信息。如照片和简短介绍、菜肴的半成品实物展览、厨师或服务员的现场操作表演等，往往有很好的宣传效果。

特殊方式。展示与饭店产品无直接关系的信息，达到吸引宾客的目的，起到连带、互动作用。如广州中国大酒店的名车展销、上海和平饭店的老年爵士乐队、汕头国际大厦外的水控电子钟等，都构成了独特的风景线。

高科技方式。即借助最新科技成果传播服务产品信息，这种方式生动直观，感染力强。从目前情况看，它分单向被动传播和双向互动传播。单向被动传播有四种：一是多媒体导购触摸式电视屏幕，它以菜单选择方式向客人介绍饭店的地理位置、建筑外形、客房、餐饮、娱乐及其他服务设施、服务项目；二是电视欢迎词、留言、查账、订餐等，主要利用饭店内的有线电视系统进行传递信息；三是液晶告示牌、超大屏幕高清晰度电视机等；四是即时型激光摄像投影机，虽然价格昂贵，但由于是即摄即放映，故备受宾客青睐。双向互动传播是指宾客能点播、调用所需的信息资料，并以人机对话或是直接与相关负责人对话的方式求答解疑、深入了解、讨价还价、预订客房与餐位等。

（2）面向内部的有形展示。希尔顿集团规定，新员工入店需参观酒店一至两天，其目的是让他们熟悉环境与了解服务产品特征。汕头金海湾大酒店前台各班组在每天的晨会上常常传播食品、酒类、客房用品设施等方面的知识。这种内部沟通的有形展示形式，有助于减少服务员与客人接触时一问三不知的现象。当然饭店的重大活动或产品信息，还可以通过店报、部门通讯、告示、备忘录、文件、通知、黑板报等形式发布。

3. 服务市场信息

市场既指交易场所，又指交易关系。后者一般由买方、卖方、中介方、管理方所组成。饭店应重视收集整理交易者在想什么、将干什么、未来需要什么等方面的信息。服务市场信息主要有：

（1）市场总量信息。包括全部客人的区域构成、职业构成、消费能力、来本地的目的等内容，可以作为细分市场的依据。为避免市场定位、产品结构雷同，还应掌握供方的总量，如客房总数、类别归纳、餐位数量、硬件设施配套程度、服务质量、宾客评价、实际房价和出租率、营业额、毛利率、负债情况等。为了争夺旅游中介商，须掌握旅行社、大公司企业、政府机构的代理和客源介绍信息。

（2）竞争者信息。竞争者信息价值含量高的信息有业主融资能力、资金来源、投资背景、经营管理能力、员工构成、工资水平、开业计划、促销手段、目标市场，以及对本饭店资源（宾客、员工、人才、销售渠道）的威胁等。

（3）客源信息。如能掌握本地多数同行的客源构成，那么本地的客源结构便基本清楚了。在掌握大量第一手信息资料之后，饭店就能从需求角度出发细分客源市场。我国曾进行过多次入住方式、餐饮口味的调查，对发掘潜在市场作用颇佳。

（4）中介商信息。包括本地或外部有能力介绍客源的旅行社、客房预订中心、旅游汽车公司、航空公司及其他公司、政府机构。有时，他们也是直接消费者、支付者，但更多的时候充当中介者。本地的中介商信息容易掌握，对于外埠的中介商，不少三星级以上的饭店采用外埠出差，参加博览会、交易会，海外招商洽谈等方式，与其建立合作关系。

二、饭店情报信息内容

情报信息工作不直接参与营销活动，而是指以处理客人咨询为主的工作，即向客人提供咨询、介绍服务是工作的主要内容。因此，情报信息工作是前厅部办公室的主要业务之一。参与情报信息服务的工作人员叫信息情报工作人员（Information Clerk）。信息情报工作人员所进行的主要服务内容有：住宿客人方面的有关咨询、饭店各种设施的介绍、市内介绍和其他服务。

1. 住客咨询

有关住宿客人的咨询在饭店宾馆中最为多见，特别是商务人员，他们最重视的就是信息。信息传达得是否流畅、准确、及时，直接关系到客人们业务开展得成功与否。住宿客人的咨询主要涉及的内容是住宿客人的房间号码、住宿客人是否在客房内或饭店内、所询问的客人是否已入住等。

在向客人提供该项服务时，为了避免出错，原则上只受理公开姓名的客人的咨询。对不愿公开自己姓名的客人，只报客人客房号码。当遇到有人只报外国客人的名而不知其姓的咨询时，则与只报客人房间号码的咨询同样处理，一般不予受理。

在受理有关住宿客人的咨询时，首先要查阅信息卡架上的卡片，或者利用电脑的终端显示机核查被咨询的客人是否已入住，如果已入住，则再确认其房间号码。然后，再确认该客人的客房钥匙是否还在钥匙箱中。如果钥匙已不在钥匙箱中，则视为被咨询的客人在客房而予以接通电话。如果是电话咨询，信息人员则告知总机将有关电话转到客房。如果是要求会见的客人则告知住宿客人有客人求见，或者告诉来客住宿客人的房间号码，请来客自己用内线电话与住宿客人联络。如果与客房联络，没人接电话，则给客人提供传呼服务或请来客留言，事后予以提供传达服务。

2. 留言服务

留言是附属于客房信息服务的业务。留言工作人员应抱着对客人负责的态度，认真处理好每项留言服务。因为对客人来讲，可能一条留言信息就决定行程或促成一笔交易。留言服务分为两大类：电话留言的受理和信息服务台直接受理。来自客人的留言通常分为以下两类：

（1）给住宿客人的留言。饭店之外非住宿客人给住宿客人的留言，要使用留言卡记录。若是来访客人要求留言的话，一般请来访者亲自填写留言的内容。留言工作人员只需填写诸如"已来访"或"请呼电话号码"之类的留言。在受理电话留言的场合，留言工作人员视情况，或记录留言的要点，或填写留言的具体内容，当然处理时仍使用留言卡。

填写留言卡时需注意：第一，在日期栏中填写收到该留言的准确时间，如果有打卡机，最好使用打卡机打印。第二，如果是英文留言，留言工作人员要在正文的结尾，写下"谢谢您"（Thank you）字样。第三，要注明受理留言的工作人员的姓名首字母的大写，以示对此事负责。留言卡记录完毕后，要放进专门向客人转达留言卡用的留言卡封筒中，然后放进钥匙箱。

（2）来自住宿客人的留言。饭店宾馆内的住宿客人致预约好的访问客人或拟订打电话来的客人的留言，要使用等客留言卡。这种卡除格式与普通留言卡不同外，其颜色也有别于普通留言卡。这是为了便于判别留言的性质。

住宿客人的留言一般请客人自己填写留言卡，但有时客人也会口述留言，请留言工作人员代为填写。这时工作人员就要认真听取留言的内容，尤其是拟接受留言的客人的姓名，一定要准确地记下。填写完毕后用打卡机记录下受理的时刻。如没有打卡机则手写下准确的时间，最后还要签名（姓氏首字母大写）。这类留言卡不用放入封筒，而是直接放入该客人的钥匙箱中，放置的状态要醒目。

3. 饭店内部介绍

饭店内部介绍主要是答复客人们关于饭店内设施、营业内容的咨询。介绍的内容通常有：餐厅、酒吧、商店的位置及营业时间；宴会、会议、展览会等会务的会场及其详细位置；饭店宾馆提供的服务范围以及提供各项服务的时间、收费标准等。因此，工作人员要对各种设施的营业时间及各种会务的有关事项做到心中有数。为此，情报信息部门整理准备了记有各设施营业时间及有关内容的营业指南手册，工作人员可以借此了解各设施的有关情况，最好能够准确地记在心中。

现代饭店除了传统的以宴会为中心的消费形式外，还有会议、展览会、时装表演、研讨班、讲演会、专卖会、庆祝大会等会务活动。此外，饭店宾馆为了吸引更多的客户加强促销手段，也自行设计了一些娱乐活动。因此关于这方面的咨询也日益增多。对此，情报信息工作人员要准确地掌握相应的会场、时间等信息，并准确地向客人们介绍。

4. 城市信息

城市信息是市内地理风貌、旅游设施、各种文娱活动、交通设施的介绍及相关的预约代理业务。这些业务也由前厅信息情报部门负责处理。饭店通常在大厅的一角设有城市信息柜，专门负责提供城市信息服务。有些饭店宾馆请旅行社、航空公司等机构进店设立信息台，开展市内观光、国内旅游、交通设施的介绍及预约等业务。

饭店提供的城市信息咨询内容主要包括：客人将要访问的设施的所在地；至该场所的途径及应利用的交通工具；营业时间或所需时间；市内观光线路及观光巴士；文娱活动（有关设施正在做什么）；预约或票务的办理等。从这些咨询内容可以看出，信息情报工作不仅仅是应对客人的咨询，实际办理客人的委托事务也属于城市信息业务的范畴。因此，操作过程中，切勿以客人的要求超出提供信息情报的范围而加以拒绝。

为了准确、迅速地解答客人们关于城市信息方面的各种问题，前厅信息情报部门应分门别类地制作资料卡片。卡片上要分别注明：所在地、电话号码、营业时间、收费标准、前往途径、该设施附近的明显标识等。一旦客人有需求，便可借助它们给予对方明确答复。关于购物、娱乐场所的咨询信息，信息情报人员应该注意：一定要从保护客人利益的角度出发，向他们介绍讲信用、声誉好的店铺。如客人咨询购买商品的商店时，应向客人介绍两三家，让客人自己从中选择，这样就可以避免将自己的意志强加于客人之嫌，而且即使客人出了差错，也不会怪罪于饭店。

三、饭店服务信息的收集与加工方法

收集信息是饭店经营管理的重要职能。饭店必须通过有效的手段，广泛收集服务信息，经过分析、处理后，选择有价值的信息作为调整和完善饭店经营决策的依据，确保饭店经营目标的准确性和科学性。

1. 饭店服务信息收集的方法

（1）实际参与法。即亲临现场收集信息，参加消费者座谈会、旅游产品展销会、公众代表恳谈会等，直接收集公众对服务质量、饭店信誉的信息。这种方法的好处是可以全面、真实、不受信息传递过程中多种因素的干扰直接了解公众对饭店的评价与看法、了解事情发展的来龙去脉，把第一线的真实信息提供给饭店管理者，使其成为饭店经营决策的依据。

（2）调查专访法。一般采用面谈方式，这样有利于感情交流，具有人情味，使被访问者心理上容易接受，从而乐于合作；也可以采用电话访谈方式，这样速度快、范围广；还可就某一问题召开恳谈会，如果组织者具备了谈话艺术和宣传鼓动能力，同样可以取得传播面广、传播速度快、增进情感交流的效果。

（3）问卷征询法。这是请公众回答有关问题，广泛了解民意和社会舆论的一种方法。可以询问公众对饭店服务质量的意见；也可询问公众对饭店的要求与建议；还可以根据某一服务项目，对需要层次不同、经济状况不等、宗教信仰有差异的人进行询问。

（4）资料摘录法。就是从报纸、杂志、档案和各种报告中收集所需信息资料的一种方法。例如，广州中国大酒店公关部就设专人负责收集有关酒店的一切新闻报道、图片、资料，并按日期剪贴成册，将其作为本饭店形象评价的重要参考资料。这种方法一是要注意信息的真实与准确；二是要注意时机，错过良机，再有价值的信息也会毫无意义。

2. 饭店服务信息的加工储存方法

饭店收集的服务信息，经识别分析后，需要进行分门别类、编号排列、文字处理、收藏储存，并在信息交流、传播、反馈过程中，不断地丰富、补充、修正、剔除，即为服务信息的加工储存过程。

服务信息的加工应做到文字化、格式化、规范化、统一化。小到饭店的通知、过失单、信息工作单，大到办公会议记录、质检纪要、市场调研报告，均应如此。如客史信息，应以文字化的工作单为依据，供前台接待人员、部门秘书或电脑操作员选择、继续加工、储存。早期的饭店"客史信息工作单"和"客史资料卡"如表6-3、表6-4所示。

表6-3 客史信息工作单

宾客姓名		房　号	
时　间		地　点	
信息内容			
处置意见			
填单者签章		处置者签章	

表6-4 客史资料卡

姓名		曾用名		性别		国籍	

在饭店日常经营中，会大量接受、加工信息，并生成自己的信息。这些数据信息可以用来帮助饭店进行客户关系管理、销售管理和收益管理，提高饭店的营业额。早期的手工整理储存不利于这些数据信息作业的发挥。在大数据及小数据盛行的今天，饭店业客户资料及入住基本全都通过 Opera 等信息系统来登陆，因而饭店以入住登记、宾客证件、消费账单、预订手续、投诉表扬、公关走访等为信息源，构成完善的服务信息系统，以客户名为文档名，长期保存，这些数据信息对酒店的经营管理有着非常重要的作用。

第五节　饭店突发事件处理与沟通

每家饭店在管理经营过程中都会遇到一些意想不到的事件或危机，例如，宾客投诉、食物中毒、新闻曝光、社区关系紧张、灾难事故等。处理得好，饭店会因此而得到公众信任；处理不当，饭店组织会声誉受挫，从此失去公众的信赖与好感。因此，通过沟通手段的运用，协调投诉与处理突发事件，是对饭店管理者管理沟通技能的考验。

一、饭店投诉的处理与沟通

饭店危机表现最多的是投诉。投诉是饭店常见的一种事故现象。投诉者最多的是顾客，当然还包括社区、员工、竞争对手等。投诉的问题常见的有菜肴质量问题、居住环境的设备损坏、服务态度等问题。客人投诉在某种意义上是对旅游企业服务的褒贬评价，是企业服务质量提高的动力，因此必须认真处理好。

1. 处理饭店客人投诉的原则

处理客人投诉的基本出发点是：迅速、有效、有礼地处理客人的所有投诉，平息客人激动情绪，迅速解决客人问题。在世界饭店业，特别是一些大型国际饭店联号中所采用的方法基本是一致的。

（1）承认宾客投诉的事实。在接待客人投诉时，首先要做到热情相待、耐心听取、冷静分析。即使对方怒气冲天，情绪激动，甚至蛮不讲理，也不能受其影响而冲动。相反，要心平气和、善解人意，逐步引导，充分尊重投诉者的心情，显出接待人员有文化、有教养、有风度，并有能力帮助客人处理好投诉的事情。

如果在大堂接待处等人多的场合发生客人激烈的投诉，需先陪伴客人到安静、舒适并与外界隔离的地方，如办公室等，以避免客人投诉的激烈情绪与批评在公共场合传播。要有礼貌地接待，请他坐下，最好与客人一起坐在沙发上，使客人有一种受尊重的平等感受，再给客人倒一杯饮料或茶，请他慢慢讲述。在态度上给投诉人亲切感。有人认为由女性负责人来接待客人投诉比较合理，因为女性微笑容易使暴怒的投诉者趋于平静。

接待投诉时必须认真听取客人的叙述，即使是客人不对，也不要急于辩解和反驳，要使客人感到饭店管理者十分重视他提出的问题。在听取客人意见时，还应做一些记录，以示对客人的尊重及对反映问题的重视，同时也给饭店解决投诉提供依据。

（2）表示同情和歉意。作为投诉接待人，要不时地表示对客人的同情。如"我们非常遗憾，非常抱歉地听到此事，我们理解您现在的心情"。"感谢您对我们饭店提出的宝贵意见"。

对合理、正确的投诉，应同情和表示歉意，但也有不太讲理的投诉。要相信大多数客人的投诉都是合情合理的，即使遇到个别爱挑剔的客人，也应本着"宾客至上"的宗旨，尽可能满足其要求，包括心理需求。例如：客人对你说："你们的服务简直糟透了。"这种否定一切的说法，显然是不客观的、不恰当的。根据接待礼仪要求，正确的做法是先适当地满足客人一下，"真抱歉，我们的服务工作是有做得不够好的地方"。等客人的态度变得较为缓和的时候，再向他提出问题："为了进一步改进我们的工作，希望您多指教。您能不能告诉我，您刚才遇到了什么问题？"客人发泄不满时要表示出宽容，不要计较他的气话，在适当的时候说："是的，是这样，关于这件事，您能否说得再具体一点？""现在我们有两种办法来解决这个问题，您看用哪一种办法好？"由客人做出选择后，客人就会满意地感到自己受到礼遇，提的意见受到重视并得到解决。

（3）同意客人要求并决定采取措施。这里同意和采取措施有一个过程。处理客人投诉的方法，关键是要规定处理的及时性与负责性。如一位客人在对饭店收费问题产生不满后给总经理写了封投诉信。饭店客人关系部马上给客人回一封信，说明饭店总经理将会调查这个问题，并在7个工作日内答复客人。如果给客人的任何退款或降低收费必须快速办理，并在答应许诺之日起15天内把钱退给客人。这就是及时性。对客人的投诉既要表示理解、同情、重视、关心，但也需注意处理问题不能主观武断，不轻易表态，不要简单回答"是"或"非"。告诉客人你能做什么，如有可能提出可供选择的意见和办法，不可擅自做主和超越自己的权限做不合实际的许诺，或者胳膊肘往外拐，损害饭店的利益和声誉。这就是负责性。

当你决定要采取行动纠正错误时，一定要让客人了解并同意将要采取的处理决定及具体措施内容，切勿盲目采取行动。

要十分礼貌地告知客人将要采取的措施，并尽可能让客人同意。例如可以这样征求客人对采取改进措施的意见：

> "××先生，我将这样去做，您看是否合适？"
> "××太太，我们将这样去安排您的要求，您是否喜欢？"
> "××先生，假若我这样去做，你看可以吗？"

（4）感谢客人的批评指教。当客人投诉或反映问题时，不要对客人反感，而应表示感谢。如果客人遇到不满意的服务，他不告诉饭店，也不做任何投诉，但他会讲给其他客人或朋友听，这样会极大地影响饭店未来客源市场，影响饭店的声誉。所以当饭店遇到客人的批评、抱怨甚至投诉的时候，不仅要欢迎，而且要感谢。应这样做：

> "××先生，感谢您给我们提出的批评、指导意见，非常感谢您。"
> "您及时让我们知道服务中的差错，这一点太好了，非常感谢您。"
> "谢谢您，××夫人，你指出我们服务项目的欠缺和不足，使我们能
> 及时发现并得以纠正。"

（5）快速采取行动，补偿客人投诉损失。当客人完全同意你所采取的改进措施时，就应当立即行动，一定不要拖延时间。耽误时间只能进一步引起客人不满，因为时间和效率就是对客人的最大尊重，也是客人的最大需求，如果光说不做就是对客人的漠视，也会引起新的不满。

（6）追踪客人投诉的具体落实情况。要使处理宾客投诉获得良好效果，最重要的一环便是落实、监督、检查已经采取的纠正措施。因此先要确保改进措施按计划实施；然后再用电话问明客人的满意程度。投诉客人的最终满意程度，主要取决于饭店对他公开抱怨后的特殊关怀和关心程度。

2. 客人投诉处理方法及其运用

从饭店众多客人投诉的案例来看，客人投诉的心理一般有三种：一是求尊重的心理。客人采取投诉行动，其基本出发点是希望别人认为他的投诉是对的和有道理的，渴望得到同情、尊重，希望旅游服务企业向他表示道歉并立即采取相应的补救行动等。二是求发泄心理。客人利用投诉的机会把自己的烦恼、怨气、怒火发泄出来，以维持其心理上的平衡。三是求补偿的心理。希望通过投诉得到重视，旅游服务企业能补偿他们的精神或物质损失。因此，在处理客人投诉时，一定要了解客人的心理，对客人的投诉要根据不同的投诉问题有针对性地采用不同

的方法进行处理。尽量满足客人投诉的心理。

（1）一般问题的投诉处理方法。一般的或不激烈小问题的投诉，可采用快速处理方法进行，处理的程序主要是：

向客人道歉。这是对人不对事，主要是使客人感到安慰。

向客人表示同情。倾听客人的意见，用适当的手势和表情来表示你对客人的讲话内容是感兴趣的，努力听清事实，发现解决问题的线索和答案。

采取行动。即告诉客人将如何处理问题，什么时候他可以预期问题被解决。然后去了解问题的当事人，和饭店的有关处理政策。

感谢客人。将问题处理的方案告诉客人，并感谢他提出的问题引起了饭店的注意，检查一下是否能做其他事来帮助客人，使他在饭店逗留得更愉快。另外，还要防止此类问题的再发生。

（2）大问题的投诉处理方法。在大堂喧哗的大问题一般适用于绅士处理方法。如一位客人在一个月以前就为自己的婚礼在饭店预订了宴会和客房。预订的客房是 702 号。今天他进店了，总台接待员告诉他，他订客房是 502 号，但这位新郎坚持要 702 号，接待员告诉他 702 号已有一位香港客人入住，不可能将香港客人迁出。怎么办呢？这位新郎在大堂里大声喧哗，说饭店预订服务不好。对这类问题，一般可采用下列绅士处理办法或程序。

对这位客人激烈情绪的投诉，运用绅士处理方法和客人进行沟通协商比较合适。首先陪伴客人到安静、舒适和与外界隔离的地方去，为客人倒上一杯茶或其他饮料，与客人一起坐在沙发上，并为有问题引起了他的不愉快而向客人道歉，建立易于沟通的基础。当这位客人一定要见总经理处理客房预订错误问题时，大堂经理就应及时请示总经理。总经理在见到客人时，要耐心倾听客人的诉说。当肯定是饭店客房预订员预订错误，总经理应承诺，保证做到使这位客人满意，并当场宣布，这位客人已是饭店非常重要的客人（VIP）。在婚宴上，送上总经理敬贺的喜庆蛋糕，同时菜肴服务上升一级，用银底座餐具。另外，请客人给总经理一个机会，将 502 客房隆重装饰一下，直到客人满意为止。并在客房四周摆满鲜花，同时挂上恭贺新婚的条幅，这样这个问题必然会得到圆满的解决。

案例：妥善处理客人投诉，使客人转怒为喜

正值秋天旅游旺季，两位外籍专家出现在上海某大宾馆的总台前。总台服务员小刘是一位新手，他查阅了订房记录之后，马上对客人说："你们预定了一个标准间的客房，明天一早要退房。"

客人听了以后，脸色陡然一变，很不高兴说："接待单位在为我们预定客房时曾经问过我们住几天，我们明明说好住三天的，怎么现在变成一天了呢？"

小刘仍旧用机械、呆板 的语气说："我们酒店这几天房间特别紧张，明天已经没有标准间了。当时你们接待单位来订房的时候已经跟他们说过了，他们也同意了，你们要是有意见，可以直接向接待单位提。"

客人听罢更加恼火，大声说："我们要解决住宿问题！根本没兴趣也没必要追究预定客房差错的责任问题。"

正当小刘与客人形成僵局之际，前厅值班经理闻声前来，首先向客人表明他是代表总经理来听取意见的。他让客人慢慢地把意见说完，然后以抱歉的口吻说："你们提的意见是正确的，眼下追究接待单位的责任并不是主要的。这几天正是旅游旺季，双人标准间非常紧张，我设法安排一间套房，请你们明后天继续在我们宾馆做客，虽然套房的房费要高一些，但是设备条件较好，我可以给你们打个八折。"

客人觉得这位值班经理的态度是诚恳的，提出的补救办法也合乎情理，于是同意了。

资料来源：王大悟，刘耿大：《酒店管理180个案例品析》，北京：中国旅游出版社，2007年6月。

二、突发事件的处理与沟通

在客人入住饭店期间，有时会发生一些非常棘手的突发事件，如行李丢失或损坏、客人财物被盗、食物中毒、客人犯病或猝死、交通事件等。面对这些突发事件，应善于决断，迅速及时地采取措施，以最恰当的方式处理好事件，同时做好相关人员的安抚沟通。

突发事件一旦发生，饭店有关人员应通过紧急判断和紧急联络的方式，弄清全局状况，统一认识，在允许的时间范围内冷静地思考，在尽量短的时间内把握整体，有条不紊地处理好突发事件。

1. 成立危机事件处理班子。发生重大突发事件，对饭店组织是严峻的考验，这时，保持沉着冷静是必要的，饭店主要负责人应及时会同相关人员，组成具有权威性、效率性的工作班子。

2. 积极调查了解情况。突发事件出现后，事件处理班子应认真调查了解事件发生的起因、过程和有关情况，在调查了解的基础上，分析利弊得失，做出合理的处理决定，并及时将处理信息公之于众，对社会上出现的猜测、流言、争论乃至谣言采取扼制措施，以维护饭店的声誉。

3. 增加透明度。饭店应保持与内部员工的密切联系，争取理解与支持，及时公布事实真相、明确处理策略、稳定员工情绪、号召全体同仁协同行动，保证饭店其他工作的正常运行。

4. 安抚受害者。对受害者应持诚恳、安慰与同情的态度，坦诚地、实事求是地承担责任，并采取能使受害者理解和能引起好感的解决措施，确认赔偿要求的合理性，及时给予解决；还可以提供一些相关的服务，安抚受害者，争取受害者及家属的理解与支持。

5. 与新闻界合作。对新闻媒体持主动合作的态度，派专人接待记者，提供有关新闻采访的条件，随时输送具有权威性的资料与信息，争取新闻界的支持。对于那些确实对饭店不利的消息，认真向记者说明缘由，以求理解与同情。

6. 变被动为主动。突发事件发生后，主动向相关公众告知事态的进展，以及处理措施，争取公众信任。事件处理之后，可策划进攻型、建设型公共关系专题活动，开展攻势凌厉的公共关系宣传活动，并辅之以能获得公众好感的服务型公共关系活动，为饭店重整旗鼓，重塑形象。

三、突发事件发生后与新闻媒体沟通的方法

饭店突发事件一旦发生后，除了及时处理控制事态发展外，同时要善于与新闻媒体及社会公众沟通。因为公众对饭店突发事件及危机的了解，几乎全部来自各种新闻媒体的报道，所以在饭店处理突发事件的过程中，与新闻媒体的沟通居于核心的地位。作为饭店管理者，面对媒体和特定群体，应如何去应对以收到最佳沟通效果呢？

1. 制定沟通政策

与新闻媒体沟通之前须有周详的沟通政策，要预先拟订应对各种公众关心问题时的策略。沟通政策最关键的内容是指定新闻发言人，统一对外表态口径。要明确在突发事件中，谁有权发表饭店声明。重大事故发生时，还应设立情况分析小组，提供准确的可供对外界公布的消息。切忌对外发布相互矛盾的消息，那样只能引起公众不必要的猜疑，增加突发事件处理的难度。

饭店管理者可以要求新闻媒体在采访前列出可能涉及问题的项目。饭店发言人在为问题做准备时，尽可能多地收集数据、事实、统计结果等材料，并把它们制成卡片随身携带，以增强自己所作声明的说服力。

2. 建立良好关系

一般来讲，新闻媒体是饭店处理突发事件的重点沟通对象之一，因此饭店在突发事件沟通方案中，应当制定出怎样与传媒建立良好的关系，怎样在危机中与

传媒保持合作的态度的方案。饭店应尽快调查事情原因，弄清真相，尽可能地把完整的情况告诉新闻媒体，公布给公众，并主动道歉，勇于承担自己的责任。只有公布真相后，才有可能避免公众各种无端猜疑和流言的产生。

3. 把握应答技巧

饭店管理者在采访中把握应答技巧是成功与媒体沟通的关键。饭店突发事件发言人在回答新闻媒体提问时，要做到：第一，简洁而直截了当地应答。不要卷入可能使采访离题或纠缠不清的问题，给这类问题以简单的回答然后就打住。第二，不要重复采访者所说的不适宜的话，因为你的发言很可能被断章取义，使公众误认为你同意或接受了那些话。因此，对采访者的不适宜的话，恰当的回答应该是："那是不正确的。实际情况是……"第三，尽量引用真凭实据来加强说服力。这不但有助于满足新闻记者尽可能多地了解事实的需要，还有利于建立你在该事务上发表言论的权威。第四，回答问题时应尽量引向有利于饭店的事实。这是一种技巧，先接受问题，正面回答，然后转向与主题相关的某一事实，而这一事实有助于增强饭店的信誉。第五，变负面陈述为正面陈述。如果采访者以负面方式提出一个问题或陈述一件事，不要重复它。回答问题，而且用正面的陈述重新表述问题和某一事实。

4. 保持控制地位

饭店突发事件发言人要时刻记住，在接受媒体采访过程中，你是控制者，你有权回答或者回避问题，你可以说你想说的话，但要以尊重、礼貌亲切的姿态进行，切不可发怒。因此，首先，要调整好心态，应以自信、坦诚、充满优越感的心态来接受采访。其次，选择对自己合适的时间和环境接受采访。如果你认为目前接受采访不是合适的时间，你完全可以提出另约时间。在接受采访时，要掌握好时间，不要急于作答，在回答每个问题之前，用 10 秒钟的时间来整理你的答案，"10 秒钟间歇法"对于防止不适宜词句的脱口而出非常有帮助。同时不可选择在人群中、喧闹的楼层或在有人围观的环境中接受采访。最后，要重视结束采访的方式。以明确的语句宣布此次采访即将结束，不要为额外的问题或某个小插曲而更改你的决定，结束采访要干净利落。

5. 重视身体语言

与新闻媒体沟通中身体语言沟通非常重要，特别是在接受电视采访和现场直播采访时更是如此。如果你面对一群人，最好是站在讲台后或坐在桌子后。一般来说，在现场直播情况下，饭店管理者或其他发言人有权选择使自己感到轻松自如的位置、方式或周围环境。在摄像机或一群记者面前时，要注意你的视线、手和身体的姿势以及面部表情。要与提问题的人保持目光接触，观察对方眼神和面部表情的反应。千万不要盯着无人的地方看。如果你知道这些人中的"关键人物"是谁，则应在目光接触时以他为焦点。注意不要在手和身体的姿势上显示出紧张和防卫的意味。不要敲桌子，不要前后轻摇座椅。并要运用好面部表情。微笑和愉悦的表情并不总是灵丹妙药，只有在适当时机真诚的微笑，才能最大限度地表现出发言人的诚实和可信。

附录

测试你的会议沟通技巧

你的会议沟通表现	是√	否×
1. 总是在会议开始前 3 天就已经安排好了会议的日程并将该议程通知到每位与会者。		
2. 当与会者询问议程安排时总是回答："还没定呢，等通知吧。"		
3. 对于会议将要进行的每项议程都胸有成竹。		
4. 会议开始前半小时还在为是否进行某几个议题而犹豫不决。		
5. 提前将每一项会议任务安排给相关的工作人员去落实，并在会议开始前加以确认。		
6. 临到会议开始前才发现还有一些会议设备没有安排好。		
7. 预先拟订邀请与会的人员名单，并在开会前两天确认关键人是否会出席会议。		
8. 自己也记不清邀请了哪些人出席会议，会议开始前才发现忘记了邀请主管领导参加会议。		
9. 会议时间安排恰当，能够完成所有的议题。		
10. 会议总是被一些跑题、多话者干扰，难以顺利进行。		
11. 会议室布置恰当，令与会者感觉舒适又便于沟通。		
12. 会议室拥挤不堪，令与会者感觉不快，大家都盼望着早点结束会议。		

　　以上 12 个问题，可能是你的会议沟通活动中常见的表现，你如果选择了题号是单数的行为表现，请给自己加上 1 分；你如果选择了题号是双数的行为表现，请给自己减去 1 分。

　　3~6 分：你的会议沟通技巧是值得称道的。

0~3 分：你的会议沟通技巧也还不错，但需要进一步改进。

低于 0 分：你的会议沟通技巧真不怎么样，赶快努力吧！

资料来源：时代光华图书编辑部编：《有效沟通技巧》，北京：中国社会科学出版社，2003 年 7 月。

思考与练习题

1. 招聘面试中有利于沟通的场所选择应考虑哪些因素？
2. 为什么说充分的沟通是有效激励的前提？
3. 如何通过沟通了解员工的需要？
4. 简述会议的主持技巧。
5. 简述饭店情报信息的内容。
6. 简述饭店服务信息的收集方法。
7. 简述饭店处理客人投诉的原则。
8. 试述饭店突发事件的处理与沟通过程。

下　编

饭店管理者的
沟通技巧

　　许多成功和优秀的饭店管理者，同时也是沟通高手。美国的一所大学在研究诸多成功管理者的案例时发现，一个人的"智慧"、"专门技术"和"经验"只占成功因素的 15%，其余 85% 则取决于由有效的人际沟通所营造的良好的人际关系。亨利·明兹伯格（Henry Mintzberg）对管理活动的研究表明，通常管理者要以66%~80%的工作时间用于交谈。当然，除了口头沟通外，书面沟通、身体语言沟通、媒体沟通以及语言沟通中的倾听技巧等，也都是管理过程中的基本活动和基本技巧，对管理者在管理工作活动及人际交流中阐明观点、传递信息、表达感情等方面起着显著的作用。

第七章

倾听沟通技巧

【案例导入】

倾听——客户情绪判断能力

情绪影响人们的喜好，销售人员对潜在客户情绪的判断对初期建立恰当的客户关系非常重要。以下是一个电话初访的实例。

李泉："张科长，您好，我是＊＊汽车塑品有限公司的李泉，给您电话是想给您寄一份资料。我们主要生产汽车仪表盘，A轿车国内采购的仪表盘就是我们生产的，希望能有机会为您服务。"

张科长："我们去年已经订购了。这都什么时候了，你们才来电话，今年不要了。"

请判断张科长接这个电话时的情绪。以下有四个候选答案：

（1）张科长对订购仪表盘的事情很不满意，但是现在重新考虑已经晚了，潜台词是比较遗憾；

（2）张科长对李泉没有任何敌意，知识眼前没有精力和空闲碳这个事情，潜台词是以后可以再谈；

（3）张科长有些反感，可定接到过类似的销售电话，所以没什么兴趣，潜台词是你知难而退吧；

（4）张科长没有明确的倾向，听之任之，你要坚持就谈，你要退却就走。

李泉认为还没有足够的信号判断张科长目前的情绪，因此，他立刻转移目标。

李泉："张科长，启示是否签单、是否订货都不重要，您是甲方，我是乙方，咱们以前也没有打过交道，我这样贸然给您打电话已经很唐突了，还请您原谅。"

张科长："没有关系，都是做生意嘛。现状的确不考虑这个事情了，年底你再联系我。"

现在的信号已非常清楚：首先，张科长在李泉的停顿中主动接上了话语，而且第一句话是"没有关系"，属于认同、承接性的话；其次，客户使用了命令句"年底你再联系我"，表明了一种接纳，也说明他喜欢支配和命令，需要投其所好。

> 　　李泉："好的，年底按我给您电话。不过现在不谈采购的事情，有机会我得向您学习请教呢！眼下仪表盘加工企业鱼龙混杂，客户需要和关注的是什么，我很想听听您这样的专家意见。不过也不能耽误您太多的时间，周末您有空吗？"
>
> 　　后来，他们约了时间，见了面。李泉请教了加工企业发展的真经，张科长也将仪表盘的订单要求、批量、目前进货的价位等一一告知。第二年，该企业的订单全部被李泉所在公司拿到。
>
> 　　资料来源：边文霞，赵丽红：《有效沟通：缔造非凡人际关系的能力》，北京：机械工业出版社，2014 年 2 月。

　　国际倾听协会这样对倾听进行定义：倾听（Listening）是接受口头和非语言信息，确定其含义和对此做出反应的过程。大多数人在人际沟通中要用45%的时间有意识或无意识地听别人说话。有意识地听是主动的、进行思考的沟通行为；无意识地听则是被动的、不动脑筋的行为。据统计，人们在听、说、读、写四个方面的时间分配为：听占 45%，说占 30%，读占 16%，而写只占 9%。由此可见，倾听在人际沟通中非常重要。

　　饭店各级管理者为了有效地进行沟通，必须掌握听的技巧。会听，就能从沟通中得到很大的收获，就会变得更加善于与他人合作。而专心致志听讲和富于思考的管理者，也会受到人们的喜爱和尊敬。

第一节　倾听的类型和过程

　　倾听是沟通活动中最主要的一个方面，遗憾的是一些管理者并不具备作为倾听者应有的能力，其不良的倾听习惯会导致误解甚至曲解。因此，管理者需要了解不同的倾听类型所产生的沟通效果之间的差异以及倾听的有效性在于倾听过程的完整。

一、倾听的类型

　　听和倾听有许多不同点。听（Hearing）只是一种简单的身体行动，仅由耳朵来完成；而为了更好理解的倾听（Listening）要付出情感和思考的努力。听是一种自然行动，而倾听则是一种工作。真正懂得听别人说话的人，是很难得、很珍贵的，任何心里有话要说的人，都希望自己说话的时候，有人倾听。

1. 全神贯注地倾听

全神贯注倾听不仅仅要仔细地倾听，而且还要正确理解并将复杂纷乱的内容变成有意义的信息。这类听者不仅用耳朵去听，去获得正确的理解，而且全部身心进入对方的话语境界，既听懂了对方的"话内音"，又明确了对方的"话外音"。全神贯注地倾听，是一种了解意图的倾听，能真切了解他人的动机、心愿及情况。全神贯注地倾听具体表现为：反复地思索或了解他人所说的每一个字；去倾听用字、声调、肢体语言；听情绪、德行、真意；完全深刻地进行了解。运用这一倾听方式的信息有：合同、进度报告、财务信息等。

2. 专心地倾听

专心地倾听与全神贯注地倾听相似，因为它也注重信息的主要内容以及细节，但所涉及的信息内容没那么复杂或抽象。

如何才能更好地从他人说话内容中学到知识呢？除了重复说"教教我"之外，还要做到这样三点：一是不要详述你是同意还是不同意；二是对你不熟悉的题目要特别注意；三是把你获得的新信息与你已有的旧知识有机结合起来，当你从他人那里得到知识时，要把新的与已熟悉的知识联系起来。

3. 随意地倾听

随意地倾听很普遍，因为它是倾听中最不费劲的一类。这一类信息包括：与体育有关的信息、贺词等。随意倾听的人们往往是为了愉悦或消磨时间。虽然他们时常摆出一副倾听的姿势，其实是心不在焉。

二、倾听的过程

倾听要求倾听者对声音的刺激给予注意、解释和记忆。在沟通的活动中，倾听遵循这样一个过程：先接收信息，然后对信息进行选择性的筛选，把选择后的信息按一定顺序组织起来，最后调动大脑贮存的知识和经验，通过判断、推理获得正确的解释或理解。理想的倾听过程应包括以下四个阶段：

1. 接收信息

对方说话时发出信息，传到我们耳膜中，产生刺激，成为我们所获得的信息，但听觉器官往往并非接收信息的唯一生理器官。我们的言语信息来自听觉，但倾听效果却是各种因素的综合。当我们听时，听到的是声音或词语说出的方式。但在倾听时，我们则要做出更多的反应。听只是一种涉及听觉系统的生理过程（感觉过程），而倾听是涉及对他人整体的更加复杂的知觉过程，包括对口头语言和非口头语言所传达出的信息的理解。因此，倾听时接收的不只是来自听觉的信息，还有来自其他渠道的多种信息。这样，在倾听时，我们还需要剔除无关的信息，而努力把注意力集中在重要的内容上。

2. 选择性注意

人们并不是对任何信息都接受，总是对一部分信息表现出特别的关注和兴趣，同时又忽视另外一些信息。例如，你可能在房间里听到各种声音：说话声、电视中传出的声音、开门和关门声等，然而当激光唱盘放出你喜爱的歌曲时，你就会全神贯注。

虽然人们能按某种特定的方式集中注意力，但注意力集中的范围是有限的。一般情况下，人们对20秒钟以内的信息能完全集中注意力，之后，注意力将非常容易分散，当然人们也能很快重新把注意力集中在相应的信息上。事实上，注意力的范围是与厌烦紧密联系的。研究者发现，最好的听者是不容易厌烦和在获取信息方面有一些基本技能的人。

3. 组织和理解信息

这主要靠大脑神经中枢进行活动，包括识别、记忆、分析等一系列过程。把杂乱无章的信息分门别类，集中贮藏起来，同时将信息加以扩充或浓缩，赋予信息一定的含义，使他们成为你已拥有的知识和经验的一部分。这个过程基本上是一种选择信息并设法把这些信息与我们已拥有的经验联系起来的过程，人们对信息进行评价，用自己的信念衡量对方所说的话，或者质疑说话者的动机和观点。在对说话者所表达的词语理解的同时，也对他们的腔调、手势、表情赋予一定的含义。

4. 记忆信息

对收集、过滤后的信息，我们会概括以往的经历，调动大脑贮存的知识和经验，通过判断、推理，获得正确的解释或理解。在决定了什么是重要的、什么是不重要的以后，尽可能记住说话人的信息。虽然我们不可能记住所有的语言和非语言信息，但是在选择、理解并赋予其意义后，一部分信息是会存储在我们的大脑记忆中的，尤其是记笔记会帮助我们记住要点。

要使倾听有效，就要经过上述四个阶段。完成这些阶段的程度将取决于说话人对你的吸引力和那些话对你的重要性。此外，听话人也需要全神贯注地投入到整个倾听过程。因此，作为一名管理者，要争取成为投入型的倾听者。只有这样，才能深刻领会到其他管理者、员工要表达的意见，真正从倾听中获得巨大收益。

第二节　倾听中的障碍

倾听需要付出努力。一个积极的倾听者，血压会升高，脉搏会加快，排汗会增多。虽然倾听很重要，而且我们用于倾听的时间也很多，但有时效果却往往不尽如人意。因为倾听是一个过程，在这个过程中难免会受到外界各种因素的干扰，即倾听的各种障碍出现，从而影响倾听的效果。

一、环境因素

环境因素是影响倾听最常见的因素之一。交谈时的环境千差万别，时常使人的注意力转移。如喧闹声、电话铃声、意外来访、来回过往的人、环境布置、气候状况等，从而影响专心倾听。具体来说，环境主要从两个方面影响倾听的效果：一是干扰信息传递过程，消减、歪曲信号；二是影响倾听者的心境。

1. 干扰信息传递过程的因素

外在环境的干扰对于一个倾听者来说是一个持续不断的问题，与外部干扰抗争的第一步是在倾听过程中找出干扰的潜在因素。在沟通过程中，干扰倾听的外在因素主要表现在：

（1）环境封闭的因素。是指谈话场所的空间大小、有无遮拦设施、光照强度（暗光给人更强的封闭感）、有无噪声等干扰因素。封闭性决定着信息在传递过程中的损失概率及人们的注意力。比如房间内的喧闹，室内温度过高或过低，电话铃声或者客人来访等，都会影响人们倾听的质量。

（2）环境氛围的因素。环境的氛围是环境的主观性特征，它影响人的心理接受定势，也就是人的心态是开放的还是排斥的，是否容易接受信息，对接受的信息如何看待和处置等倾向。和谐愉快还是对立愤怒、轻松还是紧张等不同的环境氛围，会直接改变人的情绪，从而作用于心理接受定势。比如交谈环境，在经理办公室交谈，员工就会觉得拘束，其讲话时就可能不是一种自然流露。

（3）环境空间的因素。空间环境也影响倾听，进而影响人与人之间的交流。社会学者和专家们曾经组织的一项调查表明，由于各种因素的干扰，相距 10 米的人，每天进行谈话的可能性只有 8%~9%，而相距 5 米的人，每天进行谈话的可能性的比率则达到了 25%。

2. 干扰倾听者心境的因素

更为宽泛的环境干扰因素包括人的心理、生理因素等内在因素。内在干扰因素主要包括偏见、思想僵化、缺乏信任等。当倾听者由于工作和心理的压力而心事重重的时候，很难做到有效倾听。

（1）来自说话人的因素。对于倾听者来说，倾听的干扰还表现在说话人的一些具体细节问题。如发音特点、衣着打扮、脸部表情、体态语言等都会直接或间接影响听话人的有效倾听，导致许多倾听者在听完说话或短或长的表达后，常常自问："我到底听到了什么？"

（2）对应关系的因素。是指说话者和倾听者在人数上的差异，是一个人说话一个人倾听，还是一个人说话多个人倾听，或者多人说话多人倾听，对应关系的不同会导致沟通者不同的心理角色、心理压力和注意力的集中度。一对一的对应关系使倾听者感到自己角色的重要性，注意力自然集中。在教室里听课是一对多的关系，听课者认为自己在此场合并不重要，压力很小，所以经常开小差。也就是说，环境不仅从客观上，而且从主观上影响倾听的效果，这正是人们很注意挑选谈话环境的原因。如在会议厅向下属征询建议，大家会十分认真地发言，但若是换在餐桌上，下级可能会随心所欲地谈谈想法，有些自认为不成熟的念头也在此得以表达。

二、语言表达因素

不同的人有不同的沟通和交流的能力。人们所说出的每一个词、每一句话都是由一个个最基本的语音单位组成的。语言表达能力的不同及语音表达的不适当都会造成沟通中倾听的障碍。

1. 不规范的语言表达

在沟通中有些障碍因素的出现是由于语言表达的不规范。比如：过分精确的语言、术语的运用，不适当的使用省略语，往往会导致听者难以理解和接收；如果把"上海吊车厂"省略为"上吊厂"，不仅会造成沟通的困难，也会使听者不知所云。又如对大多数人来讲，"氯化钠"也许陌生，但说"盐"则几乎人人皆知。此外，口语或方言的不恰当运用可能会造成倾听障碍；在太短的时间内传递太多的信息，很难使倾听者全部接收或记住。沟通交流中说话者在语言表达上的种种问题，都会造成倾听的障碍。

2. 欠缺的发音表达

沟通过程中，得体的声音能够显示说话人的沉着、冷静，吸引听者的注意力，有时甚至可以让过于激动或正在生气的听者冷静下来，使说话者的观点深入到听者心中。但不少说话人欠缺得体的发音表达，导致影响听者倾听，使沟通障碍出现。比如有的说话人发音错误并且含混不清，会使听者感觉他思路紊乱、观点不清，或对某一话题态度冷淡。有的说话人高声尖叫，使人心情烦躁，或说话声音低沉、有气无力，会让人听起来感觉缺乏热情、没有生机。当你用鼻音说话时，发出的声音让听话者十分难受。有的人内心紧张时往往发出又尖又高的声音，其实，语言的威慑和影响力与声音的大小是两回事。大喊大叫不一定能说服和压制他人。声音过大只会使他人不愿听你说话并讨厌你说话的声音。

三、倾听者因素

倾听者本人在整个交流过程中具有至关重要的作用。倾听者欠缺的倾听态度和不良的倾听习惯会直接影响倾听的效果。

1. 倾听态度的障碍

（1）用心不专。三心二意、心不在焉是这种情况的典型表现。虽然倾听者身在现场，而且表面上似乎在用心努力地听讲，但倾听者本人要么心有所思，要么心不在焉，所以倾听的信息完全或部分未进入倾听者的头脑中。

（2）急于发言。人们都有喜欢自己发言的倾向。发言在商场上尤其被视为主动的行为，而倾听则是被动的。因此，许多人容易在他人还未说完的时候就迫不及待地打断对方，或者心里早已不耐烦了，往往不可能把对方的意思听懂、听全。我们经常会听到别人这样说："你听我把话讲完，好不好？"这正说明急于发言并不利于双方的沟通。其实许多时候只要认真听完别人的讲话，心中的疑问也可能就消除了。

（3）选择倾向。有些人喜欢听和自己意见一致的人讲话。这种拒绝倾听不同意见的人，不仅拒绝了许多通过交流获得信息的机会，而且在倾听的过程中不可能集中在与自己意见相左的说话人身上，也不可能和任何人都交谈得愉快。

（4）心理定式。在每个人的思想中都有意或无意地含有一定程度的偏见。由于人都有根深蒂固的心理定式和成见，很难以冷静、客观的态度接收说话者的信息，而这也会大大影响倾听的效果。比如，当一个你认为说话比较啰唆的人要求和你谈话时，你总是有心无心地听他讲，因为你会觉得他讲的许多都是废话，从而错过了一些有用的信息。

2. 倾听习惯的障碍

许多人与别人交流沟通的目的是为了表现自己，而不是了解对方，因此，他们常常没有耐心聆听的良好习惯，具体表现在以下方面：

（1）假装倾听。在许多情况下，大多数人都曾假装在听讲，虽然他们通过双眼注视着讲话者，并不时点头表示赞同，或脸上露出微笑，给人以倾听的印象。事实上他们的思绪却在千里之外。如果假装倾听成了一种习惯，问题便由此产生。他们做出认真听的样子，但很少知道究竟听了些什么。假装倾听者在沟通过程中不做任何努力，因此很难获得有价值的信息。假装倾听既是坏习惯，也浪费时间。

（2）侃侃而谈。这样的倾听者总是没有耐心听别人说话，他们对说话人的每一个问题都喜欢表达自己看法。在会议或会谈中，他们常常喜欢打断对方并指出对方的错误所在。尽管他们的信息很重要，对方的错误也确实存在，但是当他们用这种中断对方说话的方法表达自己的意见时，常常使说话者产生很糟糕的情绪。

（3）偏颇观念。这些倾听者常常声称主题没有新意，或者贬低说话者的风格和观点。他们轻视对方及其传递的信息，更不注重人的感情、情绪化的表露。这种个人的偏颇观念时常导致敌对情绪的产生，从而影响倾听和信息的交流。

（4）身体表现。有些人在听人说话时，东张西望，双手交叉抱在胸前，跷二郎腿，甚至用手不停地敲打桌面。有些人在听别人讲话或者讲话快要结束时，起身走到办公室门边，把手放在门把手上，意思是"时间到了"。也有些人从倾听开始就没有停下手中在做的事情，他或她可能在谈话中拆信、接电话或整理办公桌。不管是否真的不愿听下去，这些消极的身体语言都会大大妨碍沟通的质量。

（5）速度差异。讲话的低速度和思维的高速度之间的差异会给不熟练倾听的人带来麻烦。由于我们思考的速度比说话的速度快许多，前者至少是后者的3~5倍（研究表明，每分钟可说出 125 个词，但可以理解 400~600 个词），我们在倾听的过程中由于思维的速度和听话的速度有差距，就很容易在听话时感到厌倦。思维往往会在空闲时"寻找"一些事做，或者停留在某处，拒绝进一步的思维。

案例：训练倾听的方法

（1）将一次情况介绍会或一次讲课录下音来，然后努力总结出所听的内容。

（2）在办公室开会时，一边录音一边记下发言要点，然后作比较看看自己所记的对不对。

（3）用眼光和谈话者接触。这样会鼓励谈话者无拘无束地表达感情。

（4）不断地表示支持和理解。不一定要多说话，"嗯"、"我明白了"就可以。

（5）听人讲话时，不要用手乱写乱画。否则会被误解成你缺乏兴趣，甚至被误解成你在侮辱他。

（6）提问题。以适当的话有礼貌地打断对方。这将帮助谈话者确信你在认真倾听。

倾听不仅仅是一种听音技术，真正的倾听涉及你消化所听的内容和对之做出反应的能力。甚至当你学习一门外语时，认真倾听亦能加快学习的进程。

当你努力去更好地理解下属时，倾听是最重要的。注意倾听谈话的潜在含义能够发现种种问题和毛病，而不致使它们发展成影响生产效率的有害之物。

资料来源：王磊：《管理沟通》，北京：石油工业出版社，2001 年 1 月。

第三节　有效倾听的技巧

有效倾听即理解性倾听，被普遍认为是一项重要的技巧，是一门可以经过学习而掌握的学问，也是饭店各级管理者必备的沟通技能。为了使倾听有效，应该克服倾听障碍。因此，掌握必要的倾听技巧很重要。

一、良好的倾听环境

倾听环境对倾听的质量有巨大的影响。例如，在安静、安全的环境中讲话要比在喧闹的环境中讲话更能有效地交流。选择好时间和地点对建立良好的倾听环境很重要。如果有可能，可根据沟通的需要，慎重选择有助于倾听的时间和地点。如果你能适应和控制环境中的因素，就能够在一定程度上改善倾听的效果。

1. 良好的环境氛围

在良好的倾听环境氛围中，双方有一定放松和安全的感觉，并有着与他人平等的感受。这种环境可以是正式的，比如谈判场所，也可以选择非正式的，如酒吧或咖啡厅。讨论诸如工作上重要的事情时，应该选择一个严肃的、封闭的环境，这样才能保证倾听的效果。良好的环境氛围当然还包括沟通双方建立相互间信任和平等的关系。无论职位有多高，都应放下架子，以一个普通人的姿态与员工交谈。在相互信任的前提下，沟通才会真诚而有效。

2. 合适的时间

选择合适的时间，同时保证沟通谈话的次数。这样的时间选择必须得到对方的认可，并提前与对方预约，让对方有一个充足的准备。某些人最好的工作时间是早晨，于是他们会把重要的汇报安排在早晨。对多数人来说，一天中心智最差的时间是在午餐后和下班前，因为在饱食后很容易疲倦，而人们在下班前不愿被过多耽搁。因此，应尽量避免在这些时间里安排重要的倾听内容。

另外，人们在一天里精力分低潮和高潮的时间段。一般来说，上午7：30至10：30为人在一天时间中精力最旺盛的时段；上午11：00至下午1：00左右，人的精力处于低谷；人在下午时段的精力平均水平不如在上午时段的精力平均水平高。所以，在精力低潮阶段，疲劳会影响有效倾听。

3. 适当的地点

必须保证不受干扰或困扰。比如选择较为封闭、有隔音设备的地方进行沟通，而不要选择嘈杂的地方进行交谈。

二、明确倾听目的

倾听的目的越明确，就越能够掌握它。事先为此次谈话进行大量的准备，可以促使我们对谈话可能出现的问题或意外有解决的思路；同时可以围绕主题进行讨论，会使记忆更加深刻，感受更加丰富。

了解说话人的目的有一个很重要的做法，就是学会倾听弦外之音，即仔细倾听对方隐含的信息。当下属走进你的办公室对你说："我快要累死了！昨天、前天和大前天晚上，我都加班到十点钟才回家，我真的是累死了！"下属想要传达的弦外之音可能是这样的："我实在需要别人帮忙，我知道公司雇佣我做这个工作是希望我一个人做，我担心的是，如果我对你说我需要帮忙，你会认为我没有替你做好工作，所以，我不想直接说出来，我只是告诉你，我现在的工作分量太重了。"另一个隐含的信息可能是这样的："上一次你评估我工作成效的时候，提起工作态度的问题，并且还说希望每个人都更加努力工作，现在我只想让你知道，我正在照着你的指示去做。"还有一个隐含的信息可能是："我有点担心，怕保不住工作，遭到公司辞退，所以我希望你知道，我是个多么恪尽职责的职员。"也许还有一个隐含的信息是："我希望你拍拍我的肩膀，希望你这位上级主管对我说：'我知道你工作很努力，我非常欣赏你的工作态度。'"

所以，管理者应该找出"我实在是快累死了"这句话背后隐含着什么样的信息，然后有的放矢，给予相应的满足。

三、给予有效的反馈

有效的反馈是有效倾听的体现。说话者会根据倾听者的反馈做出适当的调整，这样会更加有利于倾听。在管理活动中，管理者通过倾听获得大量信息，并及时做出有效反馈，这对于激发员工的工作热情、提升工作绩效具有重要作用。

1. 语言和非语言的反馈

反馈可以是语言上的，也可以是非语言的。语言形式的反馈常以口头或书面的方式对所获信息做出反应；非语言形式的反馈是以一系列的形体语言对所获信息做出的反应。反馈还可以分为正式的与非正式的。不管什么形式的反馈，应注意反馈清晰，易于为人所了解和接受。当倾听者做出反馈如提问题、检验信息时，说话者能根据倾听者的反应来检查自己行为的结果，他们会知道自己所说的是否被准确接收、正确理解，从而决定接下来如何说和做。非口语性的反馈是由身体姿态、动作、表情来传达的，站、坐、皱眉或微笑都是在反馈给对方信息。

2. 正式的反馈

正式的反馈常以报告、会议等方式来表现；而非正式的反馈则可借助闲聊的方式做出反应。常见的反馈形式包括判断分析、提问、复述和忘却等。判断是对所获信息加以评价和判断。例如："这样做很好！"；分析是对所获信息加以剖析。例如："你所指的是……"；提问即借助提问以获取更多的相关的信息；复述即核实所获信息正确与否，也有助于向信息提供者表达自己的兴趣所在；忘却是对所获信息不做任何反应。

3. 有效反馈的表现

有效的反馈可以对沟通双方起到激励和调节作用。为使反馈有效需要做到：

（1）双方建立相互信任的关系。人们倾向于严肃对待他们认为可信的反馈。如果信息的来源受听者的尊重和信赖，就会增加信息的可信度。

（2）反馈必须适度。因为不适当的反馈会让对方感到窘迫，甚至产生反感。若以判断方式做出反馈，这类反馈应持中立态度，不要简单地评论："这简直是大错特错！"听者应善于识别对方言语真实的感情流露与虚伪的表面情绪，只对他真诚的情感进行反馈。

（3）注意表达的方式。一句话怎么说有时比话本身的内容更为重要。很多人都缺乏选择最佳方式表达意向的能力。他们本应给予明确的、提供信息的反馈，却常常采取了过硬或过软的态度。应记住，反馈只能是反馈，不能直接作为建议，除非对方有这样的要求。

四、有效倾听的表现

1. 良好的精神状态

在许多情况下，之所以不能认真倾听对方的谈话，往往是由于肌体和精神的准备不够，因为倾听是包含肌体、感情、智力的综合性活动。在情绪低落和烦躁不安时，倾听效果绝不会太好。倾听者要集中精力，随时提醒自己交谈到底要解决什么问题，听话时应保持与谈话者的眼神接触。另外，要努力维持大脑的警觉性，这样有助于大脑处于兴奋状态。不仅用耳朵，而且用整个身体去听对方说话，所有这些都是倾听者必须具备的精神状态。

2. 保持目光接触

当你在说话而对方却不看你时，你的感觉如何？多数人将其解释为冷漠和不感兴趣。一位细心、敏感的倾听者，应适当注视对方的眼睛，而不是看窗外、看天花板。如果直视眼睛很困难，则可以弥漫性的目光注视对方的眼睛周围，如发际、嘴、前额、颈部。目光接触是一种非语言信息，表示"我在全神贯注听你讲话"。

3. 展现赞许的点头和恰当的面部表情

有效的倾听者会对听到的信息表现出兴趣。就是通过非语言信号，例如，赞许性的点头、恰当的面部表情与积极的目光接触等相配合，向说话人表明你在认真聆听。在倾听过程中，用各种对方能理解的动作与表情表示自己的理解，如点头、微笑、皱眉、迷惑不解等表情，给讲话人提供准确的反馈信息，以便其及时调整。还应通过动作与表情，表示自己的感情，表示自己对谈话和谈话者的兴趣。

表现出兴趣的另一种做法就是避免那些表明思想走神的举动。看表、心不在焉地翻阅文件、拿着笔乱写乱画等，这会使说话者感觉到倾听者很烦或者不感兴趣；另外，也表明了倾听者没有集中精力，可能会遗漏一些说话者想传递的信息。

4. 适时适度的提问

在倾听过程中，恰当地提出问题，往往有助于相互的沟通。沟通目的是为了获得信息，是为了知道彼此在想什么，要做什么，通过提问的内容可获得信息，同时也从对方回答的内容、方式、态度、情绪等方面获得其他信息。

在倾听过程中，力求让讲话者多说话，不打断讲话者的话，讲话者会感到很愉快。如可以说："请你就最后一点再谈点情况好吗？""对你刚才说的那些事，我很想知道得更多一点"等语言。

在倾听过程中也不要轻易改变他人的话题。不论你怎样急于讨论新的话题，你应尽量让讲话者把话说完。在这个基础上批判性的倾听者分析自己所听到的内容，并提出问题。这表明了沟通是双向的，并显示了理解的程度。

5. 复述

是指用自己的话重复说话者说的内容。有效的倾听者经常使用这样的语句："你的意思是……"或者"我听你说的是……"重复已经说过的话有两个原因：首先，这是核查是否真正倾听的有效手段；其次，这是沟通精确性的控制机制。重复说话者的内容，并反馈给对方，可以检验自己理解的正确性。

6. 开放性动作的呼应

人的身体姿势会暗示出他对谈话的态度，自然开放性的姿态，代表着接受、容纳、兴趣与信任，根据达尔文的观察，交叉双臂一般表现出优雅而富于感染力，使人自信十足。但这常常自然地转变为防卫姿势，当倾听意见的人采取此姿势，大多是持保留的态度。向前倾的姿势是集中注意力、愿意听倾诉的表现。开放式态度还意味着控制自身偏见和情绪，克服心理定式，在开始谈话前培养自己对对方的感受、意见的兴趣，做好准备积极适应对方的思路，去理解对方的话，并给予及时的回应。

7. 不要多说

大多数人乐于畅谈自己的想法而不是聆听他人说话。尽管说可能更加有趣，但我们不可能做到同时又听又说。如果你意识到倾听不良是因为你说话太多，那么就停止说话。如果你的目的在于倾听，就请保持安静。更要避免中间打断说话者，在你做出反应之前应当让说话者讲完自己的想法。在说话的时候不要去猜测对方的想法，当对方说完之后，自然会知道。在倾听当中适时地运用沉默，能松弛彼此紧张的情绪，能促进思考，能控制自我情绪。但一定要运用得体，不可不分场合，故作高深而滥用沉默。沉默也绝不意味着严肃和冷漠。

8. 使听者与说者的角色顺利转换

单向的沟通是很少的，更常见的是双向沟通，也就是说者和听者的角色在不断地转换。有效的倾听者能够在两者之间顺利转换。交流中两者角色转换的前提是双方的信任和真诚，互相信任、真诚的谈话可以唤起对方的兴趣，激发对方的积极性及参与的主动性，因此，在交谈过程中有意无意的撒谎，都有可能使对方觉得你是在欺骗他，而使交谈中断影响沟通效果。

附录

倾听能力测试表

很少有人能注意自己的倾听能力，更难以了解自己在倾听方面犯了哪些毛病，无法真实地检测并加以改善。以下的"倾听能力商数"测验表是简易快速测验你的倾听能力的工具，让你更具体地看出哪些项目是倾听能力的指标。期待你能够从中了解自己而真正身体力行，改善自己。

作答说明：

（1）答案为经常者得 5 分；偶尔者得 3 分；极少者得 1 分。

（2）总分满分为 100 分，分数越低者表示倾听能力需大力改进。

（3）分数在 80 分到 100 分者为非常好的倾听者。

（4）分数在 60 分到 80 分之间属中等，倾听水准表现不平均、不稳定，需要加强。

（5）分数在 50 分以下者需痛下决心，学习倾听。

一、倾听改善行动开始

1. 在以下 20 个题目中，答案为"极少"者，这些是你倾听上急需改掉的缺点；答案为"偶尔"者，这些是你需注意改善的，列在下表中。

2. 专注于倾听上之弱点，提出自我改善方法及联系对象、场合。

3. 排定优先顺序，每周特别选定一项专心练习改进。

4. 不要心急，如果试图急进，一次改善所有缺点，可能反而徒劳无功；按部就班但要持续努力。

二、"倾听能力商数"测量表

请根据自己的经验，直觉地、诚实地回答下列 20 个问题，然后在适当的方格内打"√"。请在 5 分钟内做完。依顺序一题一题解答，须有耐心，不要采取跳跃式。每一题作答时间不要超过 30 秒。

1. 在倾听之前，我会先从心中除去先入为主的偏见与否定的态度，告诉自己开放心胸。

　□经常　　　　　□偶尔　　　　　□极少

2. 与人交谈时，我会全心注意对方，并保持眼神接触。

　□经常　　　　　□偶尔　　　　　□极少

3. 我会设身处地融入对方的情境、架构之下倾听。

　□经常　　　　　□偶尔　　　　　□极少

4. 我全身都在专心倾听别人，表示对谈话内容感兴趣，并对此人表示关心。

　□经常　　　　　□偶尔　　　　　□极少

5. 倾听时，我会同时注意到理智上的内容与情绪性的感觉，而且能够分辨清楚两者的表现与不同。

　□经常　　　　　□偶尔　　　　　□极少

6. 我会注意到（但不会马上回应）别人阿谀或讽刺我时所做的一番努力。

　□经常　　　　　□偶尔　　　　　□极少

7. 为了使别人轻而易举地自由发表，我常常带着一种设身处地替别人着想而又能鼓舞他人的态度来倾听。

　□经常　　　　　□偶尔　　　　　□极少

8. 除非说话的态度更能帮助我彻底了解讯息，否则我并不注意态度，只专心注意到内容。

　□经常　　　　　□偶尔　　　　　□极少

9. 我会注意听出说话内容的主题，并掌握关键重点。

☐经常　　　　　☐偶尔　　　　　☐极少

10. 我采取一种将已经说的、正在说的和可能会说的三者联合为一的方式来倾听。

☐经常　　　　　☐偶尔　　　　　☐极少

11. 不论他表达的方式如何，我总是尽量注意听出他所要沟通的内容。

☐经常　　　　　☐偶尔　　　　　☐极少

12. 我抱着学习与协助的态度来倾听。

☐经常　　　　　☐偶尔　　　　　☐极少

13. 我会小心谨慎地倾听，而转移、避免他人说出将来可能会感到遗憾的话。

☐经常　　　　　☐偶尔　　　　　☐极少

14. 我有耐心听完别人的话，中间不会打断别人。

☐经常　　　　　☐偶尔　　　　　☐极少

15. 在倾听时，我会偶尔提出个人的看法，问些小问题和运用身体语言来予以回馈，以鼓励对方继续说下去。

☐经常　　　　　☐偶尔　　　　　☐极少

16. 我会真心诚意地与别人讨论，而不是去争论。

☐经常　　　　　☐偶尔　　　　　☐极少

17. 假如我不同意的话，在提出自己的看法之前，我会重述对方的立场和意见。

☐经常　　　　　☐偶尔　　　　　☐极少

18. 有时候真正的讯息无法捉摸，因此，我小心翼翼地倾听注意没有说出来的讯息。

☐经常　　　　　☐偶尔　　　　　☐极少

19. 在倾听的时候，我会兼顾到讯息表面与内在的意义。

☐经常　　　　　☐偶尔　　　　　☐极少

20. 我尝试听听自己说的话，就像说给别人听时一样，并自我检讨，包括内容、语气、语调、态度等。

☐经常　　　　　☐偶尔　　　　　☐极少

　　　　资料来源：夏冰编著：《成功沟通》，北京：中国物资出版社，2004 年 1 月。

思考与练习题

1. 倾听分为哪几种类型？
2. 理想的倾听过程应包括哪几个阶段？
3. 简述环境因素干扰倾听的表现。
4. 倾听障碍中倾听者的因素是从哪些方面表现出来的？
5. 简述良好倾听环境所具备的要点。
6. 在倾听中如何给予积极的反馈？
7. 请说说有效倾听的具体表现。

第八章

书面沟通技巧

【案例导入】

书面沟通分析

> 亲爱的先生/女士：
> 　　我已经间接获悉您在寻找一家公司为贵公司所有部门安装新计算机。我确信作为一家完全让人放心的公司，我公司能被指派。我们在贵公司业务方面经验有限，曾经为您服务过的人说我们能够胜任此项工作。我是一个非常热情的人，对于与您相会的可能性，除非另行通知，我在周一、周二和周五下午不能拜访您处，这是因为……

> 刘××先生，您好：
> 　　这是来自微软的信，继我们上周的电话谈话后，我很高兴再邮寄给您一本我公司最新的宣传册。您曾表示过贵公司对安装新型计算机软件感兴趣，我相信我们的服务符合您的要求，会让您满意的。期待您的回音，并期望很快能和您见面
> 　　此致
> 　　　　　　　　　敬礼
> 　　　　　　　　张××
> 　　　　　　2015年10月1日

试分析比较以上两种书面沟通，并作出判断和分析

资料来源：朱彤，罗炜：《管理沟通》，重庆：重庆大学出版社，2015年9月。

　　书面沟通是用文字符号进行沟通的一种形式。在人际沟通和组织沟通中，单单使用口头沟通是远远不够的。比较口头沟通，书面沟通的优点表现在：对所传播的内容更便于斟酌；能够传递那些难以启齿之言；对时间的限制相对少些；较好地记录当初沟通的情况并容易保存下来。对饭店组织来说，无论是内部沟通还是外部沟通，都离不开书面沟通形式。如饭店组织需要拟订章程、制定规章制度、制定职务说明书、制订工作计划和用人计划、做财务报告、市场调研报告以

及内部刊物的编辑和对外的交往信件与函件等，这些都成为饭店与其生存环境之间的纽带。

第一节　写作——书面沟通的基本要求

写作，从形式上来看，表现为文字，它具有一定的行文和格式；从内涵上来看，它具有创造性，简单的记录或者抄袭不属于写作这一范畴。通过文章这种书面语言，可以起到传送信息、澄清事实、表达观点、说服他人、交流感情等作用。为达到良好的书面沟通技巧，掌握写作要则以及如何提高写作能力十分重要。

一、写作的特点和规则

写作作为一种重要的沟通方式，有着独到之处。写作不是漫无目的的，在写作过程中应遵守一些基本规则。同时为不同目的服务的不同文体亦有不同的固定格式。

1. 写作的特点

（1）计划性。一般地说，通常多数文件是有准备、有目的的，是经过创作编排而成的。

（2）逻辑性。书面语在词语的组织运用次序、词语间的关系规则和习惯、句子语法等方面有着明显的逻辑性。书面文字包括了段落、主题句和其他结构上的要素，以便给读者提供一个关于文章内容、结构、逻辑顺序的概要标志。而会见、演讲等口头沟通很少这样做。

（3）多样性。书面语的形式多种多样，包括报纸、杂志、书籍、报告、标语、电子邮件、传真、电视、电脑屏幕上的文字说明、通知以及标志等。书面语不受时空的限制，它可以从一地转移到另一地；只要它上面印制或贮存的材料能够保存，它就可以长久保持下去。

（4）发展性。"写作"这个概念是不断发展的，随着各种新技术的引入，"写作"这一概念的边界渐渐模糊了起来，一支笔、一张纸的传统写作正逐渐被淘汰，运用电脑的文字输入技术尤其是多媒体电子文本，使文字可随意结合、扩张、剪接、复制、粘贴及跨文本调用，写作的效率大大提高。同时写作完成之后，文本的传递和阅读方式也可用网络方便地完成，这使得以"沟通"为目的的写作内涵获得极大拓展。

2. 写作的规则

写作中要把握一些基本规则，外国教材中有"ABC"的说法：即准确（Accurate）、简洁（Brief）、清晰（Clear）。另外，也有 4C 的提法：即正确（Correct）、清晰（Clear）、完整（Complete）、简洁（Concise）。以下从管理沟通的角度，对 4C 做简单的分析。

（1）正确。写作"不正确"，表现在观点不正确、逻辑混乱，或没能用适当的语言文字来表达，有时连作者自己也不知道要表达什么，这都会使沟通变得很困难。所以"正确"是写作的首要原则，也就是说，写出的文章材料要真实可靠，观点要正确无误，语言要恰如其分，尤其是对文章主旨的把握，在写作前一定要明确写作的意图，正确传递想要传达的信息，从而实现有效沟通。

文章的正确性还取决于表述上的准确性，而这又由诸多因素来决定。首先，在表述方式上要符合文章样式的需要，如叙述要讲求事实概括，说明要直接提出要求，界限明确，是非分明；议论要直接表述事理。其次，在文字表达上要概念明确、判断恰当、推理合乎逻辑。使用概念要明确其内涵和外延，使用简缩语要坚持约定俗成的原则，判断要性质明确、恰如其分，推理要符合事物内部的固有规律，避免牵强与武断。最后，在文字书写上要符合一定的标准，如由左及右横排书写，简化字要符合规范，不随便自造，使用数字要规范，正确使用标点符号等。

（2）清晰。在正确表达的基础上，文章应该力求清晰，清晰的文章能引起读者的兴趣，更能使读者正确领会作者的含义。要做到清晰，除了上面提到的选用符合文章的样式之外，还应该注意文章的整体布置，包括标题、大小写、字体、页边距等，尤其是要留下适当的空白。如果是手写，则不能太潦草，这不仅影响读者的阅读，甚至还会影响到文章的正确性。

（3）完整。写作的一大优势就是使我们有充分的时间思考问题，完整地表达想要表达的思想、观点，完整地描述事实。因此，完整是写作的一个要则。在电话或是当面交谈时，常常会遗漏很多想要交流的事项，这是由这些沟通方式的特点决定的。在写作时，为了完整地表述，可以反复检查思考，不断增补重要的事项。

（4）简洁。"简洁"与"完整"并不矛盾。完整是为了表达想要沟通的重要方面，但并不意味着要把所有的事实、观点罗列在纸上。简洁是通过排序的方法，把不太重要的事项删除，也可以把琐碎的、没有太大价值的文字精减掉，使得文章言简意赅。

大多数公文的主要缺点是文辞华丽，观点不鲜明。许多经理人员都错误地认为，简洁的文风反映的是简单的思想。实际上，简洁的文风是努力实践或思考的结晶。

为了达到良好的沟通效果，写作时除要做到正确、清晰、完整和简洁外，同时还需要其他的一些原则，如创新、生动等。没有创新的文章往往不是好文章，而生动的文章会使沟通的效果大大增强。

二、写作过程

写作的程序和相关技巧是写作的必备知识，如果对此有初步的了解，并且不断加以实践，写作能力就可以迅速提高。一般来说，写作过程可以分为准备阶段、成稿阶段、修改阶段。

1. 准备阶段

准备阶段是写作过程中的重要环节，占了整个创作活动的一大半时间，只有在充分的准备之后，成稿这一步骤才比较容易，同时也会减少修改中的工作量。

在准备阶段要做的工作有：一是明确写作的目标。任何写作都是有意图和目的的，都是为特定的目的服务的。不同的写作目的决定了不同的语言风格、材料的选取以及结构安排。二是确定文章的主题。明确了写作的目的以后，就可以根据目的确定主题。主题的确定就是确定以何种方式来表达你的目的、你将集中说明什么、你想让对方知道什么等。三是筛选材料。在确定了写作的目的及主题后，就可以在此基础上，根据主题和目的的需要选择组织相关的材料。

2. 成稿阶段

在作了充分的准备之后，就需要把这一切转化为文字表达出来，无论是用笔写在纸张上还是用电脑直接在屏幕上形成文字，都是写作这一过程中的核心环节。

成稿的过程中，开头比较难，包括怎样称呼对方、哪些应放在开始显眼的地方、后续如何衔接等问题。写了开头，有了思路之后，一般的书信或函件、报告等写起来都不困难。但在写作的过程中，思维是不断地发展的。作者必须决定什么时候、怎样修改文本但又不阻碍或丧失创作思路。成稿过程是复杂的，写成的书面文本不是精神文本的复制品，而是需要进行创造或再创造才能产生的。

3. 修改阶段

好文章是精益求精的结果，既是写出来的，也是改出来的。由于人们对事物的认识是不断深化的，人的思维很难一下子把它准确周密地反映出来。

修改可以在写作过程中的任何时间进行，内容涉及对现有计划、目标、方法和整个文稿的重新检查修订。一般来说，修改是对书面文本中的不足施以改变的过程，这些改变可以针对文本内容，也可以是拼写、语法、布局等方面，通过适当的增加、删除、替换、合并、扩大等措施，可以使文章在内容上、形式上发生较大的变化。

修改作为写作过程中重要的一部分，包括锤炼、校正文章主题，增删更换材料，调整结构安排，斟酌变更写作手法，推敲润色语言等多个方面。每一个方面都是作文的基本功。可以说，文稿能够修改是写作这一沟通方式具有的巨大优越性，正是因为写作过程中有修改，才使得写作能达到正确、清晰、完整、简洁等要求，才使得写作成为沟通中不可替代的方式之一。

三、写作能力的提高

从沟通角度来理解写作，提高写作能力，对管理者个人而言，意味着沟通能力的提高；对饭店组织而言，意味着管理水平的提高。在写作过程中，经常会遇到很多的障碍，主要是写作前无从入手以及写作过程中思维中断等。要克服这些障碍，提高写作能力，以下一些相关的写作经验可供参考：

1. 明确写作的意图

在动笔之前，问问自己为什么要写此文稿？这个文稿将起什么作用？应该包含哪些方面的内容？什么是最重要的？各项内容之间的次序及逻辑是怎样的？只有在明了写作意图后，才能有一个清晰的结构，使写作过程顺利进行下去。

2. 收集足够的相关素材

材料的完备与否往往决定了能否写出好的文本。无论写的是正式的文章还是非正式的便条，都需要一些素材。具体收集时，可坚持"多多益善"的原则。材料多，才可能全面、正确地反映出事物的本来面貌，防止观点的片面性；材料多，才有选择的余地，保证事实和论据的典型性和生动性。

3. 选择一个良好的写作环境

环境是影响创作的一个重要因素，选择作者自己习惯的，不受干扰和影响的环境十分重要。尤其是对正式文本的写作，有一个良好的写作环境可以尽量避免写作障碍的出现。

4. 平时多读多想多练

只有平时多读多想多练，才能不断提高写作能力。明确了写作的性质、特点、作用和写法，再加上多读一些相关的文书、文稿，了解他们在思想内容、表达形式、写作方法、布局设计等方面如何处理，加深对写作方法与技能的掌握。此外，反复的实践也是克服写作障碍，提高写作能力的必然路径。通过实践才能把知识转化为能力，形成熟练的写作技巧。

第二节　公文沟通技巧

公文是组织处理行政公务的往来文书，它是组织加强管理、沟通信息与联系的一种有效方式。饭店组织为了能很好地发展自身，就要与外部的公众环境相互协调；为了使内部员工的思想行为保持一致，就需要健全组织的规章制度，使上情下达，下情上报。公文便是这样一种对外沟通信息与联系、对内加强管理与协调且具有约束力的沟通方式。

一、通知、通报的写作技巧

1. 通知的写作技巧

通知的主要作用是传达上级的指示，要求下级办理或告知下级应该知道的事项。

通知按其性质和内容大体可分为发布性通知、转发性通知、批转性通知、指示性通知、知照性通知、会议通知、任免通知和一般性通知。通知的书写格式一般为：第一行正中写明"通知"或"紧急通知"、"会议通知"等字样，第二行起顶格写受文单位名称（知照性通知、会议通知不必写受文单位），接下去换行空两格写正文。正文内容包括通知的起因和目的、通知事项、执行要求等三部分。其篇幅有长有短，有复杂有简单，应视通知的内容而定。

会议通知正文部分要求写明会议名称、会议内容、主持单位、开会日期、地点、出席会议的人员等内容。任免通知用于上级单位任免下级单位的负责人，或下级知照有关人员职务任免的决定。一般要写出任免的机关（或会议）、时间和任免人员的姓名、具体职务。

2. 通报的写作技巧

通报通常被用于表扬好人好事、批评错误的人和事，以及传达重要情况和问题。表扬性通报旨在宣传先进典型，树立榜样，推动工作。

通报的写作格式与公函相同，只是标题中应写明是"关于×××××的通报"。行文时要求写明通报的原因、通报的事迹、总结的经验、表彰决定和提出的要求。批评性通报旨在通过反面典型，提醒人们吸取教训，引以为戒，做好今后的工作。行文时要写明通报原因、通报事情、总结的教训、处分决定和提出的要求等。传达性通报旨在沟通信息，分析情况，为工作提供参考，行文时要求准确、清晰地写明所要通报的情况，并提出指导性意见。

　　由于通知、通报一般为下行文（对下级使用的行文叫下行文；对平级使用的行文叫平行文；对上级使用的行文叫上行文），所以写作时要遵循下行文的礼仪规范。一是应充分尊重下级。对下级递交的请示、报告等，上级组织应及时处理、给予具体指导意见和信息反馈。二是应注意下行文的用语。行文要庄重严肃，避免使用谦辞敬语，以体现下行文的权威性。下行文的结尾常用"特此批复"、"希即遵照办理"、"望研究执行"、"请认真贯彻执行"等。当然，必要的礼貌用语亦不可少。

二、报告的写作技巧

1. 报告及其写作注意事项

　　报告是一种主要用来汇报工作、反映情况、陈述问题、答复上级查询或要求的客观陈述性上行文。从其表达形式来看，可分为正式报告与非正式报告；根据其内容可分成五大类：工作报告、情况报告、建议报告、答复报告、递送报告。写作报告应注意以下要点：

　　（1）一般较短的报告不需要用目录，但是对于较长的报告（一般超过5页），目录是必需的，这样可以使读者快捷便利地寻找到报告的任何部分。

　　（2）文字以简洁为好，特别是工作报告一般是一事一报，目的是将事件的进展情况说清楚，因此文字越简洁越好。

　　（3）报告一般采用开门见山的写法，不对细节做过多的描述，一般不加撰写者的认识和评论。

2. 报告的基本结构

　　不同的报告具有不同的篇幅、意图、风格形式，然而，所有的报告都是结构完整的正式文书。任何报告的基本结构都要包括以下四个部分：标题、前言、正文、结尾。

　　（1）报告标题要写具体，写明单位名称、事由和公文文体。写一份报告决不能仅以"报告"二字为题，因为这样的标题太泛，不利于上级尽快了解报告的内容。具体的报告标题如"调查报告"、"可行性报告"、"关于××的报告"。

　　（2）前言一般提供一些与报告有直接关系的背景情况。如一份调查报告的前言部分可能包括的背景材料有：调查目的、方法、时间、地点、范围、对象及参加调查人员等。在报告中，作为背景的材料应尽量简洁，使人在较短的时间里迅速掌握报告有关的情况。

　　（3）报告的中心是正文，在报告主体部分要加上自己的分析，不能单纯地罗列数据、图表、现象等。不同的报告，其主体部分的写作重点各有不同，写作过程中应通盘考虑，灵活多变。

（4）结尾其实是报告正文的一个组成部分。这一部分的内容有的是重申或概括自己的观点；有的是进一步提出问题，引起注意；有的是对问题做简要评价；也有的在这一部分把其他部分无法交代的内容做一个补充。若主体部分观点清楚，内容完备，也可不写结尾。结尾时常用"特此报告"、"如有不妥，请指正"等字样，并在正文结束后右下方位置署上报告人姓名及报告完成的日期，以示对报告内容负责。报告行文，内容要求实事求是，详细明了，用字谦恭简洁。

案例：一份公务便函

便　函

致：人力资源部
自：总裁
主题：饮水机　　　　　　　　　　　时间：××××年××月××日

现在公司内有诸多抱怨，抱怨上班时间内喝水困难。我不希望员工认为公司不关心他们的生活，实际上公司一直在致力于员工福利的提高，应该配备既节省时间又清洁卫生的饮水机。

但我不清楚员工对安装饮水机的反应如何，有些其他什么不同意见，请向我呈交一份报告。

人力资源部给总裁的一份报告
××××年××月××日

关于饮水机的报告

十分有意思，办公室内的饮水问题引起了这么大的关注。给大家配备饮水机，似乎是一个很好的方案，既能节省员工时间，又能提供清洁卫生的饮用水。但实际上配备饮水机的效果确实很不清楚。

在好几个办公室，经常谈论谁打开水，公司开水供应不足，供应时间不够长，水质差等问题，但实际上大家也就这样过来了，办公室内都形成了一些固定的规范。如果安装饮水机，则会碰到费用、送水时间、饮水机放置位置等问题，很容易造成矛盾。

因此，我们认为应该加强原有开水供应，个别办公室如有此要求，可让他们自行解决。

问题：

1. 以上一份便函和一份报告都十分简短，讨论的是公司内的饮水问题，你认为它们完成了各自的目的了吗？如果没有，问题出在哪里？

2. 针对沟通中的障碍，请你拟一份便函和一份报告。

提示：写作的意图；掌握的背景资料；写作过程；行文与格式：标题、语气、用词等；需要把握的问题。

总裁：安装饮水机的必要性、可行性。

人力资源部：回答问题，并做相应调查，回答要多少台饮水机，安装在何处，与什么公司合作，饮水机的管理及具体安装时间安排等问题。

资料来源：苏勇等：《管理沟通》，上海：复旦大学出版社，1999 年 8 月。

三、请示、批复的写作技巧

1. 请示的写作技巧

请示是下级单位向上级单位请求指示和批准时使用的文体。与报告相比，请示更为具体，它是一事一报，一文一事。由于请示一般要求上级单位做出答复和指示，因此，若遇多件事需要请示时，则应分别成文，否则，上级无法作答。请示的标题同报告一样，一般应详写，使人读来一目了然。正文中要写清楚所请示问题的背景情况和有关材料，以充分证明请示的合理性和必要性，同时也要明确地提出自己的处理意见，提供领导批复时参考。结尾通常写上"妥否，请指示"或"以上意见妥否，请批示"等字样。请示由于其具体性、针对性强，因此只送一个主管领导审理。

2. 批复的写作技巧

批复是上级单位答复下级单位请示事项时使用的文体，针对性强，一般是一请示一批复。行文时要求针对所请示的问题明确做出同意与否的答复，也可以提出具体意见，要求下级单位认真执行。批复正文由批复的缘由和批复的内容两部分组成。批复的缘由一般引述来文的编号、日期、标题，再加上"收悉"等惯用词。批复的内容一般是表明领导态度、答复的依据等。两者之间用"现批复如下"作为上下文的衔接，最后用"此复"、"特此批复"等字样作为结束语。批复属下行文，不必讲求词语的恭谦，但仍须注意使用必要的礼貌用语。同时，批复总是针对请示而言的，及时地对请示做出批复，不仅是工作的需要，也是一种礼仪规范的具体表现。

四、简报的写作技巧

1. 简报及其格式

简报即情况的简要报道，其性质和消息差不多。简报不仅便于上级领导及时了解下情，掌握日常工作的各种动态，迅速采取相应决策以推动工作，而且也便于平级、下级之间及时互通情报，交流经验。可见，简报兼有汇报性、交流性和指导性的特点。简报主要有思想动态简报、工作情况简报和会议摘要简报。

简报的格式犹如小报，也是由报头、报核、报尾三部分组成。报头部分用大号字将简报名称居中，有直接标作"简报"的，也有标作"动态"、"简讯"、"情况反映"、"工作通讯"、"内部参考"的。期数在标题的正下方，还要注上刊出的总期数。与报核部分用横线隔开。报核部分首先是标题，然后是正文，正文结束后要在右下角把供稿者括注出来，下面同样用横线隔开。报尾部分在左端注明发送范围，在右端写上共印份数备查。

2. 简报的写作技巧

简报是一种比较特殊的文体，它不属于公文里的上行文和下行文，它是以反映情况、交流经验、传递信息为主要内容的简短、快速的文件。掌握简报的写作技巧对于写好简报是很重要的。

（1）成功的简报要在一开始就能吸引住听众或读者的注意力，并保持这种注意力直至结束。

（2）简报的可信度。确切地陈述姓名、事实、案例、统计数字或是类似事物，读者、听众就可能因此推论，在每个所举的确切事物的背后，都有更广泛的支持，因而简报的论点也就非常可信。

（3）巧妙地组织论点。确定简报的内容后，必须以一定方法将资料组织起来。最佳的方法是 BEST 法，即提纲（Bottomline）、举证（Evidence）、综合（Summary）、转接（Transition）。提纲即在简报中每个段落的开始，用 25 个以内的字陈述这一段落所要表达的重点。举证即列出确切的论据、例子、统计数字、故事等任何可以支持论点的素材。综合即将主要论点再陈述一遍，这样读者、听众才将确切的举证转化为一般性结论。转接即用一句话将读者或听众从一个主题引向下一个重点。

（4）以积极的方式结束简报。比较两种结语："让我们期待一个更光明的未来，而且避免犯下过去所犯的错误。""我们将避免过去所犯的错误，并且期待一个更光明的未来。"显然，应该在积极气氛中结束简报，尽量避免下降语气。因此，后一种结束方式更有鼓动性。

五、经营计划书的写作技巧

计划是将一定时期内某项或某类工作所要达到的目标及为达到这一目标所采取的相应措施等，按一定的格式、用简明的语句加以条理化之后形成的一种书面材料。由于适用时限和具体内容上的不同，计划往往还被称为"规划"、"设想"、"方案"、"工作要点"等。

一个组织的经营计划可分为许多种。按内容的性质可分为销售计划、成本计划、财务计划等；按内容涉及面的大小可分为综合计划、专项计划；按适用期限可分为长期计划、中期计划、短期计划等。经营计划的基本结构，一般由封面、正文和制定日期三部分组成。

封面是经营计划的首页，一般上方写明计划名称，下方注明落款。如果是长期计划，则应用"规划"字样，而短期计划往往采用"安排"字样，如果属于要开展的某项专题活动，一般用"方案"。落款部分通常包括主管领导署名、计划部门负责人署名、编制人署名和制订计划的具体日期。计划的制订日期是指正式讨论通过的日期，一般说来应署于结尾处，并在上面加盖单位或部门公章。

正文部分一般由文字说明和计划表格两部分组成。文字说明通常包括前言、计划事项、措施及步骤等内容。前言用于说明制订计划的依据。如长期销售计划的制定主要依据市场调查和预测；而短期的销售计划在制定时主要依据其订货工作。计划事项是指计划的目的、各项指标和具体要求。由于这一部分的内容一般在文字后的表格中有具体详尽的列表，因此，只需简单地概括一下即可。措施是指实施计划的具体途径和办法，包括如何利用优势、依靠哪些力量、采用什么方法、创造什么条件、克服何种困难、如何分工、具体的检查和监督方法以及奖惩等。步骤是指计划实施过程中的进度安排，包括达到目标或完成任务需要分几步走，达到何种标准，人力、物力和财力如何调配，各阶段之间如何衔接等。计划表格一般根据特定的内容和不同的情况由上级部门或本单位统一设计、印制。写作时，一般依照项目内容逐项填写。

六、工作总结的写作技巧

工作总结是组织、部门或个人对过去一个时期内的工作活动做出系统的回顾归纳、分析评价，并从中得出规律性认识用以指导今后工作的事务性文书。从内容上看工作总结主要有综合总结和专题总结两种。综合总结是对某一时期各项工作的全面回顾和检查，进而总结经验与教训。专题总结是对某项工作或某方面问题所进行的专项总结。工作总结写作的基本结构是标题和正文。

1. 标题

标题有文件式标题、文章式标题和双行式标题。文件式标题一般由单位名称、时限、内容、文种名称构成。单行式标题概括主要内容或基本观点，不出现总结字样，但对总结内容有提示作用。例如，某企业的专题总结《技术改造是振兴企业之路》。双行式标题是分别以文章式标题和文件式标题为正副标题，正标题揭示观点或概括内容，副标题点明单位、时限、性质和总结种类。

2. 正文

正文由前言、主体、结尾和落款组成。前言一般介绍工作背景、基本概况等，也可交代总结主旨并对工作做出基本评价。前言要力求简洁，要开宗明义。主体应包括主要工作内容和成绩、工作目标及任务的完成情况、经验和体会、问题或教训等内容。这些内容是总结的核心部分，可按纵式或横式结构形式撰写。纵式结构即按主体内容从所做的工作、方法、成绩、经验、教训等逐层展开。横式结构即按材料的逻辑关系将其分成若干部分，各部分加小标题，逐一来写。结尾作为总结的结束语可以归纳呼应主题、指出努力方向、提出改进意见，或表示对今后工作的决心、信心等。结束语要求简短利索。落款一般在正文右下方署名。如果是报纸、杂志或简报刊载的用于交流经验的专题总结，应在标题下方居中署名。

第三节 商务文书沟通技巧

"商务文书"指的是能提供商务方面真实信息的书面材料。在商务沟通中，商务文书能记录信息、事件或观点。信函是商务文书的最主要形式。对很多经理和管理人员来说，书写信函是比较频繁的工作，因而掌握商务文书的写作要求及其信函的写作技巧是管理人员的一项基本能力。

一、商务文书及其基本写作要求

1. 什么是商务文书

"商务文书"是一个十分广泛的概念，所包含的文体类型也很丰富，比如信件、函件、报告、命令等。这些文书的每种类型又有很多不同形式，如信件有证明信、调查信、任命书、解职书等。商务文书有着共同的特征：一是它们的产生是有目的、有计划的；二是它们的内容都应是真实的，与事实密切相关，描述实际的或计划的事物而不是凭空设想的；三是它们的内容包括数据、信息、意见、观点、事实材料等。在商务文书中，数目最多的是信件和便函。

2. 写作商务文书的基本要求

（1）清楚、明晰。读者能否较容易的阅读、理解、吸收书面材料，很大程度上取决于写作的文本是否清楚、明晰。要使文件清楚、明晰，就要做到：语法、标点符号正确；格式符合惯例且遵循本组织固定模式；句子流畅、连贯，过渡自然，尽量使用短句、简单句；充分考虑读者理解能力，不能过于专业化；主题要集中，目的要明确；每段开始应有主题句，且每段只表达一个意思。

（2）简洁、精练。写作商务文书时，应用贴切的语言表达思想和情况，做到简洁、精练。具体可以从以下方面入手：避免赘词，比如用"因为"而不用"由于某种原因"，用"一直"而不用"在所有的时间里"等；杜绝重复，比如用"经验"而不用"实际的经验"，用"事实"而不用"其实的事实"等；用单字而不用短语，比如用"一些"而不用"一定数量的"，用"如果"而不用"依据是否"等。

（3）准确、贴切。在商务文书中，"准确"包含以下内容：词语、标点运用准确；逻辑结构连贯合理；图表数据运用准确等。做到准确、贴切，应注意三个方面：避免使用抽象词语，如"一些员工的脸上在项目前和项目后都显现出高度的表情"，这句话根本没有表达出员工们的心态，让人不知所云，应改为"一些员工在项目前和项目后都显得不大高兴"。避免逻辑结构混乱，如"我估计要下雨了，然而尚未见乌云聚集，所以我要带把雨伞"，这句话逻辑结构混乱，不符合惯例，应改为"虽然乌云还未见聚集，但我估计要下雨，所以我要带把雨伞"。正确地使用数据包括数据本身、标点符号、数据的时间期限、数据的修正系数及方法、数据的对比等；正确地使用图表包括图表中的数据本身、标点符号、数据的时间期限、数据的修正系数及方法、数据的对比以及图表的含义等。

二、商务文书结构和修改方法

1. 商务文书结构

文书的作者应清楚明了地确定文书是为何目的而创作的。明确商务文书的写作意图是写作的一个关键步骤，它能影响写作的风格及文书的结构形式，也能促进作者对文书主题和范围做出决定。

把重要的内容放在开头及结尾。每天都会有大量的商业文件在组织内流通。对于收到许多这类文件的经理和管理者而言，通常很难通篇阅读每一篇文件，而只是注意一下文件的开头与结尾。所以应该将那些一定要被看到的信息放在开头与结尾的显眼位置，而把次要的细节放在中间的段落。

在文件结构的组织上，可以按下面的安排进行：

- 在"呈——发自——日期"开头部分，再加上完整的主题叙述；
- 将结论用简洁易懂的语句写在第一段或最后一段；
- 将行动要求——你希望读者所做的事，写在最后一段或第一段；
- 为方便阅读，可以在文件每个段落前加上标题；
- 为读者留出地方写反馈。

2. 商务文书的修改方法

只有内容和形式都达到一定水准的商业文件，才有可能实现良好的沟通效果。对写完的商业文件进行适当修改才可能使商业文件在文字表达方面趋于完善。其修改的方法大体如下：

（1）大—中—小修改法。大改，快速通读全文，寻找大的因素，如主要内容以及组织结构等。如果文章很难阅读，就要进行大改。中改，看看文章是不是保持了简单、清楚与精确的特性。问问自己，读者是不是需要知道所写的每一件事？能不能删除某些段落或部分内容？句式表达是不是可以更简单些？小改，寻找文章细节方面的问题，如语法、错别字或标点符号等，把这些细节性的工作留在最后，可避免做许多无用功。

（2）标题的调整。优秀的商业文件，其标题应该是完整而清楚的。标题的设定应按照这样的原则：标题＝目的＋主题。标题中的"目的"可以以多种用词出现：更新、建议、大纲、时间安排、提案等。而"主题"则可以是企业经营中所涉及的各项事务。

（3）利用小标题方便阅读。使用小标题是方便阅读的最有效的手段，即使是很短的商业文件也要利用小标题标出每个部分，这样做便于浏览、便于选择性阅读。

三、商业信件的写作技巧

商业信件通常用于与组织外的其他人进行书面交际沟通，它是商务交往中用得最多的工具。为了写出好的信件以适应商务需要，达到商务上或其他方面沟通协调的目的，信件写作者应特别注意以下一些写作技巧：

1. 书信的风格

商务书信若是刻板、生硬，那么与客户发展有效益的商务关系的可能性便会大打折扣。把握书信风格重要的技巧在于：

- 使用清晰、简洁而又准确的语言；
- 避免陈词滥调、抽象的词语和不必要的话；
- 使用短句；
- 使用自然、友好而又惹人喜爱的风格。

2. 信件的布局

日常的生活信件可以采用很随意的格式，但商务信件在这方面有一定的原则，其布局安排一般按公司组织信件惯例来进行。这些惯例包括：使用扉页、限定空白、规定字体大小、指定标题应用等，甚至还会有一个或几个参考版本。

3. 写作的技巧

（1）开头和结尾。万事开头难，写信也是如此。一般人们不愿意看到这样开头的信："我知道我应早点写信给你，但我实在没有什么东西可写"。这样的开头，实际上在表露着不友善的想法。如用："收到你的信，我很高兴。"或者"长久以来，你的来信总是邮递员带给我的最受欢迎的礼物。"这样的开头比较受欢迎。

信的结尾一般应向收信人表示友好的祝愿，如说"工作顺利，生活愉快"、"祝好"、"等候佳音"、"盼望来信"等。

（2）书写字体。写信的字体应该整洁干净，工工整整。如果像幼童涂鸦，乱糟糟的一团，会使人在看信前就产生不良印象，以致会对写信者的外表、能力、性格、人品等产生不准确的推测。另外，在书写信函时，须用钢笔，表示尊重，一般不用圆珠笔；更不用铅笔，那样显得不严肃。墨水应选择黑色或蓝色。红色则表示绝交的意思，这是尤其要注意的。

（3）信函礼貌。对企业间的来信不能拖得太久，有些信是要立即回复的，如对企业的成功表示祝贺，对其他企业开业表示祝贺或是对他们的困难提供建议。对经理和管理者来说，答复对方的问题是重要的礼貌，尽力做到有问必答，有求必应。对于顾客的来信来函，更应如此。

（4）信封书写。信封有一定的格式，一般应按规定格式写，如若字迹潦草模糊，涂涂改改，不仅影响信件的投递，对收信人来说也是不礼貌的。书写信封一般应写明收信人的详细地址、收信人姓名或公司、企业、团体的全名，寄信人的详细地址和姓名。

四、商业函件的写作技巧

信件通常用于与组织外的其他人进行交际沟通，企业间交往也常使用商业函件这种形式，便函则较多地用于组织内的书面交际，这些函件一般较为简短。

商业函件的写作与上面提到的信件很相似，问候信、致谢信和招待信有时也称问候函、致谢函和招待函，其他还有送货单、清款条、订货单等，它们都有固定的格式，只需填上相关的事项就可以了。而且这些商业函件的措辞、风格比较严肃、讲究，行文采用直叙式，用简朴的词句陈述事项，还常作为存证，存留在档案之中。

1. 致谢函

致谢函就是向对方的好意表示感谢的函件，这种致谢函的写法，依对方好意的程度，以及对方和本公司或关系的深浅而有所不同。在写作时，要先了解情况，然后再下笔，一定要谨慎、细致。表 8-1 为一个致谢函的例子。

表 8-1 致 谢 函

××公司××部经理先生：
这次请您了解××商品市场情况,承蒙您在万忙之中做深入的调查了解,实在不胜感谢。关于××商品价格,待我公司调整修订以后再函告您。
希今后加强往来,并请给予大力支持!
特此书面表达感谢之意!
此致
敬礼
×××敬上
××××年×月×日

2. 订货函

买方如果在看过卖方目录、价格单、样品之后，有意订购某种商品时，可向卖方订货。订货可采用自己企业自制的订单，也可采用订购函的形式，但需要在信中写明订货事宜等细节。

一般来说，如果用订单订货，只需在上面填写各项内容，并附上简单的说明文字；如果是用信函的形式订购，则须写明商品细目、数量、价格等条件。订货函的写法要点：一要说明根据什么而订购以下货物，并简陈商品细目、数量、价格等；二要请求确认订单；三要希望对方关注此次订购。表 8-2 为一个订货函的例子。

表 8-2 订 货 函

事由:打字机
敬启者：
请供应以下货品：
电动打字机 PA-311 型 10 台,单价每台 300 美元,总价 3000 美元。
手提打字机 HA-201 型 10 台,单价每台 70 美元,总价 700 美元。
交货:××××年 10 月底以前。
付款方式:不可撤销信用证,见票即付汇票。
发票:商业发票一式三份。
所有发票及信函须注明订单 233 号,装运将另行通知,并请回函确认订单。
谨上
××进出口公司
××××年×月×日

附录

对读者的分析

写作效果好不好，或者说达到目的与否，不仅在于你，更在于读者。如果不根据读者的状况来写作的话，那么，你肯定达不到沟通效果。

（一）了解读者的意愿

一般来说，读者有三种：随意读者、必读者和自愿者。

随意读者就像在网上闲逛的"网虫"一样，他们漫无目的，随便点击某个网站，觉得有趣则有可能逗留，如果觉得索然无味则马上退出。对于这类读者，首先要让他们承认你是作者，使其感兴趣，进而抓住其注意力。

必读者阅读你的信息除了有自己的兴趣外，而且这也是他的一项任务。例如，公司员工、学生等。公司员工为了自己的前途，肯定会浏览公司的各种报告文件，所以这也是他的一项任务。对于这种读者，尽管他们阅读你所写的文章是一项任务，但是也有必要吸引他们的兴趣。

自愿者是由于对你或你写的内容感兴趣而阅读你的作品，如写作爱好者、书迷等。对于这种读者，你可以深入探讨主题，不用担心会失去他们。

（二）了解读者的目的

和你一样，读者也有自己的目的和动机，你必须对此高度重视，做到心中有数。

1. 求知

读者如果觉得自身知识水平不够，或者能力不行，就有提高自身知识和能力的要求。当读者怀有这种目的的时候，他们会带着这种目的去猎取合适的对象。对于这种读者，你只要了解他希望获取哪一方面的知识，自然能够吸引他的注意。

2. 追求时髦

有时，读者受社会时尚和时下流行的读物的影响而阅读。认识一种社会性的读物，他不仅受自身的因素影响，而且正被社会中的其他成员制约。也就是说，如果时下流行什么样的书籍，或者眼下冒出什么新的时尚，那么大众一般随波逐流。例如，时下网络和电子商务十分火爆，这方面的书籍也自然流行。因此，你需要把握时代的信息，捕捉即时的时尚。

3. 欣赏

有的读者纯粹是出于欣赏的目的去阅读。他们有着很高的鉴赏能力，很挑剔，就像古玩爱好者对古董一样。这时的你，必须运用纯熟的写作技巧，去恰当地表达你的信息。

资料来源：甘华敏等：《大领导力：沟通力》，北京：中国国际广播出版社，2003年4月。

思考与练习题

1. 写作有哪几个特点？
2. 写作中要把握哪些基本规则？
3. 简述写作的过程。
4. 如何提高写作能力？
5. 简述报告的写作技巧。
6. 简述经营计划书的写作技巧。
7. 简述什么是商务文书及其写作的基本要求。
8. 简述商业信件的写作技巧。

第九章

口头沟通技巧

【案例导入】

福州香格里拉酒店员工与客人打架事件

2013 年春节的时候，拥有香格里拉集团高级会员身份的高先生再次住进了福州市香格里拉酒店。早上，他吃完早餐后走出餐厅，就发现香格里拉酒店餐饮部副经理跟在自己身后，于是问这位副经理要干什么？没想到这位副经理突然冒出一句话："我送别你。"高先生觉得有点刺耳，毕竟现在是过年嘛，"送别"这两个字听起来像告别逝去的人的意思。于是，高先生劝这位副经理不要用"送别"俩字，而改用"请慢走""谢谢你"、"我送你"等等常用口语。

事情并没有就此结束，接下来发生的事情多少令人匪夷所思。一天后，高先生在福州香格里拉酒店大堂里，遇到了餐饮部副总监沈先生——副经理的上级。作为酒店常客，高先生将昨天的遭遇向沈先生反映，并希望酒店日后能够加强口语规范。没想到沈副总监回复说："送别就是再见的意思，没有其他特殊含义，是你自己多想了，我的属下没错可改。"

听到这样的回复，高先生就不满意。他回击说"如果送别只是再见的意思，那你就回去跟你妈说一声送别，这也是再见的意思。"沈副总监一听急了，猛推了高先生一把，高先生回击了一下，酒店的管理人员随后再次出手。再往后，一个路过的人报了警，警察到了现场。

在此之后，福州香格里拉大酒店总经理郭欣成带着保安部经理等三四个人，到了高先生的客房，请他立即退房离开酒店。高先生表示预订的住店时间还没到，但酒店方表态称，如果不退，酒店将采取关闭房锁等措施。高先生虽愤慨不已，但只得结账走人。预订在福州香格里拉大酒店度春节的住宿计划，不得不因香格里拉酒店的驱赶而中止。

十多天后，香格里拉国际饭店管理有限公司总裁兼首席执行官给他寄送了一封函件，表示决定不再接受高先生作为集团的高级会员，也不接受高先生作为旗下任何酒店的客人。高先生的会员资格即刻终止，会员卡即刻失效，账户中金环会奖励积分以及按照金环会计划可享有的任何权利、利益或特权也一并取消。高先生表示，他在香格里拉大酒店消费几十万元才累积了 7 万 2828 积分。高先生说，这么多积分可在酒店消费，相当于 7 万多元人民币的消费项目。

　　资料来源：笔者依据相关资料整理。

　　饭店管理者在经营管理活动中时刻要和不同的对象说话，以自己亲身交往而不是书面往来的方式进行着指导、帮助和劝说的工作。但为什么有的管理者讲话别人不爱听？为什么有的人的讲演调动不了听者的兴趣？为什么组织之间的谈判缺乏融洽的氛围而只有剑拔弩张的争斗？这是因为说话是一门艺术。对于饭店管理者来说，交谈、演讲、谈判等口头表达具有重要的意义。从某种程度上说，一个善于说话并掌握一定技巧的管理者就是一个成功的管理者。

第一节　管理者口头表达的种类

　　饭店管理者在工作、会议等正式场合和其他非正式场合需要用口头表达的情况下，应根据不同的场合、对象以及所要达到的不同目的，采用不同的口头表达类型或方式，这样才能抓住听众的注意力。

一、即兴发言

　　即兴发言包括传递信息的发言、引荐发言、颁奖词、欢迎词、祝酒词和口头报告等。

1. 传递信息的发言

　　管理工作和商务活动中许多场合需要管理者去传递信息。如向员工传达上级指示和会议情况、介绍饭店新的规定、新的人员工作岗位调整等信息。这种短时间讲话的首要目的是要向员工提供他们原本并不知晓的信息。通常员工对此类话题知之甚少，说话者必须要弄清他们的了解程度，只有这样才可以合理控制讲话量。

2. 引荐发言

　　引荐发言的目的是要激发听众去听发言人讲话，而不是去听引荐者。因此，引荐发言应该短小且吸引人，要使引荐的发言人感到自在、受欢迎。引荐发言应该具体、有针对性，避免无效琐碎的信息。它可以强调发言人的成就，围绕话题展开，或兼顾两者，亦可谈谈发言人、话题及其与听众之间的关系。作为一个引荐者，应尽可能地多了解发言人与听众，要善于把双方背景中的令人感兴趣的因素提取出来，设法找到双方的共鸣点和听众的兴奋点。

3. 颁奖词

有时候管理者要向某个个人或班组、部门颁发奖品。大家聚在一起是要向受奖者而不是向主持人表达敬意，在这种发言中要对该项奖励、受奖者的成就及其荣誉或颁奖的意义做出评价。好的颁奖形式和颁奖词无论是受奖者还是听众，都会感受到一种内心的满足。在颁奖发言中应注意三点：一是语言要言简意赅，要向受奖者表达诚挚的认可，但不必念赞美诗，也不必太长；二是明确一下该项奖励或奖品，或读出该奖状，因为听众可能想听一下有关领奖者成就的溢美之词；三是恰当收尾，显示奖品或奖状后做好总结。

4. 口头报告

口头报告是就一个论题，向员工简要地介绍一个计划好的或正在进行的项目或活动。如人力资源部门经理就员工招聘或培训理由进行解释。口头报告旨在传递信息，要采用浅显易懂的语言，罗列出来的概念要简单易记。指示型的口头报告是为了告诉听者如何操作和执行某项任务。同样给出基本信息即可，不必太详细或复杂。口头报告也有团队汇报的形式，比如各部门经理向高层组织会议汇报近期工作运转情况及存在的问题等。汇报形式的口头报告有时间限制，除了既全面又简明外，还需要掌握好开头和结尾。

二、长篇讲话

长篇讲话需要事先做精心的准备，一次耗时 20 多分钟的讲话牵涉到内容构成、讲话策略等诸多因素。长篇讲话中所表达的思想通常远比即兴讲话复杂。企业经营管理人员的长篇讲话可能要分析产品的经济效益、市场和制造等方面，或者要表达一定思想以劝说听者采取某个具体的行动。不同于三五分钟的短时发言，此类讲话一般要持续 10~60 分钟。这类讲话应当允许并鼓励听者之间以及听者与发言人之间的沟通。这种双向交流及参与会更好地阐明观点、问题和概念。根据不同的目的，长篇讲话可以分成劝导型、告知型、交流型、比较型和分析型等几种类型。

口头沟通是所有沟通形式中最直接的方式。无论哪种类型的口头沟通，信息都可以在最短时间内被传送，并在最短时间内得到对方回复或反馈。如果接收者对信息有疑问，信息的迅速反馈可使发送者及时检查不够明确的地方并进行改正，有助于双方对传递信息的理解。但由于每个人都以自己的偏好增删信息，以自己的方式诠释信息，因而会导致口头沟通过程中信息的失真。如果组织中的重要决策通过口头方式，沿着权力等级链上下传递，则信息失真可能性更大。

第二节　有效的口头沟通技巧

迪尔德丽·博登（Deirdre Borden）认为不同行业的管理者几乎会花费75%的时间在口头交流上。这一数据显示，管理人员在工作交流时比较喜欢用口头方式来收集和传递信息。为了增强信息传递的效果，提高工作效率，需要掌握有效的口头沟通的技巧。

一、口语的表达技巧

口语的应用范围十分广泛，交谈、演讲、劝说、服务都离不开这个基本的语言符号系统。语言能力的高低，必然导致传递效果的差异。为了使口语表达准确生动，应培养以下的口语表达技能：

1. 把握语音语调

口语借助语音语调来传情达意。清晰流畅、悦耳动听的语调可以提高语言交际的效果。管理人员说普通话时，应该做到吐词清楚、发音准确，少用"啊"音和"吧"音，尤其要注意语调和表意的语气。

注意语调的升降变化，准确表示自己的感情。一般升调表示兴奋、惊喜、号召、鼓动的情感；降调表示悲伤、冷峻、坚定、厌恶的感情；平直调表示平淡、冷漠，无特殊情感升落；曲折调表示情感的跌宕起伏。

语气一般有表意语气、表情语气和表态语气三类。表意语气即向对方传递的信息具有表意功能；表情语气即对所说的话表示某种感情；表态语气即对所说的话表示某种态度。同一句话用不同的语气说出来，其显示的意义大不相同。例如，赞扬的话带着轻蔑的语气说出来，就变成了讽刺。所谓"听话听音，锣鼓听声"就是这个道理。

准确表意的语言技巧还包括停顿与重音的把握。停顿往往表达某种感情，引起悬念、促发联想、寻找共鸣，可以收到"此时无声胜有声"的效果；重音可以表示特殊的思想感情，其表意效果也十分强烈。

2. 层次性、条理性

口语表达的最基本的要求是要把信息准确无误、全面具体地表现出来，使听话者（或听众）便于清楚明白地理解。讲话要清楚，就需要注重讲话内容的层次性与条理性，要有逻辑思维能力，先说什么，后说什么，什么重点叙述，什么简单带过一定要弄清楚，一定要中肯切题，言之有物。

3. 形象性、生动性

为了使听者受到说话者的感染，引起兴趣和共鸣，就要求口语表达形象、鲜明、生动。要收到形象生动的效果，一般要运用修辞的手法，如比喻、夸张、排比等。例如，一则广播词中这样表达原子的小："原子真是小极了，50 万到 100 万个原子，一个紧接着一个，排起长蛇阵来，也只有一根头发丝的直径那么小一点。"

口语表达的生动性还应注意语言表达的感情色彩，这样才能打动人、说服人和感染人。例如，长诗《周总理，我们的好总理》，朗诵者用深沉凝重的语调、饱含悲痛欲绝情感的语气朗诵出来，具有强烈的感染力，起到了震撼人、感染人的效果。

二、如何进行辩解沟通

在工作和交往交流过程中，难免会发生误会，于是沟通中的辩解也就不可避免。但是，什么时候需要辩解，什么时候不需要辩解，以及如何在辩解沟通中让对方理解自己，而不伤害到双方的情感，这都需要技巧性的恰当把握。

1. 辩解的前提

辩解的前提是对方产生了误会，或有意无意地挑剔，或故意找碴儿。遇到这三种情况，都说明对方已站在对立的位置上，这时候的辩解实际上是一种应战的姿态，因而尽量避免辩解，也就是尽量避免应战。在遇到挑剔和找碴儿的时候，更应该避免辩解。因为这种情况下无论多么有力的辩解，最终的结果只有两种：一种是对抗升级、关系搞僵；一种是做出让步或无能为力的表示。所以这两种情况下的辩解都是多余的。辩解是不得已而为之，什么情况下才是不得已，需要进行辩解？概括起来主要有两种情况：

（1）对方有误会，并且这种误会是三言两语就能解释清楚的。对方有误会不一定要进行辩解。有些误会是解释不清的，往往越解释对方越反感。只有在具有下面条件的情形下，误会才会三言两语解释清楚：即首先是有"有力的物证"；其次是有"有力的人证"。

（2）性质与后果特别严重的误会或不辩解有可能造成危害的误会需要进行辩解。某团体借春节联欢晚会搞摇奖活动，结果摇出来的中奖号码出现了空号，即奖券中没有中奖号码。有的公众情绪很激烈，认为这是有意欺骗、愚弄公众。

该团体如不作辩解，势必会严重损害自身的形象。后来作了比较让人满意的解释，并检讨了自身工作中的不足，得到了公众的谅解。

案例：餐厅服务员的选择

在餐厅中，曾经发生过这样一个故事。

"服务员！你过来！你过来！"一位顾客高声喊，指着面前的杯子，满脸寒霜地说："看看！你们的牛奶是坏的，把我的一杯红茶都糟蹋了！"

"真对不起！"服务员一边赔不是，一边微笑着说，"我马上给您换一杯。"

新的红茶很快就准备好了，碟子和杯子跟前一杯一样，放着新鲜的柠檬和牛奶。服务员轻轻地放在顾客面前，又轻声地说："我是不是能建议您，如果放柠檬就不要放牛奶了，因为有时候柠檬酸会造成牛奶结块。"

那位顾客的脸一下子红了，匆匆喝完茶，走出去了。

有人笑问服务员："明明是他不对，你为什么不直接说他呢？他那么粗鲁地喊你，你为什么不还以颜色？"

"正是因为他粗鲁，所以要用婉转的方式对待；正是因为道理一说就明白，所以用不着大声。"服务员轻轻地说。

世界上的一切事物都是相对的。有的客人，遇事若占了上风，无不盛气凌人，咄咄相逼，非要别人低头求饶方熄心头之火，好像不如此就有损于自己的颜面和尊严。此时，作为餐厅及酒店工作人员若能平心静气讲明道理，相互谦让，则有利于消除隔阂，化解矛盾，从而提高酒店及餐厅的客户满意度。

资料来源：笔者依据相关资料整理。

---

2. 如何进行辩解

在交流中辩解是一种不得已的做法，要赢得对自己有利的辩解局面，不在于粗鲁的举止或响亮的嗓门。即使需要辩解也要采取低姿态，而低姿态具体表现为：

（1）让对方先发完火气。对方情绪激动的时候，不宜与之抗辩，而应让对方先发完火气。等对方宣泄完毕，这时候进行辩解，较易为对方接受。

（2）尽量采用平静的口吻。俗语说，有理不在声高。这在双方交换不同意见，尤其是发生严重分歧的时候显得特别重要。即使自己有充分的理由，也应尽量采用平静的口吻。平静的口吻能使对方冷静下来听一听辩解。

（3）不要用挖苦的字眼刺激对方。辩解是陈述事实和理由，是让对方放弃错误的看法，而不是让对方羞愧。因此，辩解中要防止用挖苦的字眼刺激对方，以免对方恼羞成怒，再起争端。人都有自尊心，平静的口吻是满足对方的自尊，不挖苦对方也是满足对方的自尊。

采用低姿态的辩解最主要的目的是尊重对方，同时给对方公平的讲话机会。此外，也可运用一些辩解策略。如要求出示证据。有些争辩者常常用虚假的事例来吓唬人。如果你知道他们为了加强自己的观点，不惜颠倒事实，混淆视听，那么你就请他拿出证据。这种做法并不是对他进行挑衅。如果他拿不出有力的证据，那么他所争辩的一切都会显得站不住脚。再比如采用求助于其他人的对策进行辩解。这种技巧特别适合在公众场合遇到的辩解。在争论一些问题时，你可以转向另外一个人说："好的，让我们来听听××是怎样看待这个问题的。"这样做不仅使争论公开化、客观化，而且通过表明别人支持你的观点，可以大大加强自己观点的说服力。

三、批评的技巧

批评是对他人的行为方式或所持有的观点、态度等的消极评价。要让对方愿意接受批评，批评的方式很重要。好的批评会导致积极的后果，对方会认真听取并做出改变；相反，差的批评可能会引起消极情绪甚至逆反心理。

案例分析

某饭店财务部的一位老会计师退休后，饭店短时间内无法找到合适的人选来填补空缺，所以财务部到月底不能按时将财务报告呈送总经理。有一天，总经理来到财务部经理的办公室。总经理推门进去，对着财务部张经理气势汹汹地进行指责。

总经理：张经理，你是怎么搞的，近几个月的财务报表每次都不能按时交，太不像话了，你一定要改变这种状况。

张经理：哎，一天就8小时啊！你总不能每天要我加班加点。自老王退休后，你硬把他的工作加在我的身上。我实在吃不消，需要再聘请一位会计师。

总经理：你说得不错，但是我们目前找不到会计师。所以你必须加倍努力工作。啧，啧！瞧你的写字台，乱七八糟！从这一点就可以看得出你不会很好地安排工作。我那儿有本书，就专门针对你这种人写的，你等会到我的办公室去拿来看看。

张经理：我哪儿还有时间看书！难道晚上不睡觉来读书？

分析：在这段谈话中，领导者用攻击的态度对被领导者进行批评，而这种批评又只是从领导者的角度在考虑问题。在谈话过程中，领导者又用了讽刺性的语气对被领导者的写字台的凌乱状态作了评论，因此而引起被领导者用敌对的态度进行反击,言语中充满了嘲弄和自卫。显然这场谈话解决不了任何问题。

如果总经理在这场谈话中能够改变一下态度和谈话的语气,谈话的效果就不一样了。如可采用以下方式:

总经理推门进去,用关心的语气询问财务部经理:

总经理:张经理,这个月的财务报告写的怎么样了?

张经理:我尽量争取在近几天内交给你。

总经理:有什么困难?我能帮你做些什么吗?

张经理:自从老王退休后,他的工作一直由我顶着,虽然我尽了最大努力,可工作进度仍不理想,力不从心哪!真正解决问题的办法,我们还是应该再聘请一位会计师。

总经理:是啊!我也这样认为。假如我们能聘到一位会计师就好了。可是目前很难马上聘到一位会计师。你看是否有其他的变通办法?

张经理:我倒有个主意,可否暂时先找一个誊写员帮我工作。这样,可以节省我抄写报表的时间和处理一些文字工作的时间。

总经理:这主意不错,可以减轻你一部分负担。我马上通知人事部门为你挑选一个合适的人员。另外,下星期我们抽空在财务部开个会,把部门的内部工作再协调一下。我那儿有本书是讲如何组织和安排人员工作的,我看了一遍很有启发。如果你有兴趣,我可以借给你看看。

张经理:好!谢谢,我过一会到你办公室去拿,也要好好学习一下。

分析:在这场谈话中,领导者采用了关心的态度,并运用了"我能帮你做些什么吗?"这种使被领导者愿意接受的语气。同样是指出被领导者在部门工作协调方面存在的问题,且需要学习提高,但由于谈话的语态不一样,效果截然不同。被领导者马上以诚恳的态度做出反应。所以这场谈话取得了效果,解决了问题。

批评是利用人的畏惧心理,使之不敢再犯错误。但批评又是一项相当难以运用的手段,只有十分慎重地运用一些技巧,才会卓有成效。为了使批评能被对方心甘情愿和积极地接受,批评时的语言沟通应注意以下几个方面:

1. 选择合适的时机和场合

批评的合适时机:一是要及时。研究发现,当上司把不满积聚起来然后突然把它们全部集中说出来时,常常会引起被批评者的愤怒反应。二是不要在冲动时批评。因为人在冲动时,常常会说出令人后悔的话。当一个人心平气和较能从客观立场说话时,才是批评的适当时机。

批评还应选择适当的场合，尽量在私下场合而不要在别人面前批评，这样可避免伤害受批评者的自尊心。

2. 批评与表扬相结合

就像美国的玛丽·凯在《谈人的管理》中所说的："将批评像三明治似的隐藏在两个大大的赞美之间。"她指出要指责一个人的错误时，应先表扬他两件好事，在批评前说一件，批评后再说一件，她称这种人人都愿意接受的做法为"汉堡包技巧"。因为对某人一味地进行批评，必然会使其出现逆反效应，即心理上的不信任、厌恶和对抗情绪。批评和表扬相结合，体现了对人的一分为二，容易使被批评者感到批评是通情达理的和实事求是的，较乐于接受。否则只是针对对方缺点反复批评，容易让对方产生不被尊重的感觉，因而心怀不平。在批评时，要给下属以正确说明理由和原因的机会。

3. 区别不同的对象

即根据不同对象的个性特征，采取不同的批评方式：对于性格比较温顺的人，宜用"温和的批评"，委婉地引导和启发；对于性格比较暴躁的人，宜用"商讨的批评"，在稳定对方情绪的基础上传递批评的信息；对于依赖心理较强的人，宜用"触动式批评"刺激稍强一些；对于自尊心较强的人，宜用"渐进式批评"，点到即可；对于疑虑较重的人，宜用"明示式批评"，把话讲清楚、讲透彻；对于善于思考的人，宜用"发问式批评"，适当地提出问题，让他自己去思索。

4. 批评应重"评"，不应重"批"

重评，即严肃指出错误，更重要的是帮助他分析造成错误的原因及其危害，使对方心服口服。重批，就是把批评当成训斥，不分场合、不讲方式，不管被批评者接受与否。重"批"易伤人，重"评"为"治病"。语言上避免使用侮辱和评判性词汇。批评工作中的过失或失误时应集中在做错的事情上，而不是指责做事者的品质或缺陷。

四、幽默与口头沟通

现代人喜欢幽默，因为幽默是社会交往和沟通的有用法宝。在饭店管理和服务工作中，当矛盾发生时，那些缺少幽默感的人会把事情弄得越来越僵，而幽默者能使一切变得轻松而自然。

1. 幽默在沟通中的运用

幽默在沟通中的作用表现为：第一，幽默可以打开沟通的大门。比如第一次见面，多少有些陌生感，幽默能使陌生感很快消失。美国的林肯总统在会见某国总统时，还没有握手就谈笑风生："啊，原来我的个子还没有你高，怎么样，当总统滋味如何？"那位总统有点拘束，说："你说呢？""不错，像吃了火药一样，总想放炮。"这段话使两位总统间的猜疑、戒备之心立刻消失了，以后的会见完全是在信任、坦率的气氛中进行的。第二，幽默是消除沟通窘境的解药。一位客人在席间喝咖啡时，发现里面有一只死苍蝇，大声朝服务员问："请问，这是怎么回事？""恭喜你，小姐，你中了本酒店'再来一杯'的幸运奖。"服务员的一句幽默语言转移了客人的坏情绪，也体现了服务员的风度。

口头沟通中可以恰当地运用以下幽默的沟通手段：

（1）使用双关语言。这是产生幽默的最常见的方法。所谓双关，也就是说出的话包含了两层含义：一是这句话本身的含义；另一个是引申的含义，幽默就从这里产生出来。也可说是言在此而意在彼，让听者不只从字面上去理解，而能领会言外之意。

（2）正话反说。即说出来的话，所表达的意思与字面完全相反，就叫正话反说。如字面上肯定，而意义上否定；或字面上否定，而意义上肯定。这也是产生幽默感的有效方法之一。

（3）有意曲解。所谓曲解，就是"歪曲"、"荒诞"地进行解释，以一种轻松调侃的态度，对一个问题进行广泛地解释，将两个表面上毫不沾边的东西联系起来，造成一种不合情理、出人意料的效果，从而产生幽默感。

（4）使用模仿语言。即模仿现存的词、句、篇、句式及语气而创造新的语言，是幽默方式中常见的一种，往往借助于某种违背正常逻辑的想象和联想，把原来的语言要素用于新的语言环境中，造成幽默感。一位军官的朋友向他打听某种军事上的秘密。他不想严词拒绝而使对方难堪，又不能因私废公。于是他故作神秘地问道："你能保守秘密吗？""能！"对方答道。"那么，我也能。"军官说。

（5）自嘲。幽默的一条重要原则，就是宁可取笑自己，决不轻易取笑别人。自嘲，是自知、自娱和自信的表现，本身也是一种幽默。在我们遇到尴尬的沟通情境时，如果能适当地使用自嘲的方式创造幽默感，不仅能有效地摆脱自己的尴尬处境，同时也能给对方一种轻松感，从而使沟通气氛变得更加和谐，有利于沟通活动的顺利进行。

2. 运用幽默沟通时要注意的方面

口头沟通中有了幽默，沟通障碍很容易去除，交流效果也会大大增强。但在运用幽默手段时应注意以下几点：

（1）表达力求自然与简单。自然、简单、敏捷地把信息表达出来，才能给人留下深刻的印象。一位商人介绍其生意经时说："做生意不登广告，就好像在黑暗中间要人眨眼一样。"

（2）内容高雅。幽默不只是博人一笑，要防止油滑。油滑也能逗人发笑，但内容庸俗，手法低劣，常常令人反感。

（3）虚构不能离谱，夸张要有限度。幽默可以虚构、夸张，但一定要可信。画家作漫画或讽刺画时，把一个人的鼻子画得很大。这是因为在不破坏被画者的基本特征的情况下，鼻子画得越大，它所带来的幽默感越强。但是如果把鼻子画到大而无当的地步，人们就认不出他是谁了。一只大到足以穿堂入室的大鼻子，难道还会给人以幽默感吗？

（4）寻找时机。在讲笑话之前，不能像开车人按喇叭那样先发预言。有的人在表达幽默之前，采用夸张的姿势和故作趣味的语调，这也是一种预告，十之八九得不到理想的幽默效果。正确的做法是"板着面孔说笑话"。

（5）动机要正确。幽默不同于讽刺。讽刺是对社会生活和个别人身上的社会性弊病和不良现象加以尖锐的嘲笑和愤怒的谴责。幽默则不然，它无刺伤人的意思，不超出对生活现象的部分缺点的批评范围，是一种含笑的启示。

五、说服的技巧

在饭店经营和管理中，员工们不可能具有同样的想法，管理者常常需要去说服别人，比如说服领导听从自己的建议，放弃原先的想法；说服下属按照决策层的意愿去行动等。但说服并不是一件容易的事情，尤其是对那些固执的人。说服或真正的说服力就是形成被说服者的内在服从效应，这需要较强的说服对方的技巧。

1. 有效说服的步骤

美国心理学家从满足对方需要的角度总结了有效说服别人的四个步骤：

（1）揣摩对方的需要和目标。揣摩对方的需要和目标的重要技巧之一就是提问。通过提问，可以引导被说服一方去发现问题的症结所在，也可以引导他们提出解决问题的方案。正如伏尔泰所说："判断一个人凭的是他的问题，而不是他的回答。"问题提得好，是高明的说服者的一项标志。

（2）提出并选择解决办法。通常，当你试图说服他人的时候，你会发现事实上存在着多种解决问题的办法。但是对哪一种办法会更有利于问题的解决，却不怎么有把握。于是，最好的选择是，与对方一道，着手寻找缩小需要差距的途径。如果是大家一起商量解决办法，你也用不着把自己的想法费尽口舌硬塞给对方，而在实施过程中对方也不会袖手旁观。

（3）建立实施方案。现实中很多需要说服的问题，不是一句"是"或"不是"就能解决的，通常都会是一些头绪繁多的问题，这样就需要分阶段、分步骤去做。在这种情况下，要顺利完成任务，双方就得在程序上取得共识，这样才能在行动上保持一致。此外，要想说服别人，还需要帮助对方把那些他们认为最有价值的优先事项清理出来。而揣摩阶段，是调查他人优先事项的绝好时机。

（4）反复衡量，确保成功。人们总是认为，对方已经点了头，那么说服和影响工作算是做到家了。但有的时候，对方暂时答应按照你的想法去做事，也不排除他还会再改变主意。所以，即使对方点了头，也不能说明你的说服和影响工作已经做到家了。说服工作的第四步就是要与对方经常保持接触，进一步弄清楚他们还需要什么，他们对问题的看法发生了什么变化，从而继续向对方施加适当的影响，直到问题真正的解决。

2. 把握说服的基本原则

说服不同于争执、争论、争吵之处在于说服不是斗争性、对抗性的，不能把说服的对象当成对手或敌人，而要当作平等的伙伴，不是为了让他们言听计从，而是为了让他们接受那些对他们有益却因为种种原因还没能理解的东西。管理者应掌握以下说服对方的原则：

（1）明确需要。人的任何行为都是有一定动机的，而动机又是由需要决定的。所以，要做好说服工作，就先要找到对方的需要和动机。有些人不懂这个道理，说服对方只把自己的需要告诉对方，忽视对方的需要，结果无法促使对方产生行为动机。但每个人的需求是不尽相同的，所以在重视被说服者的客观要求时，一定要善于分析他们正当的、切合实际的需求。

（2）利益在先。要坚持利益原则，即不管讲什么事，要想说服人，就应该有意识地联系人们的利益去讲道理，这样才能收到好的效果。如果没有任何利益可取，甚至在对方看来会损害到自己的利益，那么，说服工作是无论如何也进行不下去的。

（3）动之以情。人的感情是很微妙的，有时候是无法用理性去解释的。因为我们无法看到别人的内心世界，所以在遇到某些事时，就很难正确地预测他人会有什么样的感情反应。但是，我们能做到的是针对别人不同的感情反应做出自己的反应。比如，当别人正在生气的时候，就不要一味地强调你的观点，这样似乎让对方觉得你是在激怒他，不妨等他冷静下来再说。此外，人们都不喜欢别人去强迫他做什么。所以，想说服对方，一是由对方自己去选择行为及结果；二是即便在给对方选择结果，也应该造成是对方自己在选择结果的心理和认识。

（4）实事求是。坚持实事求是，一方面要求说服者更好地了解自己和自己的说服对象，从而使自己的说服工作能够遵循客观规律和适应新的情况；另一方面，要求说服者提供的信息必须实事求是，既不过分夸大，也不过分缩小。过分夸大会使人产生怀疑与不信任感；过分缩小则不易引起别人的充分重视。

（5）因人而异。应该说绝大多数人很容易相处，不难应付，遇到不同意见和观点，遵循上面的原则来进行，通常会很顺利地完成任务。但有时候也会遇到少数不可理喻的难缠人物，而又不得不与之打交道。应付这类难缠人物，人们最普遍采用的方式要么是尽力逃避，要么是承受苦恼。然而这两种方式都是毫无建设性可言的。事实上，难缠人物也是各种各样的，在说服工作中，应该先分析清楚对方属于哪一类，然后再想办法解决问题。如对于斤斤计较的人，最好采取用数字的方式来举例，告诉他采用了这个方式后会得到哪些优惠，会有什么好处，他就会动心。

3. 说服的基本方法和技巧

（1）取得对方的信任。从心理学的传播理论上讲，要取得内在服从的效果，信息的发出者——信息源必须具有可信性，信息的接受者对说服者的信任是决定说服成功的第一要素。人们对不具有可信性的信息源发出的信息很少理睬。企业组织及人际关系中的信任并没有一个客观的标准，而是由人们的主观判断与评价决定的。人们愿意信任一个人，认为这个人可信，这个人就享有他们的信任。一个人影响别人是否信任的主要因素是：能力及品性特质；人际吸引力或者说某种魅力；非语言表达方式；信守承诺等。说服者的信任度高，被说服者就比较愿意接受他的意见。反之，被说服者就有一种排斥心理。

（2）选择恰当的时机。在对方还没有准备接受说服之前，最好先不要急于去说。如果对方的态度很坚定，不想接受任何人的说服，即使你认为你的理由很充分，也不要枉费精力去说服他。说服要掌握恰当的时机。一般来说，在对方的情绪处于轻松、愉悦的状态下做说服工作，效果要比在疲劳、困倦、烦恼、不安状态下好得多。因此，说服者应当体察被说服者的好恶情绪，了解对方的思想状况，要创造条件，在最恰当的时机和良好的情绪状态下进行说服，才能收到事半功倍的效果。

（3）透彻地了解对方。许多人不能说服别人，是因为不仔细研究对方。在说服对方之前，必须透彻地了解被说服对象的有关情况，如对方的性格、长处、兴趣、真实想法及当时的情绪等。不同性格的人，对接受他人的意见的方式和敏感程度是不一样的。只有了解对方的性格特征，才能有针对性地进行说服。了解对方的长处后，就能较容易和他谈到一起，谈论起来他容易理解，便容易被说服。了解了对方的兴趣后，就能从对方的兴趣入手打开话匣子，再对他进行说服。有的说服对象的想法往往不是他的真实想法，他的真实想法说出来怕被人瞧不起，如果能真正了解他的苦衷，就能有针对性地加以解决。而在说服之前设法了解对方当时的思想动机和情绪，这对说服的成败有至关重要的影响。

（4）说服要循序渐进。一次说不通就打退堂鼓，这样是永远没有办法使说服成功的。对方的看法、想法、做法，并不是一天形成的，不要奢望一次成功。第一，要设法先了解对方的想法与凭据、来源。有一位管理者这么说："假如客户很会说话，那么我已有希望成功地说服对方，因为对方已讲了七成话，而我们只要说三成话就够了。"很多人为了要说服对方，会精神十足地拼命述说自己的想法和依据，这样通常不能顺利圆满地说服对方，因为你事实上并不了解对方的真实想法和依据。第二，先接受对方的想法。卡耐基所以成功，在于当他说："如果我是你，我也会这么做"时，他已经完全站到了对方角度。接受对方的想法，不仅要站在对方的立场上考虑问题，还要提前发掘那些令对方感到不安或忧虑的问题，并事先想好解决之道以及说明的方法，一旦对方提出问题时，可以马上说明。第三，让对方充分了解说服的内容。在说服别人的时候，如果对方无法完全了解你的完整的计划，他可能马上加以否定。所以在说服前，要对自己表述的内容进行充分的准备，还要耐心地一项项按顺序加以说明，务求对方了解自己的真心实意。

（5）有效地运用提问技巧。运用好提问技巧来说服对方，要注意几个重要事项：一是清晰化。即问题是针对对方的讲话而提出。以清晰化为目的的提问，是反馈的一种形式，它可以使说话人的意思变得更加明了。二是扩展问题。你提问题的目的就是想知道更多的信息，这样提问题就等于告诉对方：我理解你的意思，但我想知道得更多。三是转移话题。对方的回答使问题不断扩展下去，但扩展到一定程度，就得用转向提问去改变话题。转移话题实际上是在说：我对你这方面的想法已很清楚，让我们换个话题吧。四是不要急于自问自答。在问题提出后，你一定要给对方留有足够的时间去思考和回答你的问题。自问自答的方式通常是不礼貌的，而且如果对方暂时没有立即回答你的问题，你却已经把话题转向另一个方向，给人的感觉是你在戏弄对方。

（6）巧用逆反心理。著名的法国农学家安瑞·帕尔曼彻在德国当俘虏时，亲口吃过土豆。回到法国后，他决心要在自己的故乡培植它，可是很长时间他都未能说服任何人，于是他要了一个花招，在国王许可下，他在一块出了名的低产田里种了一批土豆。根据他的要求，由一队身穿仪仗队服、全副武装的国王卫士看守这块土地。但这些卫士只是白天看守，到晚上就全部撤掉了。这时人们受到禁果的引诱，每到晚上都来偷挖土豆，并把它们栽到自己的菜园里。土豆就这样在法国得到了推广。这一事例说明利用逆反心理能成功地改变人们的态度。因为根据逆反心理的特点，把某种劝说信息以不易泄露的方式让被劝说者获悉，或者以不愿让人们都知道的方式加以透露，就有可能使被说服者更加重视这一信息，并毫不怀疑地接受它。

考虑听众的反馈

桑德拉是美国中西部银行的一位营销副总裁，她因为要给转动式发动机协会在当地分会做关于旺盛银行服务的介绍而感到很不安。由于银行对于此次活动寄予厚望，银行董事长也将坐在台下，所以她准备了很多内容。幻灯片的视觉效果很丰富，她特别希望获得成功。可是，演讲很平淡，听众露出无聊的表情和茫然的眼神。更糟糕的是，第二天，她的领导收到了董事长的负面反馈。那么桑德拉到底做错了什么呢？当她与来自加利福尼亚的名叫丹尼斯的律师兼公开演讲训练师一同回顾自己的表现时，丹尼斯强调，任何沟通的成功都取决于对听众需求的满足。

"回顾了桑德拉的几个幻灯片后，我有意遗留了一些问题，并问她是否能看出来哪里错了。她说：'我明白了，我真是一个傻子！这应该是年龄的问题。听众是50年代后期出生的，现在都六七十岁了！我的演讲对年轻点的听众们来说是很棒的，因为他们大多精通计算机，这也就是年纪大的人并不喜欢此次演讲的原因，他们一定觉得很无聊'"。

资料来源：南希·理雅格：《管理沟通：职场专业技能与商务技巧（原书第5版）》，北京：机械工业出版社，2017年5月。

第三节　有效的演讲技巧

演讲是饭店管理工作中常用的一种口语人际传播方式。演讲不同于交谈等言语交际活动，它以演讲者为中心，偏重于单向交流，听众一般很少插话。饭店经理和各级管理人员常常要代表饭店在接待会、展览会、欢迎会、联谊会、宴会、座谈会上致辞。这些欢送词、开幕词、贺词、祝酒词等，均可以看作是小篇幅的演讲，可以传递饭店信息，塑造饭店形象。演讲要获得听众的认同和赞许，需要了解听众的构成、心理特征、意愿要求等，特别需要演讲者具有较强的表达技巧。

一、演讲语言的基本要求

演讲表达形式常见的有照稿宣讲、脱稿背讲、按提纲讲、照腹稿讲、即兴演讲等。无论哪种形式的演讲，深刻的主题、动人的材料、精巧的结构都需要用语言表现出来，语言的表达水平，直接地影响演讲的质量。具体地说，演讲语言有下列基本要求：

1. 口语化

演讲的语言需要形象化和个性化，但还要注意使语言口语化，即通俗易懂。稿子写完后要念一念，看看是否上口、顺耳。一段通俗浅显、生动易懂的话，可以拉近听众与演讲者间的距离。这里推荐几种方法：把长句改成适合听的短句；把单音词改成双音词，如：应—应该、如—如果；把听众不易听懂的文言词语、方言改换掉，尽量使用清晰明快、言简意赅的词语，少用生僻词语和专业术语；多举例，用它来说明听众陌生的事物；用具体形象的语言解释抽象的理论。

2. 生动感人

演讲中生动感人的语言，听来让人轻松愉快，可以使听众产生身临其境的感受，最重要的是使演讲者的观点更容易让听众接受。形象化的语言表达，包括运用各种修辞手法；发挥语言的音乐美，即声调的和谐和节奏的变化以及幽默语言的运用。例证、数字的运用也会大大增强演讲的感染力和说服力。

3. 语调语速

语调是指演讲时声音高低、轻重的变化。语速主要控制演讲的节奏。这种变化对于表达思想感情来说，具有非常重要的作用。演讲时声音的轻重变化能表达意义，使听众知道你想强调的是什么。语调有抑扬变化。可以为演讲增色，也可以使听众更易于接受演讲者的观点。语速快慢的变化，会使听众精神集中，也可以使演讲者的声音听起来不过于平淡、呆板。演讲的语速是在感情表达需要的前提下，采取合适的节奏，做到"快有章法，慢有条理"。

二、精心营造演讲结构

古希腊著名演说家科拉克斯曾提出一个好的演讲结构应包括：开场白、正文和结尾。合理的结构安排是一篇演讲成功的基础。演讲者在演讲之前，对如何开头、如何结尾、何处为主、何处为次、怎样铺垫、怎样承接都应精心推敲。这样在演讲时才能思路清晰、顺理成章，才能在限定的时间内讲出最多的内容，紧紧抓住听众。安排结构最有效的办法是列出演讲提纲。演讲提纲应把整个演讲的几个部分如开场白、正文和结尾之间的关系有机地连接起来。

1. 开场白要巧妙

开场白是演讲表达过程中的第一个环节，也是非常重要的环节。一个良好的开场白应该达到两个目的：迅速和听众建立良好的关系；迅速使听众抓住演讲的主题。开场白从形式到内容都要有新意，要有独创性，要有特色。在演讲的开头切忌讲一些毫无必要的客套话，诸如"我没有什么准备，实在说不出什么，既然让我讲，只好随便谈谈"之类的废话只会弄烦听众。在演讲的开头也不应该东拉西扯、离题万里。好的开场白应达到以下几个方面的要求：

（1）要能吸引听众的注意。有人说，在听众面前，五秒钟之内就要获得听众的注意力。当然，要一直保持这种吸引力是不容易的，因为听众的注意力极易分散。但如果一开始就没有吸引力的话，那以后就是费九牛二虎之力，也难以把听众吸引过来。演讲时获取听众注意力的方式随题材、听众和场景的不同而改变。一般可以运用事例、轶闻、经历、反诘、引言、幽默等手段达到此目的。

（2）要为听众提供背景知识。演讲时，如果听众对演讲的主题不熟悉或是知之甚少，那么要在开头部分对听众讲述与主题有关的背景知识，它们不仅是听众理解演讲所必需的，而且还可以体现出主题的重要性。

（3）要为听众阐述演讲结构。演讲时，应当利用开头部分对演讲内容加以概述，让听众了解演讲的中心思想和结构，特别是当演讲的主题很复杂，或是专业性较强，或是需要论证几个观点时，这样做能使演讲显得清楚而易于理解。

（4）要为听众说明演讲目的。在大多数情况下，演讲的开头应揭示出演讲的目的。如果做不到这一点，那么听众要么会对演讲失去兴趣，要么会误解演讲的目的，有时甚至会怀疑演讲者的动机。

（5）要能激发出听众的兴趣。对于演讲者来说，获得听众好感，激发他们的兴趣是最重要的。如何使听众从一开始说话就立即"全心交付"，是一切演讲的关键步骤。只要善于运用一些方法，就可以达到这个目的：可以用一个自己经历过的故事开始，或一开始制造一段悬念来引起听众的好奇心，还可以向听众提几个问题，让听众帮助共同思考，这样有助于引导听众进入共同的思维空间。

（6）要能争取到听众的信任。有时候，听众可能会对演讲者的动机发出疑问，或是与演讲者持相反的观点。在诸如此类的场合，要想改变听众的观点或行为使演讲成功，就需要建立或是提高听众对演讲者的信任感。

2. 正文要层次清楚、重点突出

正文是演讲的主要部分，演讲质量的好坏、论题是否令人信服，都取决于正文的阐述。正文在结构安排上离不开提出问题、分析问题和解决问题。但它又不是一成不变的刻板的公式。安排好正文层次结构，要做到：层次清楚、逻辑紧密；重点突出，内容连贯。还要注意结构不能肆意铺排，不可太复杂。

（1）正文结构安排。掌握正文的结构安排技巧是十分重要的。正文的结构主要按提出问题、分析问题和解决问题的顺序安排，但又并非一成不变。常见的层次结构安排主要有：一是总分式。就是先总的提出演讲者的主张和观点，然后分开论述。这样的结构有较强的逻辑性，容易使听众清楚、明了。二是并列式。它把要讲的几个主要问题排列起来，各自可以成为一个独立的部分，相互并列，以不同侧面来论述演讲主题。并列式形式整齐，听众易于理解记忆。三是递进式。这种结构层层深入，环环相扣，最后水到渠成。递进式既容易为听众理解和记忆，又能引起听众的注意和兴趣。

（2）正文过渡和照应。过渡是指上下文之间的衔接和转换；照应是指内容前后的关照和呼应。遇到这样的情况时应考虑进行过渡：讲述的问题由总到分或由分到总；由一层意思转到另一层意思；由议论转为叙述或由叙述转为议论；一件事情转向另一件事情；由开场白承接正文。而照应的运用有以下几种情况：演讲内容与论题相照应；演讲内容之间的前后照应；论点与关键词语之间的照应；观点和例证的照应。

（3）材料结构安排。一次演讲如果只有道理而没有生动的材料的话，那么演讲就会空洞乏力。如果只讲事实，材料丰富而无道理，那么演讲就会没有深度。只有两者相融合，才会既有深刻的思想性，又生动感人。材料的次序安排对听众的理解也有很大的影响，可选择的办法有：时间先后次序；逻辑次序；材料重要性增强或降低次序；按材料复杂性增加或减弱次序。

材料要服务于主题，演讲者要把最典型、最生动、最真实、最有说服力的材料奉献给听众。只有使主题和材料有机统一，浑然一体，才会既有吸引力，又有说服力。

3. 结尾要精彩

成功的结尾应收拢全篇，既是演讲的终点，又是引发听众思维的新的起点，即所谓言犹尽而意无穷。好的结尾在感情上能使听众激荡，它不仅加深听众对内容的理解，而且使听众留下深刻印象。

（1）利用总结结束演讲。一般的演讲者即使在简短演讲中，也会不知不觉地使谈话范围涵盖得很广泛，以至于结束时，听众对于他的主要论点究竟在何处仍感到困惑。所以演讲者要善于在演讲结束时简洁、扼要地对自己已阐述的思想进行总结，这样有助于听众加深对这些思想的印象。

（2）利用幽默结束演讲。除了某些较隆重的演讲场合外，利用幽默结束演讲都是可取的。它可以使演讲更富有趣味，并给听者留下一个愉快的回忆，这对听者加深对演讲思想的印象是有利的。演讲者利用幽默结束演讲时，要做到自然真实，使幽默的动作或语言符合演讲的内容和自己的个性，绝不要矫揉造作、装腔作势，否则只会引起听者反感。

（3）利用呼吁结束演讲。利用呼吁结束演讲，对一些"使人信"（相信）和"使人动"（行动）的演讲来说，效果尤为显著。演讲者通过对与听者有共同思想、共同愿望、共同利益和共同语言的某问题的阐述，使演讲达到一定高潮。然后，演讲者利用一些感情激昂、动人心弦的话语对听众进行呼吁，这样可以使演讲者实现激励和感召听众的目的。

（4）利用诗句结束演讲。用诗句结束演讲可以使演讲显得典雅而富有魅力，听众听了也会产生清新和优美的感觉。当然引用诗句要有目的，即为演讲的主题服务。如何选择合适的诗句没有规则。因为绝大多数情况要视演讲的题目、时间、地点及演讲者本身决定。同时，演讲者引用的诗句一定要短，最好四句，最多不应多于八句。

（5）利用激情话语结束演讲。激情的话语饱含情感和力量，最容易拨响听众的感情之弦，引起和谐的共鸣。结尾说一段热情洋溢的话，可以使人振奋激昂。就像一场足球赛，中场进一球与临终一分钟前进一球，其结束时的群众情绪是大不相同的。

三、演讲表达技巧

演讲是演讲者与听众双方互动的过程，演讲者在这一过程中恰当运用语言的表达、体态的表达、节奏的把握以及表情和手势等技巧，可以引起听众的共鸣，给他们留下美好的、难以磨灭的印象。

1. 克服怯场的技巧

任何人在大庭广众面前都会产生紧张情绪，出现怯场是很正常的，如何克服怯场呢？一是选择你所熟悉的题目进行演讲。一个你已经演讲过的题目，往往会有助于你顺利地开始。二是熟悉讲稿。三是要充分自信。四是要把听众看作是自己的朋友。从一开始就要寻找那些对你注视、微笑、点头、仔细倾听的听众。首先面对他们讲话，就能克服慌乱情绪。五是在演讲前可以做几次深呼吸，活动一下脖子或与身边的人小声说一两句话，这有利于消除紧张情绪。

2. 有声语言表达技巧

演讲时，从发声的效果看，明朗浑厚的中低音比较受人欢迎，演讲的语速以每分钟150字左右为宜。同时在演讲中，根据表情达意的需要，有意突出强调某个词或词组，从而和其他词或词语形成对比处理，这种技巧便是重音。确定重音主要是根据演讲者的目的、理解、心境、感情等综合因素。此外，演讲中还应有效地运用停顿的技巧。停顿有语法停顿、逻辑停顿和心理停顿。前两种是根据语法和逻辑结构来处理语言的手段，其目的是保证语意清楚明确、重点突出。而心理停顿则是演讲停顿技巧中最活跃的一种。心理停顿是有意识安排的，停顿时间比语法停顿、逻辑停顿长，听众可以明显感受到它的效应。它的具体作用有：给演讲者和听众整理思路、体会情感的时间，从而达到沟通同步；有利于内容的进一步展开、推动主题；体现设问和暗示的作用；用于引起听众的好奇、注意，令听众产生悬念。最后，还要注意把握演讲中的言语节奏。应根据不同的演讲内容的需要和感情的需要运用恰当的节奏。比如，轻快型适合于致欢迎词、宴会祝词、友好访问等较随和场合，而持重型适合于理论报告、纪念会发言、严肃会议开幕词、工作报告等。

3. 表情和眼神的表现技巧

在演讲中，脸上所带的神色，比身上所穿的衣服要重要得多。因此上台前调整自己的面部表情，使其自然、轻松，是十分必要的。演讲中表情贵在自然，切忌拘谨木然、精神慌张或故作姿态。面部表情应随演讲的内容和演讲者的情感的变化而变化，一笑一颦一展一蹙都要和演讲的内容合拍。上台时的一个微笑，往往能与听众架起第一座感情沟通的桥梁，给人以亲切、谦虚的感觉。此外，在演讲中，为了表达丰富而多变的思想感情和加强演讲效果，演讲者要通过眼神把自己的思想感情、心理变化、品德、学识等展现给听众。需要注意的是，变化眼神时要有一定的目的：既要避免那种故弄玄虚、神秘莫测的眼神，也不能有过多的凝视，以免使听众产生压力。最重要的是演讲者的眼神应该随着感情变化而相应变化，并且要与口头语言、手势、身姿等密切配合，协调一致。

4. 姿态和手势的运用技巧

不少演讲家提倡在演讲中使用站姿。站立的姿态，一般提倡两腿略微分开，前后略有交叉，身体的重心放在一只脚上，另一足则起平衡作用。这样，便于站立，也便于移动，身姿和手势也可以自由摆动。长时间的演讲可以采取坐姿与站姿相结合。一般来说运用坐姿，可以使演讲显得随和，适于"拉家常"式的演讲。手势是身体姿态中最重要的表达手段。在演讲中，自然而安详的手势，可以帮助演讲者平静地陈述和说明；急剧而有力的手势，可以帮助升华情绪；柔和、平静的手势可以帮助抒发内心炽热的情感。在演讲中，手势的运用要有变化，要服从内容的需要，符合听众的习惯，简单明了，适当有节。演讲中的手势是为了表达情感、辅助有声语言的表达需要才出现的。因此，手势的运用一定要与内容的表达相辅相成，离开这个根本点，一切手势都是多余的。

5. 演讲"卡壳"的解脱技巧

由于紧张、焦虑等原因，演讲者往往在演讲的过程中出现不知所措、不知说什么的情况，这就是演讲中的"卡壳"。要避免卡壳，一方面应注意从根本上提高自己的文化素养、理论水平、心理素质和表达能力；另一方面，也应该掌握一些临场的处置技巧。

（1）冻结忘点。部分的暂时遗忘并不等于"满盘皆输"。不必非得纠缠在那个"忘点"上而同自己过不去。可以以小跨度的超越继续讲下去，以后想起来再作补充。演讲是视听艺术，要把整体效果放在首位，临时变动，不会从根本上损坏听众对演讲的总体印象。

（2）见好就收。如果一上台就觉得心里很不踏实，就不要吞吞吐吐地往下讲，而应力争"框架式"地讲述主要内容，义无反顾地放弃一些局部阵地，然后在最精彩的地方果断地结束演讲。成功的演讲本身就应该"让听众始终希望再听下去"。

（3）宽松解脱。如果真的被卡住了，可以采用移动话筒位置，或者调节话筒高度，喝水，与听众交流等无伤大雅的附加动作或与听众平等交流。

案例：利用道具发表演讲

预期结果：向服务 25 年的员工致敬。

"女士们、先生们，晚上好，欢迎你们。（稍停）今天晚上，我想讲一讲我的表。（稍停）（从手腕上取下表，用手拿着让大家看。在演讲过程中要经常利用表发挥自己的论点）过一会我再解释这只表与今天的庆贺会有什么关系。现在，请大家注意我的表。（使听众确信表的相关性）

这只表有三个突出的优点：它可靠，它品质上乘，它有价值。（确定道具项，确定讨论它们的顺序）怎么说这只表是可靠的呢？（每一个道具项均以问题形式提出）它很可靠，我可以信赖它。它不会坏——无须耗费宝贵的时间去修理。它经久耐用。它总是坚持不懈，做应该做的事情。

怎么说它的品质上乘呢？表壳是金的，宝石轴承机件是瑞士产的。它走时精确——我的时间总是正确的。至今，这只表我已用了 15 年，依然金光闪闪，像新的一样。

怎么说它有价值呢？它很漂亮。很多人都夸这只表好。它节省我的时间，因为我总是确切知道每项工作要花多长时间去安排。它使我办事井井有条。它使我不浪费时间。

（至此，道具项讨论完毕。下一步是过渡）

然而，这只表与庆贺你们为本公司工作 25 年有什么关系呢？这只表在很多方面都很像你们。正像它具有可靠、优质和有价值的特点一样，今天晚上在此出席这个庆贺会的诸位都显示了自己的可靠、优质和有价值的特点（自过渡开始，我们进入演讲正文，说明并举例证明每一个劝说点）。

怎么说你们一直是可靠的呢？（每一个劝说点都以问题形式提出）25 年来，我们一直依靠你们，依靠你们的工作。我们不但指望你们每天出勤，而且指望你们充分发挥自己的技艺和才干，坚持不懈地做出贡献。出席今天晚上庆贺会的很多人 25 年来一直勤勤恳恳……

（高声点名，点到者起立接受大家鼓掌祝贺）

你们是奉献和忠诚的突出例证。今天晚上在座的诸位都很少缺勤。这就是可靠！顾客高度的满意和信任已一再证明了这一点。

我说过这只表品质上乘。怎么说你们的品质也是上乘的呢？首先我要说，你们（稍停）就是（稍停）优质！25 年来你们表现出的职业道德水平无与伦比。有些外国团体常常攻击美国工人，说他们懒散无知。你们的行动证明那全是谎言。为什么呢？因为你们双手生产出来的产品实际上已被送进现代艺术陈列馆。你们已经，并仍在源源不断地创造出来的改进型产品是你们奉献精神的集中体现。你们在我们公司的各个岗位上已经创造出勤奋和团结的优良风气，无数公司在竭力仿效你们。女士们、先生们，无论你们怎么说——这就是优质！

我说过这只表有价值，怎么说你们对价值做出了贡献呢？首先，我们的公司已经誉满全球。在最近的《幸福》杂志的信誉调查中，我们居同行业前茅，我们并不是偶露峥嵘，而是已经连续五年荣居前三名了。

其次，你们使我们公司的价值——股票增值。25 年里，我们的股票从每股 7 美元增加到每股 87 美元。但愿在座的诸位比我精明，在公司股值低的那个时候购买了股票。

再次，你们的辛劳使我们这里所有的人的工作得到了保障。我们从来不裁员——也不打算裁员。为什么呢？因为你们双手创造出来的产品品质和声誉从来没有降低过。你们是能使我们公司渡过各种难关的最大保障。

你们来到我们的地区生活，是你们做出的又一个有价值的贡献。你们积极参与城镇事务，使本镇大为受益。

最后，你们贡献的最大价值可能在于你们所树立的榜样。你们是未来年轻工人的楷模。你们以实实在在的方式告诉他们什么是正确的态度和精湛的技艺。你们为顾客提供神奇的服务，并永远不断地改进工作，提高服务品质。我对这些贡献的价值无论怎么颂扬都难以尽意，你们树立的榜样最能说明问题。对此我们不胜感谢。

在今晚这个讲话即将结束之际，我愿意送你们每个人一只精美的莫瓦多表；这小小的纪念品带着我们对你们的感谢，将永远象征你们为公司所做的贡献。

> 　　我想让你们知道：如果我们的同人都以你们为榜样，我们在同行内就不会是第三名，而是第一名；如果我们的同人都以你们为榜样，我们在世界市场上就会占有显著的地位；如果我们的同人都以你们为榜样，我们公司的梦想很快就会实现。
>
> 　　女士们、先生们，今天晚上我想让你们感到欣慰，我想让你们感到光荣，我还想让你们知道本公司深深感谢你们。
>
> 　　最后我还想说一句话：每当你们看见自己的莫瓦多表时，（稍停）别忘了我们对你们的敬意。"
>
> 　　资料来源：苏勇等：《管理沟通》，上海：复旦大学出版社，1999 年 8 月。

四、演讲中信息反馈的识别与调控

演讲中必须注重听众的反馈，否则演讲者无法掌握听众的心理和兴趣，更无法完成与听众的双向交流。为了更好地对信息反馈进行调控，演讲者必须先学会信息反馈的识别方法。

1. 信息反馈的识别方法

（1）全方位观察法。是演讲者采用看和听的方式，对全场听众的笑声、议论声、注意力等整体反应进行掌握，采取对策，使演讲达到更好的效果。在全方位的观察过程中，演讲者的嘴巴、眼睛、耳朵都要积极行动起来，既传播信息又接受信息。一般来讲，即使是一个演讲新手，只要他注意反馈，也可以得到很多听众的反馈信息。

（2）定点观察法。演讲者在演讲过程中，注意两三个听众或者一两个听众小组。这些固定的点，不仅要在视听位置方面有代表性，而且在年龄层次、仪表修养、专业特征等方面也要有一定的典型性。定点观察的任务是捕捉听众个体的感情波动。听众的面部表情常常受感情支配，如果演讲者的话不通俗或者过于偏颇，甚至有较大的失误，那这几个点上的听众会变得漫不经心、紧皱眉头，甚至同别人议论，这时演讲者就应及时纠正自己的话。如果这几个点上的听众专心致志地聆听，还不时微笑点头，那就是符合他们的感情需要，可以进一步阐述演讲主题。

2. 信息反馈的调控技巧

虽然演讲活动一般都在充分准备的基础上进行，但出乎意料的因素总是难免发生。如何应对这些意外，就涉及了该如何调控的问题。

（1）顺势穿插。在演讲中，由于演讲时间、环境、内容、形式等原因，演讲引不起听众的兴趣，会场上出现困倦、溜号、交头接耳的不利局面。演讲者切不可一意孤行地讲下去，而要根据具体情况，顺势穿插一些新内容，以引起听众的兴趣，从而抓住听众的注意力。当然，这种顺势穿插的内容应在某种程度上与演讲的内容有关。

（2）激起共鸣。著名演讲家林肯在谈到他的成功秘诀时说："我争取听众和赢得一场论战的方法，就是从演讲一开始就寻找与他们有共同语言的地方。"这里，林肯讲的就是要寻找与对立听众的"共鸣点"。无数事实证明，演讲者只要激起了听众的共鸣，就能成功地对演讲现场进行调控。

（3）将错就错。在演讲中，免不了存在不友好的插话或提问，不理会，提问者不会放过，形势很可能急转直下，不利于自己；驳斥吧，事并不大，实在不值得因此而干扰了主要内容。面对这种情况，可采用"将错就错"的调控技巧，因势利导，巧妙作答。

（4）故作神秘。当听众对演讲的注意力不够集中时，演讲者也可运用"故作神秘"的调控技巧，设置悬念，吊起听众的胃口，引起听众的注意力。

（5）设问促思。在演讲中，演讲者唱"独角戏"，听众处于被动接受信息的状态，难免"走神"。要抓住听众思维，诱发听众的参与意识，使之跟着演讲者的思路去理解演讲的内容，从而达到控场的目的。

当然，演讲中临场出现的问题是千变万化的，调控的技巧也不仅限于上述几种。一个高明的演讲者应善于根据听众对演讲信息的反馈情况，有针对性地采用不同的调控技巧，来实现对演讲现场的有效调控，从而取得最佳的演讲效果。

第四节　谈判沟通技巧

谈判是为达成双方均可接受的局面而采取的行动。对管理者来说，谈判是一种极为重要的活动。无论是制订下一年的工作计划、建立新的组织管理构架，还是控制一项工作任务的进度，人们都会有不同的意见，而管理者必须找到一种有效的方法，使持有不同意见的人们彼此合作，相互沟通，达成共识。谈判就是实现合作与沟通的有效方法之一。

一、谈判者的优秀个性

在谈判过程中，谈判人员要具备谈判的才能，包括表达能力、综合分析能力、判断推理能力、系统运筹能力、决策能力、公关能力等。除了这些能力以外，培养和运用谈判人员的优秀个性，对于谈判的成功也至关重要。

1. 人格特征

高水平的谈判对谈判者的自我意识、自尊心和自信心等都提出了较高的要求。所谓谈判人员的自我意识是指谈判者对自己身心活动的认识和控制，包括谈判者对自己外在条件即自己的仪表、形态、姿态等的认识，也包括对自己的心理特征如：兴趣、爱好、情感、态度、能力、经验、性格、气质等的认识，同时还包括对自己和谈判对手关系的认识。自尊心是指谈判人员尊重自己的人格，尊重自己的荣誉，不向对方卑躬屈膝，不允许对方歧视和侮辱自己，维护己方的尊严和情感体验。自信心是指谈判者对自己力量的充分估计。谈判者应该做到既不妄自尊大、盛气凌人，也不妄自菲薄、甘居人下。

2. 气质性格

气质是指人生来就有的心理活动的动力特征。人的气质类型没有好坏、优劣之分，但不同的工作对人的气质有不同的要求。同样，谈判工作对谈判人员的气质提出了一定的要求。一般那些思路敏捷、思维严谨、有较强控制能力、能较好地把握事情的分寸和火候、情绪稳定、办事沉着冷静、责任心强的人比较合适。

性格是一个人比较稳定的对待客观现实的态度和习惯化的行为方式，它是一个人稳定并具有核心意义的个性心理特征。人的行为是主导性格的产物，即"主导性格+情境=行为"，谈判工作对谈判人员各方面的性格特征都提出了较高的要求。

3. 诚实可信

诚实是谈判者应具有的素质。如果谈判对方知道了你的诚实，他们就会非常乐意接受，放松对你的"警惕"。如果你没有这个优点，就很难把对方请到谈判桌前来。在每次谈判前，谈判者都应该提醒自己，谈论每个问题都要从零开始，不要不懂装懂。不表现出自己最聪明的好处是，它会使对方保持心态的平衡。

4. 耐心细致

耐心是一位优秀谈判者的性格特点。耐心常常使平庸的谈判变成伟大的谈判。在谈判过程中，耐心是争取时间最好的办法，它同时也会给予对方适当的时间来适应新的条件，进而调整方案，使双方发现最有力的解决办法。有足够的耐心，有利于达成最佳的协议。此外，在谈判中，最有说服力的人就是最能掌握细节的人。如果掌握了谈判内容领域内的所有情况，那么谈判者的谈吐就可能具有很高的说服力。

5. 谈吐举止

谈判中的谈吐及其分寸直接表示出对对方的重视程度、合作意向，因而往往直接关系到交往的成败。对谈判者谈吐的总要求是谈吐得当，即谈吐有分寸。影响谈吐最重要的因素是用语，即选择什么样的词语、语句进行表达。用语包括寒暄、开场、会谈、结束等方面的内容。

举止指谈判者的坐姿、站姿、行姿及其他姿态。对谈判者举止的总要求是举止适度。适度的内涵包括：自信而不显孤傲；热情友好又不显曲意逢迎；落落大方挥洒自如又不显粗野放肆有悖常规。成竹在胸、处变不惊、每临大事有静气，是举止适度的最高境界。

二、谈判的策略

谈判人员在谈判之前要设计好谈判策略，并根据事态的发展来变换其他的谈判方法。作为一种复杂的智力竞争活动，合理的谈判策略将会对谈判局势产生积极有效的影响。

1. "双赢"式策略

"双赢"式谈判是一种合作性的谈判方式。双方都在努力达到一个都愿意接受的处理结果。"双赢"式谈判的出发点是在绝不损害对方利益的基础上，取得己方的利益。因而又称为"谋求一致法"或"皆大欢喜法"。"双赢"式谈判策略主要涉及以下四个要点：

（1）将人与问题分开。谈判的一个基本事实是："与你打交道的不是对方的'抽象代表'，而是人。"将人与问题分开，是双方共同获胜的主要方法之一。

（2）将重点放在利益上而非立场上。谈判中经常出现的情况是，双方固执地站在自己的立场上，互不让步。立场是具体的、明确的，是谈判者为了达到自己心目中的目的或利益做出的行动准则。但谈判的基本问题不是立场冲突，而是双方需要、欲望、利益与恐惧的冲突。因此，处理谈判对立的明智之举是调和彼此间的利益而非立场。

（3）构思双方满意的方案。谈的预案很重要，一般的谈判都是建立在事先拟订的预案的基础上。如何进攻、如何让步绝不是头脑发热的一时冲动，而是对预案的深刻了解和领会。

（4）坚持客观标准。运用客观标准需要解决两个问题：一是如何确定客观标准；二是如何在谈判中运用客观标准。

确定客观标准。一是可以作为协议基础的客观标准——不止一种，要选择双方均认可的客观标准；二是公平的程序——为了得到一种摆脱意志力较量的谈判结果，可以应用客观标准去处理实质性冲突，用公平的利益去化解双方的利益纠纷。

运用客观标准。一是每个问题都要有双方共同寻求的客观标准；二是要用理性来决定哪种标准最合适及如何使用此标准；三是绝不屈服于压力；四是坚持原则立场。

2. 情感沟通策略

如果与对方直接谈判的希望不大，就应采取迂回的策略。迂回策略是先通过其他途径接近对方，彼此了解，联络感情，之后再进行谈判。人都具有七情六欲，因此，在谈判中利用感情的因素去影响对手是一种可取的策略。

成功的谈判者会花时间、心思去了解谈判对手。他们很清楚，如果能与对方建立良好的关系，彼此会更容易沟通，也更容易找到双方共同的利益。情感沟通包括在谈判前就注意与对方建立关系。可以在谈判前就和对方会面或一起吃饭，并事先说明不讨论任何有关谈判的事，只是想认识对方，以此达到使双方有更多的了解和信任。通常情况下，人们都愿意与自己比较了解、信任的人做生意，而不愿意同自己一无所知、不信任的人达成协议。当双方都已相互了解，并且建立了一定程度的信任关系时，就会减少双方之间的戒备心理，从而提高合作的可能性。

灵活运用情感沟通策略的方法还有很多，如有意识地利用空闲时间，主动与谈判对手一起聊天、娱乐、谈论对方感兴趣的问题，馈赠小礼品，请客吃饭，提供交通食宿的方便，帮助解决一些私人的疑难问题等，这些方法可以达到增进了解，联系感情，建立友谊的目的，从侧面促进谈判的顺利进行。

3. 防御策略

在谈判对手强大的攻势策略的强压下，另一方必须相应地加以防御。防御的策略主要有以下几种：

（1）守口如瓶，佯作误解。谈判中最有效的防御策略之一，是促使另一方继续说下去。说得越多，暴露得越多，于是就容易暴露自己的真实动机和最低谈判目标的底线。把守口如瓶和佯作误解结合起来，是另一种有效的方法。促使对方重复其论点的方法是佯作误解。对方重复其话题，就可使己方获得时间考虑对方论点的是非曲直，以决定对策。这种技巧在对付技术专家时往往特别有效。

（2）模棱两可。在回答对方的问题时，要模棱两可，不给对方所希望的答复。这种方法可用下面一类词开头："据我理解你的问题，你是要求……"，接着把问题再描述一下，词句稍作改动，然后就重新描述的问题进行回答。不仅避免直接回答问题，而且使己方有时间考虑对策。

（3）笼统作答。当对方为了解详细情况而提出具体问题时，己方可以用范围更广的笼统概念回答。如"你们用什么工资和材料的价格指数？"回答："很明显，通货膨胀的影响是我们必须考虑的问题。我们不是要在这方面追求赢利，但我们不愿意亏本。"这样就把话题转向提价幅度的一般性问题。

（4）回避。对于对方提出的问题，也可以不直接回答而采取回避的办法。如："你方能保证在规定的日期前完成吗？"答："让我们来看一下计划，然后告诉你在期末的进展情况，你自己可以看出存在的问题以及我们所保证的宽限余地。"

（5）战略休会。一场谈判有时会由于对方不断地施加压力，甚至使己方感到无法抵挡而认为必须采取缓兵之计以寻求对策时，必须中断谈判进程，以便摆脱对方的纠缠，并给己方以喘息机会。如己方人员借口离场；安排喝茶、喝咖啡；己方要求短暂休会等形式来达到目的。

（6）疲劳战。人为地拖延谈判时间，就剥夺了谈判人员所仅有的休息与娱乐时间。对来访的谈判人员表面上用友好的晚宴款待对方，占有其应有的休息时间，使其不得休息。总之使对方谈判者精疲力竭，从而影响谈判结局。这是非常高明的谈判技巧。

（7）合伙。采取这种策略是为了努力争取各方面对你的行动支持。尤其是将对方视为知心人，"我们都是朋友"，取得对方的支持，并就双方的分歧问题寻求解决的途径。这种策略对于合同执行过程中，由于任何一方的拖延或不能做到规定的要求而引起的谈判是有用的。只有统筹兼顾的折中才能提供达到目标的基础。

4. 多听少讲策略

一个处于被动地位的谈判者，除了忍耐之外，还要多听少讲。让对方尽可能多地发言，充分表明他的观点，说明他的问题，这样做既表示出对对方的尊重，也是了解对手、获取信息、发掘事实真相、探索对方动机与意见的重要和必要的积极手段，是谈判中攻与守的重要基础和前提。有人说过，倾听是一种只有好处而没有坏处的让步。

案例：多听少讲　以智取胜

有一次，日本一家公司与美国一家公司进行一场许可证贸易谈判。谈判开始，美方代表便滔滔不绝地向日方介绍情况，而日方代表则一言不发，认真倾听，埋头记录。当美方代表讲完后，征求日方代表的意见，日方代表却迷惘地表示"听不明白"，只要求"回去研究一下"。

几星期后，日方出现在第二轮谈判桌前的已是全新的阵容，由于他们声称"不了解情况"，美方代表只好重复说明了一次，日方代表仍是埋头记录，以"还不明白"为由使谈判不得不暂告休会。

> 　　到了第三轮谈判，日方代表团再次易将换兵故技重演，只告诉对方回去后一旦有结果便会立即通知美方。
>
> 　　半年多过去了，正当美国代表团因得不到日方任何回音而烦躁不安、破口大骂日方没有诚意时，日方突然派了一个由董事长亲率的代表团飞抵美国，在美国人毫无准备的情况下要求立即谈判，并抛出最后方案，以迅雷不及掩耳之势，催逼美国人讨论全部细节。措手不及的美方代表终于不得不同日本人达成了一个明显有利于日方的协议。
>
> 　　这个案例说明，在谈判中采用多听少说的策略，对于洞察对手实力，有的放矢地制定扬己之长、攻彼之短的决策具有多么重大的作用。

5. 最后期限策略

处于被动地位的谈判者，总有希望谈判成功达成协议的心理。当谈判双方各持己见，争执不下时，处于主动地位的一方可以利用这一心理，提出解决问题的最后期限和解决条件。期限是一种时间性通牒，它可以使对方感到如不迅速做出决定，他会失去这个机会。因为从心理学角度来讲，人们对得到的东西并不十分珍惜，而对要失去的本来在他看来并不重要的某种东西，却一下子变得很有价值，在谈判中采用最后期限的策略就是借助人的这种心理定式发挥作用的。

最后期限既给对方造成压力，又给对方一定的时间考虑，随着最后期限的到来，对方的焦虑会与日俱增。因为谈判不成损失最大的还是自己，因而最后期限的压力，迫使其快速做出决策。在具体使用最后期限策略时，应注意以下几方面的问题：

（1）在采取最后期限策略时不要激怒对方，使双方关系变得紧张，甚至恶化。最后期限策略主要是一种保护性的行为，因此，当你不得不采取这种策略时，要设法消除对方的敌意。

（2）在采取最后期限策略时要给对方一定的时间考虑，以便让对方感到你不是在强迫他接受城下之盟，而是向他提供一个解决问题的方案，尽管这个方案的结果不利于他，但毕竟是由他自己做的最后选择。

（3）在最后的谈判中，处于主动地位的一方应在制定了最后期限之后，对原有条件适当让步，使对方在接受最后期限时有所安慰，这样也有利于达成协议。

三、谈判技巧的运用

成功的谈判需要技巧和能力。要想顺利达成谈判任务，除了谈判者个人学识经验及临场反应机智和才辩外，谈判者还应熟练地运用谈判的各种技巧和策略，以期出奇制胜。

1. 陈述的技巧

谈判中，各方在有效倾听的基础上通过"说"来表达自己的立场观点，如果不善言谈或语言不得体都无法实现谈判的目的。

陈述中的措辞用语要审慎斟酌，力求完全控制情绪，避免对方的误解或曲解。比如说，这样做可以使对方"幸福和富有"，不如说"更幸福、更富有"，因为前者有可能伤害对手，对方可能认为你的言外之意是他"不幸福和不富有"。

有时谈判者出于某种策略和需要应使用有弹性的、不确定的语言。比如，买方想知道卖方价格的计算依据，而卖方可以在这个问题上含糊其词："这个问题您当然有权询问，但恕我授权有限……"，"在适当的时候……"，"按我方的惯例……"等。这些模糊语言有很强的适应性，在谈判中可以用于保守秘密或避开直接压力。

交易语言在谈判语言中占有最大的比重，它具有专业性、规范性、严谨性等特点，在谈判结束所签订的合同中最能体现这种语言的特性。交易语言的作用是反映专业活动和内容，明确谈判双方的责权及义务，减少和规避商业活动的风险。

此外在把握陈述技巧时，特别要学会巧妙地表达"不"字。在谈判过程中，当你不同意对方意见时，一般不应直接用"不"这个词，而应尽量把否定性的陈述以肯定的形式表达出来。

2. 聆听的技巧

调查表明，54%的争吵、冲突，并不是因为双方意见不一致，而往往是因为双方的相互误解造成的。悉心聆听对方谈话，注意他的措辞、表达方式、语气和声调，都可以为你提供有效的线索，发现对方字句背后潜在的信息。当对方说"顺便提一下……"，十有八九，这是一件重要的事，切不可等闲视之；当对方用"老实说"、"说真的"、"坦率地说"等词句来提起话头，十有八九是在故作姿态；有的人在谈判中常把重要的信息冠以"趁我还没有忘记……"的开头，这暴露了他绝对没有忘记，对这些话，如果听者直接从字面上去理解，就势必大错特错。

善听才能善言，谈判者应该学会善于聆听，克服聆听过程中的障碍，有效地与对方沟通。谈判中聆听应注意以下各点：

- 聆听的态度要认真，要抛弃先入为主的思想，聆听过程中要有耐心；
- 聆听中要表现出对谈判对手发言的极大兴趣，控制自己的注意力，要虚心听取对方的谈判思路和策略；

- 聆听时要对谈判对手的发言有所反应，如不时地以微笑来呼应一下等，这样可以更多地获取有用的信息；
- 聆听之后要将谈判对手的意见加以归纳总结，积极地进行反馈，并控制好自己的言行；
- 在聆听过程中也可以适当运用沉默的技巧。当谈判对手的情绪发生变化时，运用沉默可以使对方改变态度；保持沉默也可以控制自己的情绪变化。

3. 代理人技巧

如何运用代理人是谈判中的一个重要的技巧。有时谈判方请一位代理人出面谈判，会带来很多便利。一般来说，谈判的代理人只有有限的授权，正因授权有限，到了要承诺的时候，可以推诿延宕；而对方意识到你授权有限，提出的条件也就会比较有分寸。正因为如此，我们要尽量避免同对方的代理人交手。

4. "小步舞曲"技巧

在商务谈判中，有关价格最危险的数字是双方提到的第一个价目，这个要么最高要么最低的"基本金额"决定着以后的整个争论过程。说它危险，是因为如果这数字不是由你提出来的，你就永远不能肯定它是否合理，你也永远不知道这个数字是怎么得来的。

"小步舞曲"即通过双方的让步行为模式来推测对方"底价"的技巧。让步行为都是渐进的、递增（或递减）的，而这些逐步递增（或递减）的幅度，正是测试最后底价的"气压表"。例如买方从 900 元还价至 1200 元至 1350 元至 1425 元至 1433.62 元，我们便可以判断，买方的最高买价是 1500 元。当然，这种方法只适用于谈判双方对立的情况下，若双方建立互信关系，直接报出底价，则另当别论了。

5. 头脑风暴技巧

头脑风暴技巧一般用于谈判前的准备阶段。这是一种一般由 7~10 人参加的讨论会。心理学家们认为举行这种特殊的即兴讨论会有助于产生具有创见性的方案。任何古怪的想法在这个会上都能得到明确的鼓励，而任何人不准对其他人的意见进行任何形式的批评和评价。由于不许任何批评意见，有助于产生思维的正反馈，互相激励，产生智力震荡，出现很多平时很难产生的设想。等建议统统提完后，再来筛选完善那些具有创见的意见，从而形成各种方案。

附录

涉外礼仪中初次见面时语言沟通技巧

1. 头一句话

双方一握手，一开口：

（1）（I am）pleased to meet you.

直译是"我很高兴认识你！"好比中文的"幸会！幸会！"

（2）How do you do?

字面的意思是"你好！"这句英文的结尾虽然是问号，可是并非提出任何问题，所以无需作答。它的含义也相当于中文的"幸会！幸会！"是双方互相交换一句客套话。注意，只能用来对第一次见面的陌生人说。

（3）How are you?

好比中文的"怎么样，还好吧？"是略带亲切的一声问好，是对相识的人说的。

（2）和（3）不能颠倒了来说。你跟陌生的人说"How are you?"对方会觉得你亲疏不分，莫名其妙。对着相识的人说"How do you do?"他会误会你翻脸不认人了。

（4）中国人碰见熟朋友不能用一个单字来打招呼，但在国外，一个字就可以搞掂："Hello!"（英国式）或"Hi!"（美国式）简单，好用！

（5）英语还有三个词也很好用：

Good Morning!"早！"从午夜到第二天中午见了人都能说。

Good Afternoon! 中文没有这个词，只能译成不土不洋的"午安"。中午到傍晚跟人打招呼就能用得上。

Good Evening! 中文没有直译的词，这句从日落到午夜都可以说。

2. 纯属客套话

（1）对方说：How do you do?（幸会！）

你也可以回答说：How do you do?

或说：Pleased to meet you.

（2）对方说：I am pleased to meet you.

你可回答说：Thank you. I am pleased to meet you, too.（彼此，彼此）

当然还有其他的英语句子可以表达同样的意思。

（3）第二次见面，对方说：How are you?（你好吗?）

你可以回答说：I am quite well, thank you.

或说：I am fine, thank you.

但对方说"I am pleased to meet you"，你千万不可回答：Me too. 因为这意思是"我也高兴认识我自己"。

对方问你"你好吗?"（How are you?）即使你并不好，正在走霉运，事事不称心，你也要回答："我很好，谢谢。"因为这只是互相打个招呼的客套话，不必当真。

中国也有类似的客套话，譬如你在茶楼、酒馆遇见相识的人，他会问你："看电影啊?"你很自然地点头说："哎，看电影。"你总不能把他的话当真而回嘴说："废话! 难道我进电影院去吃饭吗!"

资料来源：周曼儿：《海外社交礼仪》，天津：百花文艺出版社，2004 年 1 月。

思考与练习题

1. 口头表达有哪些种类?

2. 简述口语表达的技巧。

3. 沟通中如何进行辩解?

4. 如何批评更有效?

5. 运用幽默沟通时应注意什么?

6. 简述说服的基本方法和技巧。

7. 简述演讲的表达技巧。

8. 谈判中应运用哪些有效的技巧?

第十章

身体语言沟通技巧

【案例导入】

今天你微笑了吗?

中有句古话是:"伸手不打笑脸人"。微笑是内心情绪的表现,也是康拉德·希尔顿创造的希尔顿酒店跨向成功的关键。

在希尔顿创业之初,他的母亲曾经对他说:"除了对顾客诚实之外,还要想办法使每一个住进希尔顿旅馆的人住过了还想再来住,你要想这样一种简单、容易、不花本钱而行之可久的办法去吸引顾客。这样你的旅馆才有前途"。母亲的话让希尔顿沉思,如何才能达到既简单、容易,又不花钱且能行之久远的办法来吸引顾客呢?希尔顿想了又想,始终没有想到一个好的答案。于是,他每天到商店和旅馆里参观,以顾客的身份来感受一切,他终于得到了一个答案:微笑服务。

于是希尔顿将企业理念定位为"给那些信任我们的顾客以最好的服务",并将这种理念上升为品牌文化,贯彻到每一个员工的思想和行为之中,从而塑造了独特的"微笑"品牌形象。希尔顿饭店的每一位员工都披谆谆告诫:要用"微笑服务"为客人创造"宾至如归"的文化氛围;希尔顿对顾客承诺:为了保持顾客高水平的满意度,我们不断地听取、评估顾客意见,在我们所在的各个国家实行公平制度来处理顾客投诉并尊重消费者的权利。

资料来源:笔者依据相关资料整理。

身体语言沟通是利用身体动作来传递信息的一种非语言沟通手段。人们相互之间除了运用口头语言和书面语言进行沟通外,还可以通过动作、手势、表情、眼神、服饰、空间等进行身体语言沟通。人类的身体语言有些是共同的,有些由于各国的风俗习惯和文化背景的不同,所表示的意义也有所不同。

饭店管理者在传递和接收信息的双向沟通中,一方面,应给予对方合适的表情、动作和态度,并与所要传达的信息内容相配合。如轻松的交谈应面带笑容;

在对方陷于忧思时应减缓语速等。另一方面，管理者需要给对方的口头语言和身体语言以灵活机动的反应，使沟通对象的潜在需要得以实现。如根据对方对某问题所表现出来的兴趣、喜欢、无奈和厌恶等相关的身体语言，来决定是否进一步对该问题发表自己的观点见解。能否注意到沟通对象的细节通常能反映出管理者的沟通技能的高低。

第一节　身体动作沟通技巧

人的身体动作常常能"说"出很多话来。身体动作语言包括具有传递信息功能的躯体、四肢动作、姿势、身体对物体的触摸、身体空间位置、朝向等。善于解读身体动作语言，掌握身体动作语言沟通的方式，有助于提高相互沟通的效率。

一、手部动作语言解读

人的生存依赖于手，人的沟通同样也需要手势的配合，某种程度上无声的手势更胜过有声的语言。在沟通过程中，手部动作的变化可以用来表达许多不同的含义。如摊开双手表示真诚坦率，绞手表达失望，紧握拳头表示愤怒等。

1. 手掌

常见的手掌语有两种：掌心向上和掌心向下。前者表示诚实、谦逊和屈从，不带任何威胁性；后者则是压制、指示的表示，带有强制性，容易使人们产生抵触情绪。此外，敞开手掌象征着坦率、真挚和诚恳。判别一个人是否诚实，有效的途径之一就是观察他讲话时手掌的活动。小孩子撒谎时手掌藏在背后；成人撒谎则往往将双手插在兜内，或是双臂交叉，不露手掌。

在英、美等国的公共场所演讲，演讲人要想使听众保持安静，就得举起双手与头并齐，掌心向着观众；可是这种手势要是在希腊照样做，那就会被人们认为是投降的姿态，是最丑恶的形象。

2. 大拇指

拇指显示的是一种积极的动作语言，用来表示当事者的"超人能力"。此外，双手插在上衣或裤子口袋里，伸出两拇指，是显示"高傲"态度的手势；还有人习惯将双臂交叉胸前，双拇指跷向上方，这是另一种拇指显示，既显示防卫和敌对情绪（双臂交叉），又显示十足的优越感（双拇指上跷），这种人一般极难接近；若在谈话中将拇指指向他人，立即成为嘲弄和藐视的信号；而拇指与食指相擒，则是一种"谈钱"的手势。

翘大拇指。在我国和其他许多国家，右手或左手握拳，伸出大拇指，都是表示"好"、"了不起"等，有赞赏、夸奖之意。在意大利、欧美一些国家，大拇指表示数的"一"；而澳大利亚、新西兰却把横向伸出大拇指看作是一种侮辱。美国人、西方人如果将拇指朝下时，则表示不满意或差，或表示反对。在英国、美国、澳大利亚、新西兰等国，翘起大拇指还代表要求搭车。美国、英国伸大拇指也表示"好"、"行"、"不错"，当然他们也用"OK"表示。

3. 背手

有地位的人都有背手的习惯，这是一种表示至高无上、自信甚至狂妄态度的动作语言。此外，背手还可以起到"镇定"作用，双手背在身后，可以表现出自己的"胆略"。若双手背在身后，不是手握手，而是一手握另一手的腕、肘、臂，则表示沮丧不安并竭力自行控制的动作语言，而且，握的部位越高，沮丧的程度也越高。

4. 双手搂头

将双手交叉，十指合十，搂在脑后，这是有权威、占优势或对某事抱有信心的人经常使用的一种典型高傲动作。这种动作也是一种暗示所有权的手势，表明当事者对某地某物的所有权。

5. 亮出腕部

男性挽袖亮出腕部，是一种力量的夸张，显示积极的态度。"耍手腕"、"铁腕人物"等词语印证了腕部的力量。女性的腕部肌肤光滑，露腕亮掌，具有吸引异性的意思。

二、头部动作语言解读

头部动作也是运用较多的身体语言，而且头部动作所表示的含义也十分细腻，需根据头部动作的程度，结合具体的条件来对头部动作信息进行判断。

1. 点头

点头可以表示多种含义，有表示赞成、肯定的意思；有表示理解的意思；有表示承认的意思；还表示事先约定好的特定暗号等。在某些场合，点头还表示礼貌、问候，是一种优雅的社交动作语言。有人曾专门考察了"点头语"的语义项：表示致意；表示同意；表示肯定；表示承认；表示赞同；表示感谢；表示应允；表示满意；表示认可；表示理解；表示顺从。

2. 摇头

摇头一般是表示拒绝、否定的意思。在一些特定背景条件下，轻微地摇头还有沉思的含义和不可以、不行的暗示。

在很多国家人们习惯用点头来表示同意，以摇头来表示不同意。但在斯里兰卡、印度、阿尔巴尼亚、希腊、土耳其、伊朗、孟加拉、尼泊尔、保加利亚、巴基斯坦等国家的一些地区，人们却以摇头表示同意。

在保加利亚、希腊点头表示"不"和"不同意"。意大利那不勒斯人，希腊、土耳其部分地区、南意大利、西西里岛、马耳他、塞浦路斯和一些阿拉伯的地中海沿岸国家不是摇头表示否定，而是把脑袋向后一仰；如果表示强烈的否定，还用手指敲敲下巴颏来配合。斯里兰卡人用力摇头表示否定，轻轻摇头则表示肯定。

3. 其他

扬头表示傲慢，侧头表示感兴趣，低头表示谦恭，拍头表示自责。头部直立并时而微微点头表示正在倾听，但无倾向性的意见。头部向前倾表示不同意对方的观点、怀疑或正在进行思索。

三、腿脚动作语言解读

腿脚的动作虽然不易观察，但却更直观地揭示了对方的心理。挑衅时双腿挺直，厌烦或忧郁时双腿无力，兴奋时手舞足蹈。有些人常用一只手或双手搂住一条腿，形成一种"4"字形的腿夹，这暗示当事人顽固不化的态度；又如一些女性，喜欢将一只脚别在另一只腿的部位，这是一种加固防御性的体态，表示她害羞、忸怩或胆怯，如图 10-1 所示。另外，跺脚表明兴奋，但在愤怒时也会跺脚；脚步轻快表明心情舒畅；脚步沉重说明疲乏，心中有压力等。

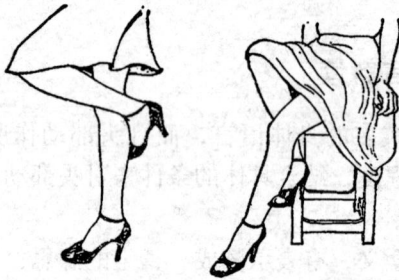

图 10-1 害羞、惧怕的腿脚动作

一般认为，交叠双足而坐是一种防范性的心理表示；在交往活动中，男性一般以张开腿部姿势而坐，语义为"自信、豁达"；女性一般以膝盖并拢的姿势而坐，语义为"庄重、矜持"。

斜着身体坐并轻松地跷腿，是悠闲自得、心情愉快的反应。小幅度地抖动腿部、频繁地变换架腿的姿势表示一个人焦躁不安的程度。

东南亚一些国家忌讳坐着跷二郎腿。脚尖朝天，在泰国会被认为是有意将别人踩在脚下，是一种侮辱性举止。

四、综合体态语言解读

综合体态不仅有手、肩、臂、腿的动作，还包括吸烟、戴眼镜、服饰等。例如，有些人在某种场合摘下眼镜，很快或有意强调地把眼镜抛在桌子上，这充分表达了他难以抑制的不满情绪；女人把手指上的戒指取下而后又戴上的动作，是对男人潜意识的"反抗"。

一会儿放松地背靠座椅，一会儿眼神严厉地探出身去，会让人无从理解你的身体语言，从而难以寻找攻击你的焦点。老练的政治家或外交家因某一棘手问题遭到公众、记者围攻时，常利用这一技巧。

用手掩盖嘴部的动作，表示在讲假话，变相的动作有擦鼻子、擦眼睛、拉耳朵、搔脖子、拉领子，这些动作都有类似的潜在意义。

用手掌支撑脸部的动作表示厌倦；食指支撑头部的动作表示正在思考与判断；摸下巴表示正在下决心；戴眼镜的人将眼镜摘下，将一条眼镜腿放进嘴里或是抽烟斗的人将烟斗放进嘴里猛吸几口，都是下决心前的动作。

耸肩膀这一动作外国人使用较普遍。由于受到惊吓，一个人会紧张得耸肩膀，这是一种生理上的动作。另外，耸肩膀还有随你便、无可奈何、放弃、不理解等含义。

还有一种值得注意的肢体语言，那就是心理学家所谓的"个人空间"。这是很敏感的事情，如果你没有受到邀请，就走进别人的个人空间，对方可能就会以言语和非言语讯息告诉你，你已经侵犯了别人的私人空间，对方很可能会变得紧张、烦躁，并表现出敌意。比如当人们在进行非正式的个人交谈时，最经常保持的空间距离是 0.46~1.20 米之间，如图 10-2 所示，这个距离足以看清对方的反应，可以传递亲切、友好的含义。这种距离的交往普遍适用于公开的社交场合。

图 10-2 公开社交场合适用的空间

第二节　面部表情沟通技巧

人的面部表情是非常有效的沟通形式，沟通时眼、眉、嘴、脸等部位能传达出特殊的感情、想法和目的。在与人交流沟通的过程中，面部表情是十分丰富的，表达的含义也是多种多样的。但有时面部表情表达的情感并不易被解读。比如有人似乎没有表情，其实无表情是表示自己内心的不满或反抗的情绪。所以善于解读人的面部表情对理解对方提高沟通效果很有意义。

一、目光注视

眼睛是心灵的窗口，它可以传神地表达出一个人的内心感情。行为科学家断言，只有相互注视到对方的眼睛时，彼此的沟通才能建立。注视行为主要体现在注视的时间、注视的部位和注视的方式三个方面。

1. 注视的时间

注视的时间对双方交流有十分重要的影响。若想同别人建立良好的关系，在整个谈话时间里，你和对方的目光相接累计应达到 50%～70% 的时间，只有这样，才能得到对方的信赖和喜欢。但不可长时间的注视对方。即使必要的注视也不能太咄咄逼人或太放肆。眼光必须是诚恳的、善意的。

2. 注视的部位

不同的场合注视的部位也应有所不同：

（1）公务注视。指洽谈业务、磋商交易和贸易谈判时的注视。眼睛应看着对方额上的三角地区（以双眼为底线，上角顶到前额）。注视这个部位，显得严肃认真、有诚意。这是商人和外交人员经常使用的注视部位。

（2）社交注视。指人们在社交场所的注视。这些社交场所包括鸡尾酒会、茶话会、舞会和各种类型的友谊聚会。眼睛要看着对方脸上的倒三角地区，即在双眼和嘴之间，注视这个部位，会造成一种社交气氛。

（3）亲密注视。这是亲人之间，尤其是恋人之间的注视。眼睛看着对方双眼和胸部之间的部位，但对陌生人来说，不宜采用这样的注视。

（4）瞥视。轻轻一瞥用来表达兴趣或敌意。若加上轻轻地扬起眉毛或笑容，就是表示兴趣；若加上皱眉或压低嘴角，就表示疑虑、敌意或批评的态度。

图10-3 面部注视部位

3. 注视的方式

眨眼是一种注视方式。眨眼一般每分钟 5~8 次。在一秒钟之内连眨几次眼，是神情活跃，对某物感兴趣的表示；时间超过一秒钟的闭眼则表示厌恶、不感兴趣，或表示自己比对方优越，有蔑视或藐视的意思。此外，眯起双眼，眉毛稍稍向下，可能表示已陷入沉思之中；眉目扬起时，可能是一种怀疑的表情，也可能是心情兴奋。

案例：客人离店被阻

上海某四星级宾馆。一位四十来岁的客人李先生提着旅行包从 1510 房间匆匆走出，走到楼层中间拐弯处服务台前，将房间钥匙放到服务台上，对值班服务员说："服务员，这把钥匙交给您，我马上下楼去总台结账。"却不料服务员小余不冷不热地告诉他："先生，请您稍等，请您等查完房后再走。"李先生顿时很尴尬，心里很不高兴，只得无奈地说："请便吧。"这时，另一位服务员小赵从工作间出来，走到李先生跟前，将他上下打量一番，又扫视一下那只旅行包，李先生觉得受到了侮辱，气得脸色都变了，大声嚷道："你们太不尊重人了！"

小赵也不搭理，拿了钥匙，径直往 1510 号房间走去。她打开房门，走进去不紧不慢地检查，从床上用品到立柜内的衣架，从冰箱里的食品到盥洗室的毛巾，一一清查。然后，她离房回到服务台前，对李先生说："先生，您现在可以走了。"李先生早就等得不耐烦了，听到了她放行的"关照"，更觉恼火，待要发作，或投诉，又想到要去赶火车，只得作罢，带着一肚子怨气离开宾馆。

资料来源：笔者依据相关资料整理。

二、嘴巴动作

嘴巴的动作也能从各方面反映人的内心。嘴巴的表情是通过口型变化来体现的。鄙视时嘴巴一撇；惊愕时张口结舌；忍耐时紧咬下唇；微笑时嘴角上翘；气急时嘴唇发抖等。当然嘴巴动作还可以和身体的其他部位配合以表示不同的含义，比如嘴巴紧抿而且不敢与他人目光相接触，可能心中藏有秘密，此时不愿透露；嘴巴不自觉地张着，并呈倦怠之状，说明他可能对自己或对自己所处的环境感到厌倦。在英语国家，用手遮住嘴，有说谎之嫌。

三、面部微笑

人的面部表情千变万化，但在交往中最多见的面部表情是笑。笑是一种语言，其中最动人的、最富有魅力的是真诚而甜美的微笑。有人把微笑比作全世界通用的货币，因为不同文化背景、各种体态语言往往表示不同的含义，只有微笑，在不同的文化背景下，被公认是传递友好、亲善的信息。因此在饭店接待和人际交往沟通中表情的基调应是微笑。微笑传达的信息能促进双方沟通，融洽服务员与客人之间的感情，从而形成"共振效应"。

微笑能给人容易接近和交流的印象。一个友好、真诚的微笑会传递给别人许多美好的信息。微笑应该是发自内心，又有所收敛的笑。微笑在饭店服务中是一种特殊的语言——情绪语言在以下几种服务中可以起到很好的效果。

欢迎客人。微笑是客人感情的需要。真诚的微笑使客人有宾至如归、温暖如春的感觉，可以消除客人初到异地的陌生感、疲劳感。

赞美客人。真诚的微笑使客人感到你的赞美是由衷的、令人相信的。

表示抱歉。真诚的微笑使客人能迅速谅解你，并愿意与你合作。

欢送客人。真诚的微笑使客人流连忘返，回味无穷。

第三节　服饰与仪态沟通技巧

在现代生活中，人们对穿着打扮的要求已远远超越了最基本的遮羞避寒的功能，更注重向别人传递属于个人风格的信息，因为服饰会使人们对其主人产生非常强烈和直观的印象。服饰与仪态还能反映一个人的个性和心理状态。人们可以从衣服的颜色、款式、风格、各种姿态变化来探讨对方的心理特点和性格。所以服饰和仪态作为沟通手段也在沟通中发挥着重要作用。

一、服饰礼仪

服饰穿着是一门艺术，不光是人的生理与心理需要，而且反映一定的文化修养水平，在交流沟通中也表现着对别人的尊重程度。服饰打扮的外观形象应做到：稳重端庄、大方、整洁、协调。稳重端庄的服饰给人以成熟、信任之感；大方是指服装款式、花色、饰物要大众化，不要矫揉造作；整洁是穿着打扮的基本要求；而协调是指服装款式的协调、色彩的协调、与穿衣者年龄身份的协调、与环境的协调。

在正式场合，着装要求清洁、整齐、挺直。衣服应烫平整、裤子烫出裤线。衣服袖口应干净、皮鞋要上油擦亮，鞋面上不能留有污垢。穿长袖衬衣要将前后摆塞进裤内，长裤不要卷起。不要在正式场合询问对方服饰新旧、价格及购自何方，更不能动手去触摸对方的服饰，这样会使对方恼火。

参加各种活动，一旦进入室内，就应当脱去大衣、风衣和帽子，摘下围巾，但西装上衣、夹克是不能随便脱的。男士在任何时候在室内不得戴帽子、手套。女士的纱手套、帽子、披肩、短外套等，作为服饰的一部分则可在室内穿戴。在他人办公室或居室里，不要乱放自己的衣帽，当主人允许后，才可以按照要求放好。

二、服装颜色的语义

在人际交往和沟通中，选择适当颜色的服装，对于调整心理状态和改善交流气氛是非常重要的。不同的色调给人的感觉不同。有些色调、色彩还包含某些象征意义。

1. 黑色

黑色意味着权力，是一种强有力的颜色。这种颜色会直接地在着装者与别人之间造成一种感情上的距离。作为管理者，在一些庄重正式的场合，如召开员工大会、董事会、经济谈判、合同签字仪式、会见重要的来访者等，穿黑色西装符合这些场景对服装的要求。出席一些重要的宴会，需要做一些商务交际和公关活动，体现公司的形象和实力时，也需要着黑色或深色正装。

2. 灰色

灰色意味着冷漠，是一种冷色。灰色服装的弱点是不能在较短时间内使你与客户的关系融洽起来。因此，如果选择了灰色的服装，为了在这种冷漠中保持某种平衡，可以着其他颜色的领带、衬衣。

3. 棕色

棕色是友好而富有同情心的颜色，也意味着一定的权力与力量。在参加会谈时，穿棕色西装是一个很好的选择，它能对对方产生镇定的影响。如果穿黑色或深蓝色西服，可能会显得过于强有力，因而不适于解决问题。

4. 深蓝色

深蓝色既表明了力量和权力，又不像黑色和灰色那样令人感到隔阂和冷漠。

因此，有许多人在参加会议时选择深蓝色的西装；如假定你是一个部门经理，并且正被别人访问。

5. 浅黄色

浅黄色是一种淡而柔和的颜色，在业务活动中应避免穿浅黄色服装，因为它会使你显得软弱无力，自然而然地把实力地位转让给对方。与浅黄色相类似的"软弱"颜色还有浅紫色、浅绿色等。即使你认为穿一套深蓝色的服装，可以配上淡柔色的领带，以便使色彩鲜亮这种想法也是错误的。服装上任何淡柔色的点缀，都将格外突出醒目，可以削弱你的态度，不利于坚持自己的立场。

6. 深绿色

深绿色是过于吸引人们注意力的颜色。这种颜色相当鲜艳，如果穿上这种颜色的衣服，别人的注意力将完全放在颜色上面而忽视了穿衣者本身。当然，这种颜色的衣服也可以用来避开人们的注意力。

三、仪态礼仪与沟通

在不同的场合，应具有大方、得体的仪态礼仪，这样在沟通交际中才能表示对对方的尊重，并显示出自己的素养和交际的技巧。

1. 办公室礼仪

无论你是主人或访客，在公务交际中最重要的是随时保持优雅、警觉以及有条不紊的态度。在接待访客时，如果没有接待人员引导访客到你的办公室，你应该亲自去迎接，问候来客，并且带他到你的办公室去。当接待人员将访客带到你的办公室时，你应马上站起来，从桌后快步走出，热情握手，寒暄问候，表达出你很高兴见到对方。当一些突如其来的紧急事件打乱了你的接待时间时，如果你必须让客人等待超过 10 分钟以上，则应抽出一两分钟，到办公室外面向客人问候一声，表明你的歉意并安慰访客的情绪。约定的人到达时，你正在打电话，你应该马上结束，并告诉通话的对方，等这边的事处理完了，会回电话给他。这样避免让访客久等。等客人在安排好的座位上落座后，你再坐下，请客人喝茶，然后进入谈话的正题。

2. 商业拜访礼仪

商业拜访要按约定时间准时到达。否则会影响整个拜访活动。在等待期间，不要向接待人员提任何要求，避免干扰对方正常工作。如果等待时间较长，可向接待人员询问还需要等多久，但不要不停地抱怨等待时间长。要保持安静、有礼貌。离开办公室时，无论这次会面是否完成任务，都应该感谢对方的接见，并且在离开时与对方握手道别。

3. 谈判礼仪

谈判一般选在比较正规的场合，它也是谈判双方风度的一场较量，因此必须注意仪表举止，给人良好的印象。交谈时可自我介绍，也可由第三者介绍。自我介绍时要自然大方，不必过分拘泥礼节，一般应姓、名并提，讲清自己的单位、所担任的职务等。由第三者介绍时，被介绍人应起立面带微笑，向大家点头示意。介绍完之后，双方要互致问候和握手，交换名片。问人姓名时要注意礼貌用语，比如"请问尊姓大名"，"对不起，您怎么称呼"等，对男子一般称"先生"，对女子称"小姐"、"女士"。

在谈判过程中，讲话语气要平和、友好，不生硬、不咄咄逼人。对方发言时，要仔细聆听，不能漫不经心，眼睛四下张望，可以用点头同意或简单的"对"、"我明白"等语言，鼓励对方继续讲下去，并以积极、友好的手势和微笑做出反应。

4. 宴请礼仪

在宴请时，客人要等主人示意再坐下。如果主人没有示意，应在最靠近他的座位就座。作为主人，应以缓和的手势，示意客人落座。客人要在主人开始用餐后再开始用餐。

用餐时把餐巾放在腿上，如果用餐途中必须离开餐桌，则把它放在自己的座椅上，千万不可放在桌上。用餐完毕，大家都已站起来准备离去时，把餐巾放在桌上。用餐的坐姿应该笔直有精神，否则不利于良好的沟通。除了在两道菜之间的空档，或者用餐完毕后，最好不要把整个手肘搁在桌上，这也是对他人尊重的一种表示。

图 10-4 西餐用餐的正确坐姿

5. 舞会礼仪

舞会上的礼仪很多，无论是衣着打扮还是行为举止，都必须遵从一定的礼仪规范。进入舞场要彬彬有礼，说话要轻声细语，不宜高声谈笑，走路脚步要轻，坐姿要端正，不要跷二郎腿或抖腿等。

邀舞时，一般是男方邀请女方。当舞曲奏起时，男方可慢步来到被邀请的舞伴前，面带微笑，神情诚恳，做出邀请姿势。邀请时要大方适中。女方在接受邀请时也要有一定的礼貌，如果已答应别人，应主动向对方表示歉意。当一曲舞完后，男方应热情大方地对女方表示感谢，送女方回到原来的座位，可进行适当的交谈，也可礼貌地告辞离开。

第四节　身体语言洞察技巧

身体语言在表达适当时是能准确传递信息的。当然，这个传递过程涉及参与人员的接受、领悟能力等多方面素质。提高领悟、洞察身体语言的能力需要掌握身体语言洞察技巧。

一、情感的洞察

许多暗示、丰富的情感或不便直接表达的信息，均可以通过身体语言传递出去。如恋人用亲吻、拥抱等来表达爱意。一对配合已久、非常熟悉的搭档，在谈判过程中，能通过身体语言（眼神、微笑、手势等），向搭档传递谈判的策略并交流对方有关的反馈信息。在咖啡厅里，如果你举起两个手指，招待员就能清楚地知道你想要在杯中多加两块糖。从标记语言角度来看，非语言交流是对口头语言情感表达的有力补充。

在沟通中，沟通者的坐姿、站姿、走姿等也传达着很多的信息，特别是情感信息。例如，情感亲密的人坐在一起的时候就会面对面，形成一个包围的小圈子，以排除外来人的干扰或介入。而相互憎恨的人之间的动作则大大不同，他们往往会有更高的说话声调，动作也会比较激烈。

在饭店中，有些员工不满主管的言行，可是却敢怒而不敢言，只好故意装出一副面无表情的样子。但倘若紧迫感进一步增加的话，他的眼睛会瞪得很大，鼻孔显露皱纹，或者脸上出现抽搐。如有这番现象，那就表示在他的深层意识里已陷入强烈的不满与冲突之中。这时候，管理者不要指责，而应该另外选时间开诚布公地与他交换意见。

二、含义的洞察

熟悉身体语言表达的含义能够提高洞察力，尤其是提高辨别的能力。例如什么样的姿势表示不满？它们的强烈程度如何？什么样的姿势表示友好或高兴？等等。以下所列举的情感词汇及其身体语言表达特征，可以提供这方面的信息。

- 留心：低头，表情多变，身体直立或前倾。
- 漫不经心：眼睛毫无生气，身体挺立。
- 诚实：语言简练，眼睛直视。
- 撒谎：躲避目光，心神不安的样子，不自在。
- 高兴：面部肌肉松弛，全身放松。
- 生气：眼睛冷酷无情，嘴唇紧闭，身体挺直。
- 希望：昂头，眼睛生辉，身体笔直。
- 失望：萎靡不振，垂头丧气，双手紧扣。
- 坚定：拳头紧握，语气连贯，专心致志。
- 害怕：目光游离，嘴唇苍白和颤抖。
- 友好：热烈的表示，轻松愉快的样子，可能握手。
- 敌视：半侧身体，冷若冰霜，目光锐利，双腿挺直。

三、需要的洞察

身体语言和口头语言一样，也是为了满足某种特定需要，反映着人的情感、能力和水平。对于某件事情，一个人只是微笑，而另一个人则可能报以大笑。在中国古时，主人对客人不耐烦时，把茶杯倒扣，就是下逐客令。有时仆人在看到主人的眼色后开始扫地，也是一种逐客令。在现实生活中，主人用不停地打哈欠或看手表等动作，含蓄地提醒客人及早离开。因此，日本索尼公司的总裁盛田昭夫认为，管理者要做员工的知心人，既善于通过交谈闲聊了解他们的需要，又要善于细致地洞察员工一举一动的变化，以此消除下属内心的不满。

四、身体动作沟通时应注意的问题

身体动作语言所传递的信息是模糊的、微妙的，因为许多面部表情和身体姿态提供的不仅仅是单一的解释。大多数的研究者均强调，任何姿态和动作的含义都依赖于文化规范、个人风格、客观环境、前面发生的事情和双方对未来的预期。尽管如此，面对面沟通过程中，有些身体动作语言所传递的"是"或"非"信息，依然可以为很多人认可。对一些不利于沟通的身体动作应注意以下几点：

- 不要总是摸后脑勺。当与人交谈时，总觉得自己的双手是多余的，交谈中下意识地总是挠一挠后脑勺，即使这是一种习惯性动作，对方也会认为你不成熟，没有社交经验。
- 克服爱动的习惯。有些人在交谈或开会时，手中总想拿点什么东西摆弄，这是对对方不尊重的行为。还有些人讲话时总喜欢拍打对方一下，这种轻浮的动作，也容易招致对方反感。
- 不要抖动腿部。有些人坐着时，两腿不停地摆动，或者是一条腿压在另一条腿上也在不停地摆动着，特别是脚尖摆动得还很有节奏，这会使对方产生你很高傲、不好接近的感觉，同时也是一种缺乏社会修养的行为。
- 避免做脸上动作。有些人无论是坐着、站着或者与人交谈时，不知不觉地总喜欢用手挖鼻孔或挖耳朵，或揉一揉鼻子，这种习惯性的脸部动作也容易招致对方的反感。
- 注意适当的距离。有些人讲话时总喜欢越讲越与对方靠近，有时甚至和对方身体靠上了，也有些人在交谈时，对方一有不同意见就摇头摆尾地乱晃，这会显得太不成熟。

说话时，如果与对方离得过远，会使对方误认为你不愿向他表示友好和亲近，甚至是厌恶他；然而，日常经验又告诉我们，如果在较近的距离与人交谈，稍有不慎就会把口沫溅到别人脸上，而这一般是最令人讨厌的。有些人因为有凑近别人交谈的习惯，又明知别人忌讳被自己的口沫溅到，于是先知趣地用手捂住自己的口，再凑过去和人说话，这样做形同"交头接耳"，样子比较难看，也不够大方。如果对方是异性，还会被人误解。因此，讲话时要特别注意保持适当距离。

案例：沟通中需留意的肢体语言

（1）与别人见面时不要站得太靠近，而且脸上不要有生气的表情。因为靠得太近是一件令人不舒服的事，很容易使对方觉得困扰，所以要使自己的身体与对方保持距离。

（2）绝对不要把对方逼到墙边，否则他会觉得你把他囚禁起来而产生压迫感。得给别人留点转身的空间，这意味着他能自由转身走开。

（3）当你在一个团体中谈话，你的肢体语言若不是快活、文雅的，相反就是鲁莽、消极的。下列肢体语言告诉别人你正在专心聆听：

①端正地坐在椅子上。因为假如背靠在椅背上，双脚就会向前伸出，这时候你的身体就是在说："管你说什么，坦白讲，你让我觉得无趣。"

②与某人谈话时，要端端正正地坐着，当然，也不能一动也不动地像一座雕像。

③双眼注视说话者的脸部，视线不要毫无目的地四处游移。对说话者全神贯注就是礼貌。

④双腿保持不动，不要一直改变位置，或者交叉来交叉去。因为后者的肢体语言不是表示关节疼痛就是意味着急欲离开。如果你让膝部上下抖动，那表示你对现在的公司厌倦了，这个动作透露出你心里的感觉，除非你故意想这样做，否则最好掩饰一下。

⑤如果你是正在洽商的女性，请注意自己的坐姿。其实，男士和女士都应该注意自己的坐姿。女性主管对此尤其要注意，如果你穿着短窄裙，坐着时就要双腿并拢，而且要注意自己的姿态。女性如果坐姿不雅，等于是对在场的男士发出错误的肢体语言，作了暧昧的暗示而不自知。

资料来源：李彦芳：《优秀主管商务礼仪》，北京：中国纺织出版社，2002 年 9 月。

附录

自测你在沟通时给人的第一印象

1. 与人初次会面，经过一番交谈，你能对他（她）的举止谈吐、知识能力等方面做出积极、准确的评价吗？

　□不能　　　□很难说　　　□我想可以

2. 你和别人告别时，下次相会的时间地点：

　□对方提出的　　　□谁也没有提这事　　　□我提议的

3. 当你第一次见到某个人，你的表情：

　□热情诚恳，自然大方　　　□大大咧咧，漫不经心

　□紧张局促，羞怯不安

4. 你是否在寒暄之后，很快就找到双方都感兴趣的话题？

　□是的，对此我很敏感　　　□我觉得这很难

　□必须经过一段较长时间才能找到

5. 你与人谈话时的通常坐姿：

□两膝靠拢　　　　□两腿交叉　　　　□跷起"二郎腿"

6. 你同他（她）谈话时，眼睛望着何处？

□直视对方的眼睛　　　　□看着其他的东西或人

□盯着自己的纽扣，不停玩弄

7. 你选择的交谈话题：

□两人都喜欢　　　□对方所感兴趣的　　　□自己所热衷的

8. 通过第一次交谈，你们分别所占用的时间：

□差不多　　　□他多我少　　　□我多于他

9. 会面时你说话的音量总是：

□很低，以致别人听起来较困难　　　□柔和而低沉　　　□声音高亢热情

10. 你说话时姿态是否丰富：

□偶尔做些手势　　　□从不指手画脚　　　□我常用姿势补充言语表达

11. 你讲话时的速度怎么样？

□频率相当高　　　□十分缓慢　　　□节律适中

12. 假若别人谈到了你索然无味的话题，你将如何？

□打断别人，另起一题　　　　□显得沉闷、忍耐

□仍然认真听，从中寻找乐趣

评分标准：

题　目	选项1（得分）	选项2（得分）	选项3（得分）
1	1	3	5
2	3	1	5
3	5	1	3
4	5	1	3
5	5	1	3
6	5	1	3
7	3	5	1
8	3	5	1
9	3	5	1
10	3	5	1
11	1	3	5
12	1	3	5
	合计：	合计：	合计：
合计：			

说明：

分数为 0~22 分：首次效应差。也许你感到吃惊，因为很可能你只是依着自己的习惯行事而已。你内心是很愿意给别人一个美好印象的，可是你的漫不经心或缺乏体贴，或言语无趣，无形中却为来人做出关于你的错误的印象。必须记住交往是种艺术，而艺术是不能不修边幅的。

分数为 23~46 分：首次效应一般。你的表现中存在着某些令人愉快的成分，但同时又偶有不够精彩之处，这使得别人不会对你印象恶劣，却也不会产生很强的吸引力。如果你希望提高自己的魅力，首先必须在心理上重视，努力在"交锋"的第一回合显示出最佳形象。

分数为 47~60 分：首次效应好。你的适度、温和、合作给第一次见到的人留下了深刻的印象。无论对方是你工作范围抑或私人生活中的接触者，无疑他们都有与你进一步接触的愿望。你的问题只在于注意那些单向的对你"一见钟情"者。

资料来源：时代光华图书编辑部：《有效沟通技巧》，北京：中国社会科学出版社，2003 年 7 月。

思考与练习题

1. 手势在沟通中是如何表达不同含义的？
2. 面对面沟通中注视行为是通过哪些方面体现出来的？
3. 如何利用微笑的面部表情进行沟通？
4. 不同场合如何选择好服装的颜色才有利于沟通？
5. 沟通中如何把握仪态规范？
6. 面对面交流避免哪些不利于沟通的身体动作？

第十一章

媒介沟通技巧

【案例导入】

媒介沟通的新问题

里克·菲利普斯（政府与公共关系主管，J. R. 辛普劳公司）认为，沟通在很大程度上决定了生活和事业的质量。现在我们相持不下的问题之一就是关于网络沟通渠道的新沟通技术。有许多技术都能用来发送信息，但是发送信息与沟通不同。新专业呈现出效率与效益两难的困境。管理者也许会发送出大量的邮件，认为每个人都会按他们所想的方式来阅读，但这种方式并没有奏效。人们有时会用完全不同的方式阅读，而且阅读方式有时也要建立在所使用的渠道上。有一个办公室事件能说明这个道理。像大多数公司一样，我们必须经常评估每一次行动和每一个职位以保证其能够为公司的产品和服务增加价值。我们的一位执行官礼貌地向每位职工的家里发送了一封信，解释最新一轮公司分析和计划，也就是说明公司不会大量裁员或者削减规模。这下好了，打开这个信的每个配偶都猜想他们的丈夫或妻子会很快就失业。他们阅读的方式完全与管理者的意图相反，另一部分原因是发送信息的渠道部正确。我始终认为面对面的沟通十分重要。很多时候，没有什么方式能取代面对面的交流。上面的例子就说明不同的信息需要用不同的渠道传播。

资料来源：南希·理雅格：《管理沟通：职场专业技能与商务技巧（原书第5版）》，北京：机械工业出版社，2017年5月。

媒介沟通，即借助于某种通信工具如电话、计算机网络、电台、电视台、对讲机等进行的信息沟通。随着科学技术的发展，这种沟通变得越来越广泛、越来越重要。全新的沟通形式，不仅丰富和方便了人们沟通的种类和方法，拉近了人与人之间的距离，而且使人们的沟通交流更加便捷、高效。因此，饭店管理者除了必须掌握听、说、写和身体语言等基本的沟通方式外，还需要很好地运用媒介沟通手段，使管理工作高效、准确。

第一节　电话沟通技巧

电话是现代化的通信手段，也是现代社会的一种交际沟通方式。在饭店管理活动中，电话使用非常频繁，特别在销售活动中采用电话这一迅速、便捷的方式，能够把握住转瞬即逝的商机，做出正确的决策。虽然打电话是一件非常简单的事，但在管理工作中，怎样用好电话，怎样提高电话沟通的效果，是沟通双方都应重视的问题。在饭店的销售管理、人力资源管理中，良好的电话沟通技巧将会使自己处于竞争优势地位。

一、打电话四要素

从某种意义上讲，饭店的电话就是饭店的生命线，它是饭店内部、外部沟通信息和加强联络的重要纽带。为了赢得对方的好感，注意饭店的形象，打电话时需要注意四个要素。

1. 时间

拨打电话，要考虑在什么时间最合适。选择的通话时间应方便对方，不要在对方最忙的时候打电话。非特殊需要也不要在半夜、拂晓或别人吃饭、休息的时候打电话，以免引起对方的反感。如果不是特别熟悉或者有特殊情况，一般早上应在 8 点以后，假日最好在 9 点以后，晚上则在 10 点以前，以免干扰受话人及其家人的休息。有午睡习惯的地区，也不要在中午打电话。与国外通话还要注意时差和生活习惯。比如，北京时间中午 12 点，柏林时间为早上 5 点，莫斯科时间为早上 7 点，巴西时间为凌晨 1 点，如忽视时差把对方从睡梦中惊醒，是很不礼貌的。因此，打电话时要兼顾对方的时间，不能觉得自己方便就可以了。

2. 对象

给上级领导打电话请示或汇报工作时，不要显得过于拘谨，谈吐应自然得体，讲话时要开门见山、条理清晰；给下级打电话时，态度要谦和、亲切自然，不摆架子、不打官腔。采用正确的谈话态度能大大改善沟通质量。从通话时的态度可以获得对方更多的信息。

3. 地点

在选择通话地点时应考虑以下因素：一是通话内容是否具有保密性，需要保守业务秘密的电话一般不宜在大庭广众之下拨打，尤其是不宜在外面使用公用电话拨打；二是尽量不要借用外人或外单位的电话，特别是不宜长时间借用。

此外，在办公室打电话应调低自己的音量，尽量不要影响同事办公。若使用公用电话时，更应该长话短说，使用公共设施，应具有公共意识。

4. 内容

打电话前要有所准备，应理清思路，简明有序，要对电话的内容简要地思索整理，拟好谈话要点和顺序，切忌表达含混不清、语无伦次。如果要谈的内容比较多，可在纸上一一列出，尤其是业务电话，内容涉及时间、数量、价格时，这一点是非常必要的。

二、打电话技巧

电话是一种沟通手段，沟通双方的信息只能靠语言和声调来传递，为达到沟通的目的，并千方百计让对方从声音中感受到热情友好，需要使用沟通技巧。

1. 礼貌开头

拨号以后，如只听铃响，没有人接，应耐心等待片刻，待铃响六七次后再挂断。否则，如对方正巧不在电话机旁，匆匆赶来接时，电话已挂断了，这也是失礼的。电话接通后，先问一下对方的号码或单位，应很有礼貌地称呼对方，或者问"请问是××单位吗？"、"请问于萍小姐在不在？""我想找公关部的负责人"，当对方回答以后，应说"您好！"接着报出自己的单位和姓名。不要让对方猜测自己是谁。当对方询问姓名时，一般应告诉对方，如果自己不说，反问对方"你是谁"，是很不礼貌的。万一拨错了号码，应向接电话者表示歉意："对不起，打错了"、"打扰您了"等，切勿直接挂断电话，不做任何解释。

为了让通话对方了解自己的身份，通话双方均应略作自我介绍。一般情况下，通话之初的自我介绍，主要分为五种类型：

（1）只报单位的全称。一般适用于服务单位的电话总机或服务热线电话，例如，"这里是捷达旅行社"。

（2）报出单位的全称与具体部门的名称。主要适用于办公室电话的使用，例如，"东方大酒店公关部"。

（3）报出电话的号码。主要适用于录音电话的使用，例如，"这里是86701213"。

（4）报出通话人的全名。通常用于有专人负责值守的电话，或是专人使用的电话，例如，"李铁"、"陈影"。

（5）报出通话人的全名与所在具体部门的名称。主要适用于内线电话和有总机接转的电话，例如，"宴会部罗迪文"。

2. 热情友好

打电话过程中语言流利，吐字清晰，声调平和，能使人感到悦耳舒适。再加上语速适中，声音清朗，富于感情，热情洋溢，使对方能够感觉到你在向他微笑。这样富于感染力的电话一定能够打动对方，乐于与你对话。但不论是工作电话还是交际电话，都不要没完没了地抒情，这与整个气氛不协调，也会令周围人反感。

3. 明确目的

打电话之前，必须明确打电话的目的。打电话前要有所准备，手中应备有文具或有关资料，如铅笔、纸张、表格、目录、价格表以及一些数字、实例。一定不能让对方等候你去寻找纸笔。电话沟通的思路要清晰。打电话时应尽力做到坦率、简练、高效率。打销售电话时，坦率的方式将给顾客留下良好的印象。

4. 表达清楚

在通话过程中，有关同音不同义的词语，或姓名、日期、时间、电话号码等数字内容表达要清楚，必要时要重复或做出解释。对容易混淆、难于分辨的词语要加倍注意，放慢速度，逐字清晰地发音。为确保信息被对方理解，要注意停顿以给对方做出反应。如果对方没有反应，可用这样的话获得反馈："关于这点，我讲清楚了吗？"

5. 礼貌道别

电话结束时，礼貌地强调一下想要对方采取的行动、急于要解决的问题和时间期限，同时不要忘了感谢对方。电话通常是由拨出电话的一方先提出结束通话。在结束通话之前，应当很有礼貌地寒暄几句："麻烦您了"、"打扰您了"、"谢谢"、"那么，再见了"等，以此恰当的结束，也是对整个电话概括性地强调，有利于协调双方的情绪，达到通话的目的。最后待对方挂上电话之后再放下话筒。

三、接电话技巧

电话接听者尽管不可能亲眼看见对方的环境与表情，但应该根据对方的语言和语气做出适当的判断，然后据此决定所应该采取的技巧。

1. 尽快接听

电话铃响后，最好在三声之内接听。因为接听速度关系到旅游企业的形象与管理水平。拿起话筒应立即问好，并自报家门，如："您好，这里是××饭店"、"您好，这里是××旅行社，请问您找谁？"这样既问候了对方，又让对方清楚这边是什么单位。如果不及时拿起电话，可能会错过一次重要的通话，放弃了一个难得的机会。

2. 礼貌接听

接听者可以先报自己的电话号码或单位（部门）名称，然后再问对方找谁，切忌自己什么都不说，只是一味地询问对方："你叫什么名字"？"你是哪个单位的"？"你找他有什么事"？这种做法极不礼貌。如果接听以后，自己不是受话人，应负起作为传呼者的责任。万一要找的人正忙着，应该重新拿起电话告诉对方，"请等一下，他马上就来"。要是找的人不在，要耐心地询问对方的姓名和电话号码，是否需要转告，并在征得同意后详细记录下来，向打电话者重复一遍以验证记录的正确性。如遇对方打错电话号码时，请对方再拨一次号码，不要责怪对方。

3. 认真接听

要认真倾听对方讲话，尽量不要打断对方。为了表示自己在专心聆听，可以不时地说"可以"、"是的"、"太好了"、"谢谢"。有时还可以提出问题，证实自己是否听得准确，让对方感到你很感兴趣。如果电话来得不是时候，可委婉地告诉对方："真想和你多谈谈，可现在有件急事要处理，明天我打电话来再谈，好吗？"。

4. 记录内容

要养成记录电话的习惯，日常工作中每天要接听许多电话，应将业务活动的电话要点准确地记录下来，便于处理问题，也便于向其他人传达转告。若对所询问内容不甚了解或自己不能答复时，应由相应的部门主管答复。听电话不是一个消极的过程，应做到集中精力。为了搞清对方在电话里所讲内容的全部含义，必须注意对方说话音调的高低、停顿之处以及通过声音反映出来的态度，要学会从对方语态里获得所有信息。

5. 礼貌结束

一般由发话人先结束谈话，如果对方话没讲完，自己便挂断电话，是很不礼貌的。有些人打电话，一接通电话便没完没了说个没完，你如果想结束通话或缩短通话时间可以采取这样的表达方法："对不起，上司正在叫我，等会儿我再给您挂电话好吗？"或者说："您还有什么吩咐？""那么就这样吧"，"我要讲的就是这些"，"还有没有别的事情"等。

案例：叫醒失误的代价

　　小姚是刚从旅游院校毕业的大学生，分配到某酒店房务中心轮岗。今天是他到房务中心上班的第二天，轮到值大夜班。接班没多久，电话铃响了，小姚接起电话："您好，房务中心，请讲。""明天早晨 5 点 30 分叫醒。"一位

中年男子沙哑的声音。"5点30分叫醒是吗？好的。没问题。"小姚知道，叫醒虽然是总机的事，但一站式服务理念和首问负责制要求自己先接受客人要求，然后立即转告总机，于是他毫不犹豫地答应了。

当小姚接通总机电话后，才突然想起来，刚才竟忘了问清客人的房号！再看一下电话机键盘，把他吓出一身冷汗——这部电话机根本就没有号码显示屏！小姚顿时心慌，立即将此事向总机说明。总机告称也无法查到房号。于是小姚的领班马上报告值班经理。值班经理考虑到这时已是三更半夜，不好逐个房间查询。再根据客人要求一大早叫醒情况看，估计十有八九是明早赶飞机或火车的客人。现在只好把希望寄托在客人也许自己会将手机设置叫醒。否则，只有等待投诉了。

早晨7点30分，一位睡眼惺忪的客人来到总台，投诉说酒店未按他的要求叫醒，使他误了飞机，其神态沮丧而气愤。早已在大堂等候的大堂副理见状立即上前将这位客人请到大堂咖啡厅接受投诉。

原来，该客人是从郊县先到省城过夜，准备一大早赶往机场，与一家旅行社组织的一个旅游团成员汇合后乘飞机出外旅游。没想到他在要求叫醒时，以为服务员可以从电话号码显示屏上知道自己的房号，就省略未报。

酒店方面立即与这家旅行社联系商量弥补办法。该旅行社答应让这位客人可以加入明天的另一个旅游团，不过今天这位客人在旅游目的地的客房预订金270元要由客人负责。接下来酒店的处理结果是：为客人支付这笔定金，同时免费让客人在本酒店再住一夜，而且免去客人昨晚的房费。这样算下来，因为一次叫醒失误，导致酒店经济损失共计790元。

资料来源：笔者依据相关资料整理。

第二节　网络沟通技巧

网络沟通是指饭店企业通过基于信息技术（IT）的计算机网络来实现饭店内部的沟通和与外部相关关系的沟通活动。在今天高效运作的饭店，通过计算机网络不仅实现了无距离、无时空、无障碍的沟通，而且促成了沟通方式上的重大突破。同时利用计算机网络进行管理和沟通，可使各部门的协调工作做到高效、准确，同时又能减轻工作量，节省人力物力，使组织机构扁平化，反应更灵活、迅速。网络沟通在现代饭店活动中起着举足轻重的作用。因此，饭店各级管理人员迫切需要很好地掌握网络沟通技巧。

一、网络沟通的主要形式

饭店企业利用计算机网络（Internet、Intranet 和 Extranet）可以极其容易、高效地建立内外网络沟通系统。用于内部组织沟通的网络沟通形式包括电子邮件（E-mail）、网络电话、网络传真、电子论坛、网络新闻发布等。

1. 电子邮件

饭店的电子邮箱是模仿因特网邮件系统的界面和功能而设计的，每个部门或每个操作员可以有多个邮箱。例如，餐饮部可有饭店收发专用邮箱、部门经理专用邮箱或餐饮部内部文件专用邮箱等。系统会对不同渠道的邮件根据其保密程度给予保密支持，同时自动发送到相应的邮箱。饭店通过电子信件进行沟通、交流，可以实现一对一的通信需要，也可以实现一对多、多对多的通信需要。电子邮件其他功能还包括转发邮件、订阅电子刊物等。

2. 网络电话

网上电话的发展经历了三个阶段：电脑对电脑的通话、电脑对电话的通话和电话对电话的通话。目前，不仅使电脑与电话的通话成为现实，更实现了电话对电话的实时通话。

3. 网络传真

传真是饭店企业进行外部沟通的主要形式之一，也可用于内部传递信息。传统的传真技术需要发送人在事前确认接受者传真机的工作状态，在发完传真后，再打电话确认。而网络传真通过互联网使传真件发送到对方的普通传真机上或电子信箱中，可以选择任何时间、任何地点发送传真。而且网络传真也有电脑和传真机、传真机和传真机间通信的两种形式可供选择。网络传真在功能上比传统传真更强，在时间上更自由。

4. 电子论坛

电子论坛上聚集着一群有同样兴趣的人，大家可以互相讨论、交流观点、寻求帮助等。如果一个人加入了某一电子论坛，该论坛所有成员讨论的信息都会转入这个人的电子信箱中，他所发表的观点也会通过论坛转到其他成员的电子信箱中。电子公告牌（BBS）是电子论坛的扩大化。饭店员工通过这些渠道可以在网上自由收发信息，抒发对工作的感受，宣泄不满情绪，也可以互通有无，互相探讨，共同学习。

5. 网络新闻发布

网络提供的另一个沟通信息的形式是发布新闻。基于内部网络的新闻发布可以满足内部员工对饭店经营信息的需求，因此，饭店可以借助内部网络新闻发布系统出版电子刊物，可以替代传统的内部刊物；基于外部网络的新闻发布可以满足饭店集团以及主要顾客对饭店经营信息的需求；基于互联网的新闻发布可以满足所有一般意义上外部顾客对饭店声誉及服务特色信息的需求，甚至可以作为饭店的窗口，向公众传达饭店企业的经营和服务理念，树立饭店形象。

案例：史上最牛女秘书

2006年4月7日晚，EMC大中华区总裁陆某回办公室取东西，到门口才发现自己没带钥匙。此时他的私人秘书瑞贝卡已经下班。陆某通过E-mail和电话联系后者均未果。数小时后，陆某仍旧难抑怒火，于是在凌晨1时13分通过内部电子邮件系统给瑞贝卡发了一封措辞严厉且语气生硬的"谴责信"。

陆某在邮件中说："我曾告诉过你，想东西、做事情不要想当然！结果今天晚上你就把我锁在门外，我要取的东西都还在办公室里。问题在于你自以为是地认为我随身带了钥匙。从现在起，无论是午餐时段还是晚上下班后，你要跟你服务的每一名经理都确认无事后才能离开办公室，明白了吗？"

面对大中华区总裁的责备，正确的做法应该是，同样用英文写一封回信，解释当天的原委并接受总裁的要求，语气注意要温婉有礼。同时给自己的顶头上司和人力资源部的高管另外去信说明，坦承自己的错误并道歉。但是瑞贝卡的做法大相径庭。她回复了一封咄咄逼人的回信，而且瑞贝卡选择了更加过火的做法。她回信的对象选择了"EMC（北京）、EMC（成都）、EMC（广州）、EMC（上海）"。这样一来，EMC中国公司的所有人都收到了这封邮件。

她的这份答复邮件，又从EMC内部流出，并在短短的一周内，迅速传遍了几乎中国所有的知名外企。4月25日，北京某平面媒体对此事做了报道。该报道立即被全国各媒体转载和各门户网站转帖，并成为各个论坛热议的头条。有网友戏称该事件为"邮件门"，足以与布什的"情报门"事件"媲美"。

资料来源：笔者依据相关资料整理。

二、网络沟通注意事项

网络沟通为饭店企业内、外部沟通创造了许多便捷和利益。然而，网络沟通也会带来某些问题，因此饭店在进行网络沟通时应注意一些事项。

1. 尊重他人

进行网络沟通必须尊重他人。在网络上尊重他人可以体现自己的良好修养，同时只有尊重别人的人才会获得别人的尊重。人们都希望在网络上找到真诚、美好和友情，而不希望在网络上发现暴力、色情和罪恶。尊重别人还体现在不破坏网络，危害别人的使用。

2. 注意电子邮件的规则

书写电子邮件时，不要全部用大写字母，因为这样做收信人看起来会非常吃力。书写电子邮件内容要合适，措辞要合理。

3. 维护网络安全

任何社会性活动都必须遵守规则，维护网络安全是每个网络用户的责任。如果发现有人入侵网络，或破坏他人的使用安全，要及早报告网络管理员。在饭店网络中采用成熟的防火墙技术可以较好地保证饭店内部网的安全性。

三、网络沟通技能

网络时代，组织结构形态发生变化，随之衍生的组织文化也发生了变化。管理沟通必然也发生很大的变化。为提升管理效率，需要改进组织沟通思路，真正提高组织沟通的效率。管理者在使用网络沟通方面应掌握一些技能：

1. 交流注重面对面

随着互联网和电子邮件的普及，管理者越来越依赖这些新技术传递信息，然而面对面的交流仍然是最重要的管理沟通方式。微软公司总裁比尔·盖茨虽然坚持利用电子邮件来加强与部属的联系，但公司并没有放弃传统的非正式沟通形式。因为电子沟通并不能替代上司与部下的直接交流，在直接交流中上司还可以观察到部下的面部表情等肢体言语，以确保沟通的有效性与反馈的及时性。

2. 沟通注意影响面

管理者利用网络沟通时，对你的直接上司、部下或一起工作的同事，必须准确识别、了解并理解其沟通风格与交流方式，以减少沟通障碍。同时，作为管理者还应考虑沟通风格与交流方式对下属员工的影响。为了使得管理沟通更为畅通、有效，管理者应该将沟通对象视为合作伙伴，彼此尊重，这样才可以为沟通顺利进行打下良好的基础。

3. 交流方式应灵活

为适应内部员工和外部公众的不同的沟通习惯与交流方式，在有效的管理沟通系统中，管理者应对传递的信息和接收者进行认真的考虑与筛选，为每个接收者准备个性化的信息。

4. 合理控制成本

网络沟通可以使信息以前所未有的速度在组织与组织、组织与个人、个人与个人间进行传播。信息流速加快的必然结果之一就是，组织中的个体接收到的信息数量远远超过其所能吸收、处理的能力。因此在许多企业，通信方式的多样性仍然存在并由不同的部门负责管理。管理者有效控制通信管理费用，认真审定与设计饭店企业的管理沟通系统和通信程序，这样既能控制成本，又能有效达成管理沟通的目标，真正做到事半功倍。

四、饭店电子商务沟通策略

电子商务是在因特网环境下，实现消费者的网上购物、商户之间的网上交易和在线电子支付的一种新型的商业运营模式。电子商务可提供网上交易和管理等全过程的服务，因此它具有广告宣传、网上洽谈、网上订购、网上支付、售后意见反馈和交易管理等各项功能。

饭店应用网络基础设施从事电子商务已是刻不容缓的要求。大批饭店都在各旅游网站或其他网站上占有了一席之地，实现了饭店的网上推广及产品展示。但这只是电子商务的初级阶段。因为网上的在线饭店预订与传统的预订方式并没有太大的区别，从网站的管理人员接到在线订单到最终与饭店确认，中间还是需要层层通知和确认，而一旦遇到改单或撤单，整个过程将更加烦琐。完整的、高级的饭店电子商务应该是在因特网上实现即时预订、支付以及预订确认，是实时交易的结果。

饭店电子商务的主要目的是通过展示饭店提供的产品和服务，诱发客人的消费欲望，完成最终的消费行为。饭店如何利用电子商务沟通来实现以上目的的呢？

1. 饭店主页要美观大方

饭店主页是传达给消费者有关饭店形象的第一印象，所以应尽量美观大方。而且操作应力求简单便捷，让所有人都能轻松操作。网页上的菜单设计应有条理，并且分层。菜单和子菜单之间的转换应当方便快捷。同一菜单下的选项不宜太多，选项太多，会使访问者信息记忆发生混乱。

2. 大力宣传饭店的网址

在各种同业刊物、新闻媒介上，应当经常宣传本饭店的网址，这样可以刺激消费者访问饭店主页。在实际生活中，很多消费者偶尔访问某饭店的主页之后，虽然觉得该饭店的产品很好，但是很容易将饭店网址忘记。因此，饭店的网址应当尽可能地登上一些门户网站的目录。

3. 尊重访问者个性

在加强与客人的沟通中，要注意突出对访问者个性的尊重，这是最能吸引客人的地方。同时，重视信息反馈。信息反馈是网络为客人提供个性化服务的主要手段，也是与客人联系的桥梁，能否收集完整顾客资源已成为网站成功与否的重要因素。因此，在电子商务网站中应有相关的服务收集客人对饭店服务的反馈意见。

附录

网络沟通的礼仪和规则

一、网络沟通礼仪

（1）不要高声喊叫。如果你的话全部都用大写表示，就意味着你在喊叫。如果别人这样做了，礼貌地请他停止。如果他不听，大度一点，也许他的大小写转换键需要修理了。如果那是个惯犯，不要读任何从他那里发出的邮件。

（2）正确书写地址。保证你的信件不要弄错地址，私人信件尤应如此。在一家大公司工作的一位小姐不幸爱上了英俊的男同事。显然爱情进展得不顺利，在冲动之下，小姐决定利用公司的电子邮件系统谴责男人的薄情。小姐的信写得很长，历数了男人的种种无能之处。小姐随后慌乱地敲错键盘，把邮件发给了她所在的部门的所有同事，结果对双方都造成了很坏的影响。

（3）注意语气。在谈话中听来有趣和合理的东西变成书面语就可能会显得咄咄逼人、唐突甚至粗鲁。大多数人写电子邮件时都不像写普通信件那么认真和注意修饰。实际上，在把邮件发到互联网上之前应该好好地检查一下。与此相关，你应当认真阅读别人所写的内容，他们真正要表达的并不一定是书面上你所理解的那种意思。如果有人传给你一则令人反感的东西，那可能是个错误，或是不成功的玩笑。

（4）内容要合适。不要让你的邮件显得粗俗而又无赖。这不仅不能为他人接受，而且，由于邮件是有案可查的东西，它可能会给你带来损害。在现实中，许多人因为把不该写出来的东西写出来而倒了大霉。

（5）不要发火。发火会使你在盛怒之下写出你脑子里所想的一切。结果，别人会认为你既愚蠢又不成熟。

（6）不要和连环信沾边。每个人可能都碰到连环信事件，说什么如果将自己收到的信复写几份，分别寄给10个人，多少天后就会收到一大笔钱。你相信写写信就可以轻而易举地成为富翁的事吗？

不要以为学会网络交流所遵守的正常礼仪是一件容易的事。如同网络专家道格拉斯·卡默教授所说，这实际上很困难。因为由于网络覆盖了许多文化背景、经济背景以及教育程度不同的用户，交流中极有可能产生误解和对立。

二、网络沟通规则

由于网络相对来说是一种新的交流媒介，因而有些人误以为网络没有礼仪规则。所以，做一个合格的网上公民，懂得并遵守网络沟通的准则是十分必要的。

（1）如果是初学者的话，在开始时要多请教别人以获得必要的帮助。请特别注意，某些公开的邮件发送清单和网络新闻组中有一个"常见问题"文件和对其中提到的问题的解答。还有一些新闻组中有一些过去讨论过的论题的摘要总结。用户可以通过电子邮件询问网络管理员或过去讨论的摘要和总结是否可以联机获得。

（2）阅读电子邮件或新闻稿时不要对作者做任何假定。作者的经验可能比你多，也可能比你少。作者在某一论题上的能力可能比你好，也可能比你差。简言之，不要假定作者是一个专家或是一个白痴。

（3）要对名人或熟知的官方机构提供的任何信息持怀疑态度。因为电子信息标题可能被伪造，有些人似乎喜欢从伪造信息标题中取乐。

（4）编辑时应小心。编辑或组织一封电子邮件或准备发出新闻稿时，切记该电子邮件或新闻稿可能将被与你背景不同的人阅读。要选用能够准确表达自己观点的词句。如果有的话，要为你的观点提供必要的证据（例如，参考书或杂志上的文章）。

（5）像在任何社交中一样，要节制。例如，在对一些挑衅的或令人气愤的言论做出反应之前要三思。

（6）使用笑脸符号。以通知读者你在以一种幽默的方式谈论某些事情。

如同任何一种别的沟通方式一样，网上沟通同样存在着道德规范、文明和礼仪。为了得到真正的友情、更好地沟通交流，遵守网络沟通礼仪和网络沟通规则是非常必要的。

资料来源：夏冰：《成功沟通》，北京：中国物资出版社，2004年1月。

思考与练习题

1. 电话沟通有哪四要素？
2. 简述拨打电话的技巧。
3. 接听电话应掌握哪些技巧？
4. 网络沟通的主要形式有哪些？
5. 网络沟通应注意哪些事项？
6. 使用网络沟通应掌握哪些技能？
7. 简述饭店电子商务沟通策略。

主要参考文献

1. 康青，等.管理沟通教程［M］.上海：立信会计出版社，2000.

2. 王磊.管理沟通［M］.北京：石油工业出版社，2001.

3. 苏勇，罗殿军.管理沟通［M］.上海：复旦大学出版社，1999.

4. 胡巍，等.管理沟通［M］.济南：山东人民出版社，2003.

5. 武彬，等.现代饭店销售高手［M］.广州：广东旅游出版社，1999.

6. 国家旅游局人事劳动教育司.饭店公共关系［M］.北京：旅游教育出版社，1999.

7. 王文君.饭店市场营销原理与案例研究［M］.北京：中国旅游出版社，1999.

8. 何建民.现代宾馆管理原理与实务［M］.上海：上海外语教育出版社，1995.

9. 赵慧军.管理沟通［M］.北京：首都经济贸易大学出版社，2003.

10. 龙文元.以人为本［M］.北京：机械工业出版社，2004.

11. 凡禹.沟通技能的训练［M］.北京：北京工业出版社，2002.

12. 时代光华图书编辑部编.有效沟通技巧［M］.北京：中国社会科学出版社，2003.

13. 夏冰.成功沟通［M］.北京：中国物资出版社，2004.

14. 戴文标，等.谈判与沟通［M］.上海：上海人民出版社，2004.

15. 王大悟，刘耿大.新编酒店营销学［M］.海口：海南出版社，1998.

16. 张钦.实用饭店公关技巧［M］.北京：中国国际广播出版社，1991.

17. 贺学良.饭店公共关系原理与应用［M］.上海：上海人民出版社，1998.

18. 陈春花.管理沟通［M］.广州：华南理工大学出版社，2001.

19. 唐伟，杜秀娟，等.现代管理与人［M］.北京：北京师范大学出版社，1998.

20. 甘华敏，等.大领导力：沟通力［M］.北京：中国国际广播出版社，2003.

项目策划：段向民

责任编辑：张芸艳

责任印制：谢　雨

封面设计：何　杰

图书在版编目（CIP）数据

饭店管理沟通实务与技巧／孙燕燕，王春林主编

— 2 版 . — 北京：中国旅游出版社，2018.9（2022.7 重印）

21 世纪高等学校旅游管理专业本科教材

ISBN 978 - 7 - 5032 - 6086 - 5

Ⅰ . ①饭… Ⅱ . ①孙… ②王… Ⅲ . ①饭店—商业管理—高等学校—教材 Ⅳ . ①F719.2

中国版本图书馆 CIP 数据核字（2018）第 194789 号

书　　名：饭店管理沟通实务与技巧（第二版）

作　　者：孙燕燕　王春林　主编

出版发行：中国旅游出版社

　　　　　（北京静安东里 6 号 邮编：100028）

　　　　　http：//www.cttp.net.cn　E-mail：cttp@ mct.gov.cn

　　　　　营销中心电话：010 - 57377108，010 - 57377109

　　　　　读者服务部电话：010 - 57377151

排　　版：北京旅教文化传播有限公司

经　　销：全国各地新华书店

印　　刷：北京明恒达印务有限公司

版　　次：2018 年 9 月第 2 版　2022 年 7 月第 3 次印刷

开　　本：720 毫米 × 970 毫米　1/16

印　　张：17.5

字　　数：310 千

定　　价：36.80 元

ISBN 978 - 7 - 5032 - 6086 - 5